신정 증보판

•••

한국어
어문 규범의
이해

표준어 사정 원칙·표준 발음법·한글 맞춤법
외래어 표기법·국어의 로마자 표기법

이주행

보고사
BOGOSA

머리말

일정한 나라의 문화 수준은 그 국민의 언어 구사 능력으로 엿볼 수 있다. 대부분의 국민이 공적인 상황에서 어문 규범(言文規範)에 따라 언어를 바르게 사용하며, 품위가 있고 남을 배려하는 언어를 구사하는 나라는 문화 수준이 높은 국가이다. 문화 수준이 높은 나라가 되려면 온 국민이 공적인 상황에서 의사소통을 할 때에 반드시 어문 규범에 맞게 말을 하고 글을 써야 한다.

어문 규범이란 모든 국민이 공적인 상황에서 언어생활을 할 때 마땅히 따르고 지켜야 할 말과 글에 관한 법칙이다. 우리는 공적인 말하기나 공적인 글쓰기를 할 때 어문 규범을 준수하여야 한다.

어문 규범을 제정하는 목적은 국민 각자가 동일한 언어를 달리 말하거나 달리 표기하면 의사소통에 지장을 주기 때문에 국민끼리 의사소통을 효과적으로 하게 하여 궁극적으로 국가를 발전시키는 데 있다. 어문 규범에 어긋나게 말을 하거나 글을 쓰면 상대가 그러한 말과 글을 이해하지 못하게 되어 친해지지도 못하고, 어떤 일을 협력하여 효과적으로 하지 못한다.

한국어의 어문 규범에는 '표준어 사정 원칙', '표준 발음법', '한글 맞춤법', '외래어 표기법', '국어의 로마자 표기법' 등이 있다. '표준어 사정 원칙'과 '표준 발음법'은 표준어의 규정에 관한 것이다. '표준어 사정 원칙'은 동일한 의미를 나타내는 여러 변종 중에서 어떤 것을 표준어로 삼을 것인지에 대해서 규정한 것이고, '표준 발음법'은 표준 발음을 규정한 것이다. '한글 맞춤법'과 '외래어 표기법'은 한국어를 한글로 표기할 때 지켜야 할 규범인데, '국어의 로마자 표기법'은 한국어를 로마자로 표기할 적에 지켜야 할 규범이다.

이 책의 발간 목적은 일반 독자가 한국어의 어문 규범을 쉽게 익히어 공적인 언어생활을 효과적으로 하는 데 도움을 주려는 데 있다. 그리고 어문 규범을 전공하는 학생과 취직 시험 준비를 하는 독자들에게 도움을 주는 데 있다. 어문 규범을 연구하려면 우선 어문 규범을 정확히 이해할 필요가 있다. 요사이 공무원이나 회사원을 선발하는 시험에 어문 규범에 관한 문제가 많이 출제되고 있다. 이 책은 어문 규범을 쉽게 설명하고 있기 때문에 독자가 혼자 스스로 학습하기가 쉬울 것이다.

이 책에서는 대한민국의 모든 어문 규범의 개념, 중요성, 변천사 등에 대해서 기술하였다. 그리고 현행 어문 규범들을 간결하고 쉽게 해설하였다. '국어의 로마자 표기법'에 관한 해설을 제외한 나머지 것들은 1988년 국립국어연구소(현재 '국립국어원'의 전신)에서 발간한 자료를 참고하여 재작성하였다. 이 책에서는 "제1장 표준어 사정 원칙"에 2011년 8월 31일 국립국어원에서 그동안 비표준어로 간주하던 39개 단어를 표준어로 인정하여 공표한 것을 첨가하고 그것들에 대해서 해설하였다. 이 책을 발행한 2013년 이후 문화체육관광부에서는 2014년에 '문장 부호'를 개정하고, 2017년에 '외래어 표기법'의 '제4장 3절 바다, 섬, 강, 산 등의 표기 세칙'의 일부를 개정하였다. 이번에 발간하는 '신정 증보판'에서는 이러한 것들을 게재하였다.

북한의 말과 글을 잘 이해하려면 우선 북한의 어문 규범을 알아야 한다. 2010년에 북한에서는 어문 규범을 개정하였다. 독자들이 북한의 어문 규범을 이해하는 데 도움을 주기 위해서 이 책의 '부록'에 남한과 북한의 '맞춤법'과 '띄어쓰기 규정'의 차이점을 제시하였다.

출판계의 어려운 사정에도 불구하고 이 책을 흔쾌히 발간하여 주신 보고사의 김흥국 사장님과 이 책을 편집하느라 고생을 하신 편집부 이경민 님께 깊이 감사의 뜻을 표한다.

2020년 12월 15일
이주행

차례

제5장 국어의 로마자 표기법

제1장

•

표준어 사정 원칙

1.1 표준어란 무엇인가

표준어(標準語)란 한 나라의 표준이 되는 말이다. 표준어는 방언의 차이로 말미암아 나타나는 의사소통의 장벽을 허물기 위하여 제정한 공통어(共通語)이면서 공용어(公用語)이다. 공통어는 여러 지역 방언이 쓰이는 나라에서 공통으로 쓰이는 언어이다. 공용어는 어떤 나라에서 공식적으로 사용되는 언어이다. 즉 공용어는 공적인 상황에서 쓰이는 언어이다.

대부분의 나라에서는 그 나라의 정치·경제·문화·교육 등의 중심지 방언을 표준어로 삼는다. 대한민국에서도 여러 지역 방언 중에서 정치·경제·문화·교육 등의 중심지인 서울말을 표준어로 삼고 있다.

1988년 대한민국의 정부에서 제정하여 공포한 '표준어 사정 원칙' 제1항에서는 표준어를 다음의 (1)과 같이 규정하고 있다.

(1) 표준어는 교양 있는 사람들이 두루 쓰는 현대 서울말로 정함을 원칙으로 한다.

위의 (1)은 1933년 조선어학회가 '한글 마춤법 통일안'[1] 총론 제2항에서 다음

---

1) 1933년 조선어학회에서는 '한글 맞춤법 통일안'으로 표기하지 않고 '한글 마춤법 통일안'으로

의 (2)와 같이 규정한 것을 바꾼 것이다.

  (2) 표준말은 대체로 현재 중류 사회에서 쓰는 서울말로 한다.

  '표준말'을 '표준어'로 바꾼 것은 비표준어와의 대비에서 '표준말―비표준말'이 말결에 맞지 않기 때문이다. '중류 사회'도 그 기준이 모호하여 세계 여러 경향을 감안하여 '교양 있는 사람들'로 바꾼 것이다. 이 구절이 뜻하는 또 하나의 의도는 표준어를 몰라서 쓸 줄 모르면 교양이 없는 사람이 된다는 점을 강조함으로써 온 국민이 표준어를 익혀 사용할 수 있게 하려는 데 있다.

  표준어는 모든 국민이 공통적으로 사용할 수 있도록 마련한 공용어이므로 공적인 상황에서 표준어를 구사하는 것은 필수적인 교양이다. 영국에서는 표준어를 바르게 사용할 줄 모르거나 표준 발음을 할 줄 모르는 사람은 공적인 언어생활을 하기가 어렵다고 한다. 대한민국과 같이 여러 지역 방언이 존재하는 나라의 경우에는 공적인 상황에서 온 국민이 표준어를 사용하는 것이 국가 발전의 한 방안이 될 수 있다.

  표준어 교육은 학교 교육에서 그 기본이 닦여야 한다. 특히 발음 교육은 초등학교 1~2학년 때 익혀야 한다. 모든 교육자는 반드시 표준어와 표준 발음을 정확히 구사할 수 있어야 한다. 공적인 상황에서 표준어를 구사하는 것은 교양의 수준을 넘어, 온 국민이 갖추어야 할 의무 요건이다.

  표준어의 특성으로는 (1) 통합성, (2) 규범성, (3) 인위성, (4) 권위성, (5) 공통성 등을 들 수 있다. 통합성이란 정치·경제·교육 등의 효율성을 제고하기 위하여 여러 방언 중에서 정치·경제·교육 등의 중심지에서 쓰이는 방언을 근간으로 통합하는 성질을 뜻한다. 대한민국의 표준어는 정치·경제·교육 등의 중심지인 서울 방언으로 통합되는 경향을 띤다. 규범성이란 규범적인 성질을 뜻한다. 그리하여 공적인 상황에서는 표준어를 사용하여야 하는 것이다. 인위성이란 자연적

  표기하였다.

『한국어 어문 규범의 이해(신정 증보판)』 정오표

페이지	세부위치	수정 전	수정 후
068	박스 안 4. 문장 끝	제12항	삭제
069	[붙임] 예시 둘째 줄	끓는[끌른]	끓는[끌른]
069	[붙임] 예시 둘째 줄	끓네[끌레]	끓네[끌레]
109	박스 안 제16항	끝 음절	끝음절
109	박스 아래 첫 줄	끝 음절	끝음절
112	박스 안 8.	끝 음절	끝음절
112	박스 안 9.	끝 음절	끝음절
132	박스 안 1.	순 우리말	순우리말
133	박스 안 2.	순 우리말	순우리말
136	박스 안 제32항	끝 모음	끝모음
136	상단 박스 아래 세번째 줄	끝 음절	끝음절
142	박스 안 제40항	끝 음절	끝음절
142	박스 안 [붙임 2]	끝 음절	끝음절
143	박스 아래 첫째 줄	끝 음절	끝음절
143	[붙임 2] 첫째 줄	끝 음절	끝음절
153	박스 안 상단 표 아랫줄	앞 말	앞말
154	하단 표 바로 윗줄	앞 말	앞말
163	하단 표 좌측 ㄴ칸 아랫줄	익살꾼	익살군
308	박스 안 [붙임 1] 예시	gwanghuimun	Gwanghuimun
310	박스 안 [붙임 1] 〈보기〉	옥천 Okcgeon	옥천 Okcheon
312	박스 안 1. 〈보기〉	백마[뱅마] Bangma	백마[뱅마] Baengma

으로 이루어진 것이 아닌, 사람의 힘으로 이루어진 성질을 뜻한다. 서울 방언과 다른 지역 방언을 사용하는 사람은 주로 서울 방언으로 이루어진 표준어를 부자연스럽고 인공적인 느낌을 주는 언어로 인식한다. 권위성이란 의사소통을 할 때 표준어가 비표준어에 비해서 권위를 지니는 성질을 뜻한다. 일정한 지방에서 태어나 교육을 받지 못한 사람은 그 지역의 방언을 구사하고, 표준어를 구사하지 못한다. 그런데 교육을 받은 사람은 그 지역의 방언 이외에 표준어를 구사할 수 있다. 통용성이란 어느 지역이나 계층을 막론하고 두루 통용되는 성질을 뜻한다. 그래서 서로 다른 지역 방언을 사용하는 청중에게 말을 할 경우에는 표준어를 사용하여야 의사소통의 효과를 더욱 거둘 수 있는 것이다.

1.2 '표준어 사정 원칙' 해설

표준어 사정 원칙(標準語査定原則)이란 동일한 의미를 나타내는 단어의 변종들 중에서 표준어로 결정하는 원칙을 뜻한다. 1988년 국립국어연구소(현재의 '국립국어원'의 전신)에서 개정하여 공포(公布)한 '표준어 사정 원칙'은 다음과 같이 모두 3장으로 구성되어 있다.

제1장 총칙
제2장 발음 변화에 따른 표준어 규정
제3장 어휘 선택의 변화에 따른 표준어 규정

'표준어 사정 원칙(1988)'은 제1장이 2개항, 제2장이 17개항, 제3장이 7개항 도합 26개항으로 이루어져 있다. 제1장에서는 표준어 사정의 대원칙을 제시하고, 외래어를 따로 사정함을 규정하고 있다. 제2장은 발음 변화로 형태를 달리하는 단어들을 사정의 대상으로 삼고 있으며, 제3장은 어휘적으로 형태를 달리하는 단어들을 사정의 대상으로 삼고 있다.

제1장 총칙

제1항 표준어는 교양 있는 사람들이 두루 쓰는 현대 서울말로 정함을 원칙으로 한다.

제1장 총칙 제1항은 표준어 사정(査定)의 대원칙을 정한 것이다. 조선어학회가 1933년 '한글 마춤법 통일안' 총론 제2항에서 정한 "표준말은 대체로 현재 중류 사회에서 쓰는 서울말로 한다."를 이렇게 바꾼 것이다.

'표준말'을 '표준어'로 바꾼 것은 비표준어와의 대비에서 '표준말 : 비표준말'이 말결에 맞지 않기 때문이다.

'중류 사회'는 그 기준이 모호하여 세계 여러 나라의 경향도 감안하여 '교양 있는 사람들'로 바꾼 것이다. 이 구절의 또 하나의 의도는 이렇게 정함으로써 앞으로는 표준어를 구사하지 못하면 교양이 없는 사람이 된다는 점의 강조도 포함된 것이다. 표준어는 모든 국민이 공통적으로 쓸 수 있게 마련한 공용어(公用語)이므로, 공적인 활동을 하는 사람들이 표준어를 익혀 올바르게 사용하는 것은 매우 당연한 필수적 교양이요, 의무 요건이다. 표준어 교육은 학교 교육에서 그 기본이 닦여야 한다. 모든 교육자는 무엇보다도 정확한 표준어로 말하고 글을 쓸 수 있어야 한다. 표준어는 교양의 수준을 넘어 국민이 갖추어야 할 요건(要件)이다.

'현재'를 '현대'로 한 것은 역사의 흐름에서의 구획을 인식해서이다.

'서울말'은 서울 토박이의 말이다. 서울은 대한민국의 정치, 경제, 문화, 교육 등의 중심지이기 때문에 서울말은 다른 지역 방언에 비하여 영향력이 가장 큰 지역 방언이다. 그리고 예로부터 서울말을 표준어로 정하여 공용어로 사용하여 오고 있기 때문에 '서울말'을 표준어로 삼은 것이다.

'원칙으로 한다'는 것은 예외가 있음을 의미한다. 교양이 없는 사람들이 쓰는 비속어와 서울말이 아닌 다른 지역 방언 중에도 표준어에 해당하는 것이 있다. 서울말 중에도 표준어가 아닌 것이 있다.

제2항 외래어는 따로 사정한다.

한국어의 외래어란 원래 외국어이던 것이 대한민국에 들어와서 한국어의 음운
체계와 의미 체계에 동화되어 쓰이는 단어를 뜻한다. '라디오', '텔레비전', '버스',
'잉크', '컴퓨터' 등이 외래어에 속한다.

제2장 발음 변화에 따른 표준어 규정

제1절 자음

제3항 다음 단어들은 거센소리를 가진 형태를 표준어로 삼는다.(ㄱ을 표준어로 삼고,
ㄴ을 버림.)

ㄱ	ㄴ	비고
끄나풀	끄나불	
나팔-꽃	나발-꽃	
녘	녁	동~, 들~, 새벽~, 동틀~.
부엌	부억	
살-쾡이	삵-괭이	
칸	간	1. ~막이, 빈~, 방 한~. 2. '초가삼간, 윗간'의 경우에는 '간'임.
털어-먹다	떨어-먹다	재물을 다 없애다.

제2장은 언어 변화 중에서 발음의 변화가 두드러지게 뚜렷하여 종래의 표준어
를 그대로 인정할 수 없는 것은 표준어로 인정하지 않고 새 형태를 표준어로 삼
은 것이다.

제3항은 예사소리(ㄱ, ㄷ, ㅂ, ㅈ)나 된소리(ㄲ, ㄸ, ㅃ, ㅉ)가 '거센소리(ㅊ, ㅋ,
ㅌ, ㅍ'로 변한 것을 표준어로 정한 것이다.

'삵괭이'의 발음 [삭꽹이]는 언어 현실과 다르므로 '살쾡이'로 현실화하였다. 제26항
에는 '살쾡이/삵'과 같이 복수 표준어를 인정하고, '삵피'는 종래대로 그대로 두었다.

'칸'과 '간'의 구분에서 '칸'은 공간(空間)의 구획이나 넓이를 나타내며, '간'(間)
은 '초가삼간, 대하천간(大廈千間)' 등 관습적인 표현에만 쓰기로 하였다. 그 결

과 '일등 칸, 한 칸 벌린다' 등 일반적인 용법에서는 '칸'만 쓰기로 한 것이다.

제4항 다음 단어들은 거센소리로 나지 않는 형태를 표준어로 삼는다.(ㄱ을 표준어로 삼고, ㄴ을 버림.)

ㄱ	ㄴ	비고
가을-갈이	가을-카리	
거시기	거시키	
분침(分針)	푼침	

제4항은 제3항과 달리 거센소리가 예사소리로 변한 것을 표준어로 삼은 것이다. '푼침'의 '푼'은 한자 '分'의 고어(古語) 발음의 잔재이다. 시계의 '分針'은 [분침]으로 발음하고 '분침'으로 표기한다.

제5항 어원에서 멀어진 형태로 굳어져서 널리 쓰이는 것은, 그것을 표준어로 삼는다. (ㄱ을 표준어로 삼고, ㄴ을 버림.)

ㄱ	ㄴ	비고
강낭-콩	강남-콩	
고삿	고살	겉~, 속~.
사글-세	삭월-세	'월세'는 표준어임.
울력-성당	위력-성당	떼를 지어서 으르고 협박하는 일

다만, 어원적으로 원형에 더 가까운 형태가 아직 쓰이고 있는 경우에는, 그것을 표준어로 삼는다.(ㄱ을 표준어로 삼고, ㄴ을 버림.)

ㄱ	ㄴ	비고
갈비	가리	~구이, ~찜, 갈빗-대
갓모	갈모	1. 사기 만드는 물레 밑고리
		2. '갈모'는 갓 위에 쓰는, 유지로 만든 우비
굴-젓	구-젓	
말-곁	말-겻	
물-수란	물-수랄	
밀-뜨리다	미-뜨리다	

적-이	저으기	적이-나, 적이나- 하면
휴지	수지	

　제5항은 어원(語源)이 뚜렷한데도 언중(言衆)의 어원 의식이 약하여져서 어원으로부터 멀어진 형태를 표준어로 삼고, 아무리 어원에 충실한 형태이더라도 현실적으로 쓰이지 않는 것은 비표준어로 처리하여야 함을 규정한 것이다.

　'강남콩(江南-)'은 중국의 '강남(江南)' 지방에서 들어온 콩이라서 붙어진 이름인데, '강남'의 형태가 변하여 '강낭'이 되었다. '남비'(제9항)와 함께 이미 어원을 인식하지 않고 '강낭콩', '냄비'로 쓰이고 있는 언어 현실을 그대로 반영한 것이다.

　'지붕을 이을 때에 쓰는 새끼'와 '좁은 골목이나 길'을 다 함께 '고샅'으로 써 오던 것을 분화시켜 앞의 것을 '고삿'으로 바꾼 것이다.

　'월세(月貰)'의 딴 말인 '삭월세'를 '朔月貰'의 뜻으로 잡아 '사글세'란 말과 함께 써 오던 것을, '삭월세(朔月貰)'는 난순한 한자 취음(漢字取音)일 뿐으로 취할 바가 못 된다 하여 '사글세'만을 표준어로 삼은 것이다.

　다만은 어원 의식이 남아 있어 그쪽 형태가 쓰이는 것들은 그 짝이 되는 비어원적인 형태보다 우선권을 줄 것을 규정한 것이다.

　'밀뜨리다'는 어근 '밀-'에 접미사 '-뜨리다'가 결합한 형태로, 언중이 어원을 의식하고 있으므로 '미뜨리다'가 쓰이고 있어도 '밀뜨리다'를 표준어로 삼은 것이다. '-뜨리다'와 '-트리다'가 같은 뜻의 복수 표준어(제26항) 접미사로 인정되므로 '밀뜨리다'와 함께 '밀트리다'도 표준어로 인정된다.

　'휴지'는 한자음 '休紙'에 대한 의식으로 종래 표준어로 인정되었던 '수지'보다 널리 쓰이게 되어 이번에 '휴지'만을 단일 표준어로 인정한 것이다. 이와 같은 이유로 '갈비'가 채택되고, 그동안 표준어로 인정되었던 '가리'를 비표준어로 처리하였다.

　이것들 중 '적이'는 특이하다. '적이'[2]는 의미적으로 '적다'와는 멀어졌다. 이것은 오히려 반대의 의미를 가지게 되었다. 그러나 '적다'와의 관계를 부정할 수

---

2) 적이: 꽤 어지간한 정도로.

없어 이것을 표준어로 삼았다.

<table>
<tr><th colspan="3">제6항 다음 단어들은 의미를 구별함이 없이, 한 가지 형태만을 표준어로 삼는다.(ㄱ
을 표준어로 삼고, ㄴ을 버림.)</th></tr>
<tr><th>ㄱ</th><th>ㄴ</th><th>비고</th></tr>
<tr><td>돌</td><td>돐</td><td>생일, 주기.</td></tr>
<tr><td>둘-째</td><td>두-째</td><td>'제2, 두 개째'의 뜻.</td></tr>
<tr><td>셋-째</td><td>세-째</td><td>'제3, 세 개째'의 뜻.</td></tr>
<tr><td>넷-째</td><td>네-째</td><td>'제4, 네 개째'의 뜻.</td></tr>
<tr><td>빌리다</td><td>빌다</td><td>1. 빌려 주다, 빌려 오다.
2. '용서를 빌다'는 '빌다'임.</td></tr>
</table>

다만, '둘째'는 십 단위 이상의 서수사에 쓰일 때에 '두째'로 한다.

<table>
<tr><th>ㄱ</th><th>ㄴ</th><th>비고</th></tr>
<tr><td>열두-째</td><td></td><td>열두 개째의 뜻은 '열둘째'로.</td></tr>
<tr><td>스물두-째</td><td></td><td>스물두 개째의 뜻은 '스물둘째'로.</td></tr>
</table>

'돌'은 생일, '돐'은 '한글 반포 500돐'처럼 주기의 의미로 구별하여 썼던 것을, 그러한 구분이 얼마간 인위적인 데다가 불필요한 구별이라 판단되어 '돌' 하나로 통합한 것이다.

'두째', '세째'는 '첫째'와 함께 차례를, '둘째', '셋째'는 '하나째'와 함께 "사과를 벌써 셋째 먹는다"에서와 같이 수량을 나타내는 것으로 구분하여 왔다. 그러나 언어 현실에서 이와 같은 구분 역시 인위적인 것으로 판단되어 이번에 '둘째', '셋째'로 통합한 것이다.

종래에는 '빌다'를 '나중에 돌려주기로 하고 남에게서 물건을 가져오다'의 뜻을 나타내는 표준어로 간주하였다. 그리고 '빌리다'는 '나중에 돌려받기로 하고 남에게 물건을 내어 주다'의 뜻을 나타내는 단어라 하여 '빌다'와 함께 표준어로 처리하였다. 그런데 이번에 '빌리다'는 '빌려 오다'와 '빌려 주다'의 뜻을 모두 나타내는 단어로 간주하여 '빌리다'를 표준어로 삼고, '빌려 오다'의 뜻을 나타내는 '빌다'를 비표준어로 처리하였다. 그런데 '빌다'가 '①바라는 바를 이루게 하여 달라고 신이나 사람, 사물 따위에 간청하다.', '②잘못을 용서하여 달라고 호소하다.' '③생각한 대로 이루어지길 바라다.' 등의 의미를 나타낼 경우에는 표준어로 삼았다.

　다만, 차례를 나타내는 말로 '열두째', '스물두째', '서른두째' 등 '두째' 앞에 다른 수가 올 때에는 받침 'ㄹ'이 탈락하는 언어 현실을 살려 부득이 종래의 구분을 살렸다.

제7항 수컷을 이르는 접두사는 '수-'로 통일한다.(ㄱ을 표준어로 삼고, ㄴ을 버림.)

ㄱ	ㄴ	비고
수-꿩	수-퀑/숫-꿩	'장끼'도 표준어임.
수-나사	숫-나사	
수-놈	숫-놈	
수-사돈	숫-사돈	
수-소	숫-소	'황소'도 표준어임.
수-은행나무	숫-은행나무	

다만 1. 다음 단어에서는 접두사 다음에서 나는 거센소리를 인정한다. 접두사 '암-'이 결합되는 경우에도 이에 준한다.(ㄱ을 표준어로 삼고, ㄴ을 버림.)

ㄱ	ㄴ	비고
수-캉아지	숫-강아지	
수-캐	숫-개	
수-컷	숫-것	
수-키와	숫-기와	
수-탉	숫-닭	
수-탕나귀	숫-당나귀	
수-톨쩌귀	숫-돌쩌귀	
수-퇘지	숫-돼지	
수-평아리	숫-병아리	

다만 2. 다음 단어의 접두사는 '숫-'으로 한다.(ㄱ을 표준어로 삼고, ㄴ을 버림.)

ㄱ	ㄴ	비고
숫-양	수-양	
숫-염소	수-염소	
숫-쥐	수-쥐	

'암-수'의 '수'는 역사적으로 명사 '숳'이었다. 오늘날 '수캐', '수탉' 등에 받침 'ㅎ'의 자취가 남아 있다. 그러나 오늘날 '숳'이 명사로 쓰이는 일은 '암수'라는 단어 이외에는 거의 없어지고 '암'이나 '수'가 접두사로만 쓰이게 되었고, 그로써 받침 'ㅎ'의 실현이 복잡하게 되었다. 그리하여 접두사 '숳~수'의 처리는 오랫동안 진통을 겪었다.

'다만 1.'은 받침 'ㅎ'이 다음 음절 첫소리와 거센소리를 이룬 단어들로서 역사적으로 합성어가 되어 화석화한 것이라 보고 '숳'을 인정하되, 표기에서는 받침 'ㅎ'을 독립시키지 않기로 한 것이다.

'다만 2.' '수'와 뒤의 말이 결합할 때, 발음상 [ㄴ(ㄴ)] 첨가 현상이 나타나거나 뒤의 예사소리가 된소리가 되는 경우 사이시옷과 비슷한 결과를 초래하는 것으로 판단하여 '수'에 'ㅅ'을 붙인 '숫'을 표준어로 정하였다. 이러한 경우에는 '다만 2'에 언급한 '숫양, 숫염소, 숫쥐' 들만 해당한다. '숫양'은 [순냥]으로 발음되고, '숫염소'는 [순념소]로 발음된다. '숫쥐'는 [순쮜]로 발음된다.

'다만 1'과 '다만 2'에 제시된 이외의 단어에서는 '수-'로 통일하였다. 이 접두사의 기본형을 '수-'로 잡은 것이다. 여기 제시된 이외의 단어인 '거미', '개미', '할미새', '나비', '술' 등은 모두 '수거미', '수개미', '수할미새', '수나비', '수술'로 통일하였다.

제2절 모음

제8항 양성 모음이 음성 모음으로 바뀌어 굳어진 다음 단어는 음성 모음 형태를 표준어로 삼는다.(ㄱ을 표준어로 삼고, ㄴ을 버림.)

ㄱ	ㄴ	비고
깡충-깡충 -둥이	깡총-깡총 -동이	큰말은 '껑충껑충'임. ←童-이. 귀-, 막-, 선-, 쌍-, 검-, 바람-, 흰-.
발가-숭이	발가-송이	센말은 '빨가숭이', 큰말은 '벌거숭이, 뻘거숭이'임.
보퉁이 봉죽[3]	보통이 봉족	 ←奉足(봉족). -꾼, -들다.

뻗정-다리	뻗장-다리	하지 말라고 금지하는 말.
아서, 아서라	앗아, 앗아라	부사도 '오뚝-이'임.
오뚝-이	오똑-이	←柱礎(주초). 주춧-돌.
주추4)	주초	

다만, 어원 의식이 강하게 작용하는 다음 단어에서는 양성 모음 형태를 그대로 표준어로 삼는다.(ㄱ을 표준어로 삼고, ㄴ을 버림.)

ㄱ	ㄴ	비고
부조(扶助)	부주	~금, 부좃-술.
사돈(査頓)	사둔	밭~, 안~.
삼촌(三寸)	삼춘	시~, 외~, 처~.

　　한국어에는 모음 조화(母音調和) 현상이 있다. 모음 조화는 양성 모음은 양성 모음(ㅏ, ㅗ)끼리 음성 모음은 음성 모음(ㅓ, ㅜ, ㅡ, ㅣ)끼리 어울리는 것이다. 모음 조화는 한국어 특성 중 하나이다. 그런데 모음 조화는 후세로 오면서 많이 무너졌고, 현재에도 더 약해지고 있다. 모음 조화의 붕괴는 대체로 한쪽 양성 모음이 음성 모음으로 바뀌면서 나타난다. 제8항에서 다룬 것들도 대부분 그러한 예들이다. 애초 양성 모음이던 것이 음성 모음으로 바뀐 단어들이다. 지금까지 모음 조화 규칙에 얽매여 이 변화를 인정하지 않았던 것을 현실 발음을 받아들여 음성 모음화 현상을 인정한 것이다.

제9항 'ㅣ' 역행 동화 현상에 의한 발음은 원칙적으로 표준 발음으로 인정하지 아니하되, 다만 다음 단어들은 그러한 동화가 적용된 형태를 표준어로 삼는다.(ㄱ을 표준어로 삼고, ㄴ을 버림.)

ㄱ	ㄴ	비고
-내기	-나기	서울-, 시골-, 신출-, 풋-.
냄비	남비	
동댕이-치다	동당이-치다	

---

3) 봉죽: 일을 꾸려 나가는 사람을 곁에서 도와 주는 것.
4) 주추: 기둥 밑에 괴는 돌 따위의 물건.

'ㅣ' 역행 동화란 뒤에 오는 'ㅣ' 모음 혹은 반모음 'ㅣ[j]'에 동화되어 앞에 있는 'ㅏ, ㅓ, ㅗ, ㅜ, ㅡ'가 각각 'ㅐ, ㅔ, ㅚ, ㅟ'로 바뀌는 현상으로, 이것을 '움라우트 현상'이라고 일컫기도 한다. 이것은 전국적으로 매우 일반화되어 있는 현상이다.

'-나기'는 서울에서 났다는 뜻의 '서울나기'는 그대로 쓰임직하나, '신출나기', '풋나기'는 어색하므로 일률적으로 '-내기'로 한 것이다.

'남비'는 종래 일본어 '나베'[nabe]에서 온 말이라 하여 원형을 의식해서 표준어로 처리하였던 것이나, 제5항에서 '강남콩'을 비표준어로 간주하고 '강낭콩'을 표준어로 삼은 것과 같이 '남비'를 비표준어로 처리하고 '냄비'를 표준어로 간주하였다.

[붙임 1] '아지랑이'는 사전에서 '아지랭이'로 고쳐져 교과서에 반영되어 그동안 '아지랭이'가 표준어로 쓰였으나, 현실 언어가 '아지랑이'이므로 1936년에 정한 대로 '아지랑이'를 표준어로 정하였다.

[붙임 2] '장인(匠人)'이란 뜻이 살아 있는 말은 '-장이'를, 그 외는 '-쟁이'를 표준어로 정하였다. '양복장이'는 '양복을 만드는 일을 업으로 하는 사람'인데, '양복쟁이'는 '양복 입는 사람을 홀하게 이르는 말'이다.

제10항 다음 단어는 모음이 단순화한 형태를 표준어로 삼는다.(ㄱ을 표준어로 삼고, ㄴ을 버림.)

ㄱ	ㄴ	비고
괴팍-하다	괴팍-하다/괴팩-하다	
-구먼	-구면	
미루-나무	미류-나무	← 美柳(미류)-.
미륵	미력	← 彌勒(미륵). -보살, -불, 돌-.
여느	여늬	
온-달	왼-달	만 한 달.
으레	으례	
케케-묵다	켸켸-묵다	
허우대	허위대	
허우적-허우적	허위적-허위적	허우적-거리다

   제10항은 이중 모음을 단모음으로 발음하고, 원순 모음 'ㅟ'를 평순 모음 'ㅜ'로 발음하는 것을 표준어로 삼은 것이다.

   '미루나무'의 '미루'는 어원적으로 '미류(美柳)'인데 오늘날 대부분의 국민은 [미루]라고 발음한다. '으레'는 '의례(依例)'가 변하여 된 것이다. 오늘날에는 '례'의 발음이 '레'로 바뀌었고, 그 나머지 단어들도 모두 모음이 단순화된 것이다 그러한 변화를 수용하여 새 형태를 표준어로 삼은 것이다.

제11항 다음 단어에서는 모음의 발음 변화를 인정하여, 발음이 바뀌어 굳어진 형태를 표준어로 삼는다.(ㄱ을 표준어로 삼고, ㄴ을 버림.)

ㄱ	ㄴ	비고
-구려	-구료	
깍쟁이	깍정이	1. 서울-, 알-, 찰-.
		2. 도토리, 상수리 등의 받침은 '깍정이'임.
나무라다	나무래다	
미수	미시	미숫-가루.
바라다	바래다	'바램[所望]'은 비표준어임.
상추	상치	~쌈.

시러베-아들	실업의-아들	
주책	주착	← 主着. -망나니, -없다.
지루-하다	지리-하다	← 支離.
튀기	트기	
허드레	허드래	허드렛-물, 허드렛-일.
호루라기	호루루기	

제11항은 어느 한 모음 변화 현상으로 묶기 어려운 것들에 대해서 규정한 것이다.

'-구려'는 '하오' 할 상대에게 새삼스러운 감탄의 뜻으로 쓰이는 종결 어미이다.

'깍정이 → 깍쟁이'는 움라우트의 일종이나, '깍젱이'가 아니라 '깍쟁이'를 표준어로 삼음으로써 제9항에 넣지 않고 여기에서 다루었다. 비고에서 보듯이 도토리, 상수리 등의 열매를 싸고 있는 술잔 모양의 받침을 뜻하는 '깍정이'는 그대로 두었다.

'나무래다', '바래다'는 비표준어로 간주하여 '나무라다', '바라다'를 표준어로 삼았다. '바라다'에서 파생된 명사 '바람'을 '바램'으로 발음하거나 표기해선 안 된다.

'미수 → 미시'나 '상추 → 상치'는 마찰음 'ㅅ'과 파찰음 'ㅊ' 다음에서 'ㅜ'의 'ㅣ' 모음화로 보고 '미수', '상추'를 표준어로 삼았다. '튀기 → 트기'는 모음의 단순화 현상일 터인데 아직 원형이 쓰이고 있다고 보아 제10항에서와는 달리 '튀기'를 표준어로 삼았다.

'주책(← 주착, 主着)', '지루하다(← 지리하다, 支離-)'는 한자어 어원의 형태를 버리고 변한 형태를 표준어로 삼은 것이다. 그런데 '지리멸렬(支離滅裂)'에서는 '지리(支離)'가 표준어로 인정되고 있다.

'시러베아들5)(← 실업의아들)', '허드레(← 허드래)', '호루라기(← 호루루기)'는 현실 발음을 중시하여 표준어로 삼았다.

---

5) 시러베아들: '실없는 사람'을 낮잡아 이르는 말.

제12항 '웃-' 및 '윗-'은 명사 '위'에 맞추어 '윗-'으로 통일한다.(ㄱ을 표준어로 삼고, ㄴ을 버림.)

ㄱ	ㄴ	비고
윗-넓이	웃-넓이	
윗-눈썹	웃-눈썹	
윗-니	웃-니	
윗-당줄	웃-당줄	
윗-덧줄	웃-덧줄	
윗-도리	웃-도리	
윗-동아리	웃-동아리	준말은 '윗동'임.
윗-막이	웃-막이	
윗-머리	웃-머리	
윗-목	웃-목	
윗-몸	웃-몸	~운동.
윗-바람	웃-바람	
윗-배	웃-배	
윗-벌	웃-벌	
윗-변	웃-변	수학 용어.
윗-사랑	웃-사랑	
윗-세장	웃-세장	
윗-수염	웃-수염	
윗-입술	웃-입술	
윗-잇몸	웃-잇몸	
윗-자리	웃-자리	
윗-중방	웃-중방	

다만 1. 된소리나 거센소리 앞에서는 '위-'로 한다.(ㄱ을 표준어로 삼고, ㄴ을 버림.)

ㄱ	ㄴ	비고
위-짝	웃-짝	
위-쪽	웃-쪽	
위-채	웃-채	
위-층	웃-층	
위-치마	웃-치마	
위-턱	웃-턱	-구름[上層雲].
위-팔	웃-팔	

다만 2. '아래, 위'의 대립이 없는 단어는 '웃-'으로 발음되는 형태를 표준어로
삼는다.(ㄱ을 표준어로 삼고, ㄴ을 버림.)

ㄱ	ㄴ	비고
웃-국6)	윗-국	
웃-기7)	윗-기	
웃-돈	윗-돈	
웃-비8)	윗-비	-걷다9).
웃-어른	윗-어른	
웃-옷	윗-옷	

　　제12항은 그동안 극심하게 혼란을 일으켜 온 '웃'과 '윗'을 한쪽으로 통일한 규
정이다. 이것들은 명사 '위'에 사이시옷이 결합된 것으로 해석하여 '윗'을 기본으
로 삼았다.

　　'다만 1.' 된소리나 거센소리 앞에서는 사이시옷을 쓰지 않기로 한 것이다.

　　'다만 2.'는 발음이 워낙 '웃'으로 굳은 단어들이어서 예외로 처리한 것이다. 이
때 그 경계를 긋는 문제가 쉽지 않다. 대체로 '윗목-아랫목, 윗자리-아랫자리'
처럼 '위-아래'의 대립이 있을 때에는 '윗'을 취하고 그렇지 않을 때에만 '웃'을
인정하였다.

제13항 한자 '구(句)'가 붙어서 이루어진 단어는 '귀'로 읽는 것을 인정하지 아니하
고, '구'로 통일한다.(ㄱ을 표준어로 삼고, ㄴ을 버림.)

ㄱ	ㄴ	비고
구법(句法)	귀법	
구절(句節)	귀절	
구점(句點)	귀점	
결구(結句)	결귀	

---

6) 웃국: 간장이나 술 등을 담근 후 맨 처음으로 떠내는 진한 국.

7) 웃기: '웃기떡'의 준말. 과일·포·떡 등을 괸 위에 모양을 내기 위해 얹은 재료.

8) 웃비: 비가 올 듯한 기운은 가시지 않았으나 쫙쫙 내리다가 그친 비.

9) 웃비걷다: 쫙쫙 내리던 비가 그치며 잠시 날이 들다.

경구(警句)	경귀	
경인구(警人句)	경인귀	
난구(難句)	난귀	
단구(短句)	단귀	
단명구(短命句)	단명귀	
대구(對句)	대귀	-법(對句法).
문구(文句)	문귀	
성구(成句)	성귀	-어(成句語).
시구(詩句)	시귀	
어구(語句)	어귀	
연구(聯句)	연귀	
인용구(引用句)	인용귀	
절구(絕句)	절귀	

다만, 다음 단어는 '귀'로 발음되는 형태를 표준어로 삼는다.(ㄱ을 표준어로 삼고, ㄴ을 버림.)

ㄱ	ㄴ	비고
귀-글	구-글	
글-귀	글-구	

　종래 '구'와 '귀'로 혼동이 심했던 '句'의 음을 '구'로 통일한 것이다.

　다만 '句'의 훈은 '글귀'이고 음은 '구'이다. 따라서 '글귀', '귀글'의 경우는 예외로 한다. '글귀'는 '글을 듣고 이해하는 능력'을 뜻한다. '귀글'은 두 마디가 한 덩이씩 짝이 되도록 지은 글이다.

제3절 준말

제14항 준말이 널리 쓰이고 본말이 잘 쓰이지 않는 경우에는, 준말만을 표준어로 삼는다. (ㄱ을 표준어로 삼고, ㄴ을 버림.)

ㄱ	ㄴ	비고
귀찮다	귀치 않다	
김10)	기음	-매다.
똬리11)	또아리	

무	무우	-강즙, -말랭이, -생채.
		가랑-, 갓-, 왜-, 총각-.
미다	무이다	1. 털이 빠져 살이 드러나다.
		2. 찢어지다.
뱀	배암	
뱀-장어	배암-장어	
빔12)	비음	설-, 생일-.
샘	새암	-바르다, -바리.
생-쥐	새앙-쥐	
솔개	소리개	
온-갖	온-가지	
장사-치	장사-아치	

준말이란 둘 이상의 음절로 이루어진 말을 줄여서 간단하게 쓰는 말이다. '본말(本-)'이란 줄지 않은 본디 음절의 말이다.

제14항은 현실 언어에서는 전혀 또는 거의 쓰이지 않는 본말을 표준어로 인정하지 않고, 준말만을 표준어로 삼은 것이다. 가령 '귀치 않다'나 '온가지'는 현실 언어에서 사라진 지 오래이고 '귀찮다', '온갖'만이 쓰이어 왔다. 준말 중에서 2음절이 1음절로 된 음절은 대개 긴소리로 발음된다. 그러나 '귀찮다', '솔개', '온갖', '장사치'에서는 짧은소리로 난다.

제15항 준말이 쓰이고 있더라도, 본말이 널리 쓰이고 있으면 본말을 표준어로 삼는다.(ㄱ을 표준어로 삼고, ㄴ을 버림.)

ㄱ	ㄴ	비고
경황-없다	경-없다	
궁상-떨다	궁-떨다	
귀이-개	귀-개	

---

10) 김[김:]: 논밭에 난 잡풀.

11) 똬리: '짐을 머리에 일 때 머리에 받치는 고리 모양의 물건. 둥글게 빙빙 틀어 놓은 것. 또는 그런 모양.

12) 빔[빔:]: 명절이나 잔치 때에 새 옷을 차려입는 일. 명절이나 잔치 때에 차려입는 새 옷.

낌새	낌	
낙인-찍다	낙-하다/낙-치다	
내왕-꾼13)	냉-꾼	
돗-자리	돗	
뒤웅-박	뒝-박	
뒷물-대야	뒷-대야	
마구-잡이	막-잡이	
맵자-하다	맵자다	
모이	모	
벽-돌	벽	모양이 제격에 어울리다.
부스럼	부럼	
살얼음-판	살-판	정월 보름에 쓰는 '부럼'은 표준어임.
수두룩-하다	수둑-하다	
암-죽14)	암	
어음	엄	
일구다	일다	
죽-살이15)	죽-살	
퇴박-맞다16)	퇴-맞다	
한통-치다17)	통-치다	

[붙임] 다음과 같이 명사에 조사가 붙은 경우에도 이 원칙을 적용한다.(ㄱ을 표준어로 삼고, ㄴ을 버림.)

ㄱ	ㄴ	비고
아래-로	알-로	

제15항은 본말이 준말보다 훨씬 널리 쓰일 경우 본말만을 표준어로 삼기로 규정한 것이다.

[붙임]에서 '알로'는 널리 쓰이지 않기 때문에 표준어로 인정하지 않는다. 그러나 '이리로, 그리로, 저리로, 요리로, 고리로, 조리로'의 준말인 '일로, 글로, 절로,

---

13) 내왕꾼(來往-): 절에서 심부름하는 일반 사람.
14) 암죽(-粥): ①곡식이나 밤의 가루로 묽게 쑨 죽. ②어린아이에게 젖 대신으로 먹이는 것.
15) 죽살이: ①죽음과 삶. ②죽고 사는 것을 다투는 정도의 고생.
16) 퇴박맞다: 마음에 들지 아니하여 거절당하거나 물리침을 받다.
17) 한통치다: 나누지 않고 한데 합치다.

욜로, 골로, 졸로' 등은 표준어로 인정한다.

제16항 준말과 본말이 다 같이 널리 쓰이면서 준말의 효용이 뚜렷이 인정되는
것은, 두 가지를 다 표준어로 삼는다.(ㄱ은 본말이며, ㄴ은 준말임.)

ㄱ	ㄴ	비고
거짓-부리	거짓-불	작은말은 '가짓부리, 가짓불'임.
노을	놀	저녁-.
막대기	막대	
망태기	망태	
머무르다	머물다	모음 어미가 연결될 때에는 준말의 활용
서두르다	서둘다	형을 인정하지 않음.
서투르다	서툴다	
석새-삼베[18]	석새-베	
시-누이	시-뉘/시-누	
오-누이	오-뉘/오-누	
외우다	외다	외우며, 외워 : 외며, 외어.
이기죽-거리다	이죽-거리다	
찌꺼기	찌끼	'찌꺽지'는 비표준어임.

　　제16항은 앞의 제14항, 제15항과는 달리 본말과 준말을 함께 표준어로 삼음을
규정한 것이다. 두 형태가 다 널리 쓰이는 것들이어서 모두 표준어로 삼기로 한
것이다.

　　종래에는 준말인 '외다'만을 표준어로 삼았는데, 이번에 본말인 '외우다'도 표
준어로 인정하였다.

제4절 단수 표준어

제17항 비슷한 발음의 몇 형태가 쓰일 경우, 그 의미에 아무런 차이가 없고, 그
중 하나가 더 널리 쓰이면, 그 한 형태만을 표준어로 삼는다.(ㄱ을 표준어로 삼고,
ㄴ을 버림.)

---

18) 석새-삼베: 240올의 날실로 짠 베라는 뜻으로, 성글고 굵은 베를 이르는 말.

ㄱ	ㄴ	비고
거든-그리다	거둥-그리다	1. 거든하게 거두어 싸다. 2. 작은말은 '가든-그리다'임.
구어-박다	구워-박다	사람이 한 군데에서만 지내다.
귀-고리	귀엣-고리	
귀-띔	귀-틤	
귀-지	귀에-지	
까딱-하면	까땍-하면	
꼭두-각시	꼭둑-각시	
내색	나색	감정이 나타나는 얼굴빛.
내숭-스럽다	내흉-스럽다	
냠냠-거리다	얌냠-거리다	냠냠-하다.
냠냠-이[19]	얌냠-이	
너[四]	네	~돈, ~말, ~발, ~푼.
넉[四]	너/네	~냥, ~되, ~섬, ~자.
다다르다	다닫다	
댑-싸리	대-싸리	
더부룩-하다	더뿌룩-하다/ 듬뿌룩-하다	
-던	-든	선택, 무관의 뜻을 나타내는 어미는 '-든'임. 가-든(지) 말-든(지), 보-든(가) 말-든(가).
-던가	-든가	
-던걸	-든걸	
-던고	-든고	
-던데	-든데	
-던지	-든지	
-(으)려고	-(으)ㄹ려고/ -(으)ㄹ라고	
-(으)려야	-(으)ㄹ려야/ -(으)ㄹ래야	
망가-뜨리다	망그-뜨리다	
멸치	며루치/메리치	
반빗-아치	반비-아치	'반빗' 노릇을 하는 사람. 찬비(饌婢). '반비'는 밥짓는 일을 맡은 계집종.
보습[20]	보십/보섭	
본새[21]	뽄새	

봉숭아	봉숭화	'봉선화'도 표준어임.
빰-따귀	뺨-따귀/	'빰'의 비속어임.
	뺨-따구니	
뻐개다[析][22]	뻐기다	두 조각으로 가르다.
뻐기다[誇]	뻐개다	뽐내다.
사자-탈	사지-탈	
상-판대기	쌍-판대기	
서[三]	세/석	~돈, ~말, ~발, ~푼.
석[三]	세	~냥, ~되, ~섬, ~자.
설령(設令)	서령	
-습니다	-읍니다	먹습니다, 갔습니다, 없습니다, 있습니다, 좋습니다.
		모음 뒤에는 '-ㅂ니다'임.
시름-시름	시늠-시늠	
쓱벅-씀벅	썸벅-썸벅	
아궁이	아궁지	
아내	안해	
어-중간	어지-중간	
오금-팽이	오금-탱이	
오래-오래	도래-도래	돼지 부르는 소리.
-올시다	-올습니다	발-, 손-.
옹골-차다[23]	공골-차다	
우두커니	우두머니	작은말은 '오도카니'임.
잠-투정	잠-투세/잠-주정	
재봉-틀	자봉-틀	
짓-무르다	짓-물다	
짚-북데기	짚-북세기	'짚북더기'도 비표준어임.
쪽	짝	편(便). 이-, 그-, 저-.
		다만, '아무-짝'은 '짝'임.
천장(天障)	천정	'천정부지(天井不知)'는 '천정'임.
코-맹맹이	코-맹녕이	
흠-얻다	흠-헙다	

---

19) 냠냠이: 먹고 싶은 음식을 이르는 말로, 유아어이다. 또는 맛있는 음식을 먹고 싶어 하는 일을 비유적으로 이르는 말이다.

20) 보습: 쟁기의 술바닥에 맞추어 땅을 갈아 흙덩이를 일으키는 데에 쓰는, 삽 모양의 쇳조각.

21) 본새(本-): ①생긴 모양새. ②동작이나 버릇의 됨됨이.

제17항은 이음동의어(異音同義語) 중에서 더 널리 쓰이는 것 한 개만을 표준어로 삼은 것이다. 이것은 제18항과 제19항에서 복수 표준어를 인정한 것과 대립되는 규정이다.

복수 표준어로 인정하려면 그 발음 차이가 이론적으로 설명되든지 두 형태가 비슷하게 널리 쓰이든지 하여야 한다.

'-던가'는 '하게' 할 상대에게 실제로 겪어 본 일에 대해서 물을 때 쓰이는 종결 어미이다. [보기] 경치가 아름답던가?

또한 '-던가'는 '하게' 할 상대나 스스로 지난 일을 회상하여 감탄조로 물을 때 쓰이는 종결 어미이다. [보기] 10년 전만 해도 얼마나 젊었던가?

'-던가' 대신에 '-든가'를 사용하는 이가 있다. 표준어 '-든가'는 '무엇을 가리지 않음을 나타내는 연결 어미'이다. [보기] 가든가 말든가 네 마음대로 해.

종래에는 '하십시오체' 종결 어미인 '-습니다', '-읍니다'를 모두 표준어로 인정하고, '-습니다'는 '-읍니다'의 공손한 말이라고 하였다. 그러나 이 규정에서는 '-습니다'와 '-읍니다' 사이의 그러한 의미 차이가 확연하지 않고 일반 구어(口語)에서 '-습니다'가 훨씬 널리 쓰인다고 판단하여 '-습니다'만을 표준어로 인정하였다. '-올습니다'와 '-올시다' 중에서도 마찬가지 이유로 '-올시다'만을 표준어로 삼았다. '-올시다'는 '이다'와 '아니다'의 어간에 붙어 '하십시오' 할 상대에게 '-ㅂ니다'의 뜻으로 쓰이는 평서법 종결 어미이다.

제5절 복수 표준어

제18항 다음 단어는 ㄱ을 원칙으로 하고, ㄴ도 허용한다.

ㄱ	ㄴ	비고
네 쇠-	예 소-	-가죽, -고기, -기름, -머리, -뼈.

---

22) 뻐개다: ①(단단한 물체를) 두 쪽으로 갈라 조각을 내다. ②(단단한 물체의 틈을) 넓게 벌리다. ③(거의 되어 가는 일을) 틀어지게 하다.
23) 옹골차다: 실속 있게 꽉 차고 기운차다.

괴다	고이다	물이~, 밑을~.
꾀다	꼬이다	어린애를~, 벌레가~.
쐬다	쏘이다	바람을~.
죄다	조이다	나사를~.
쬐다	쪼이다	볕을~.

제18항은 두 개의 이음동의어(異音同義語)가 모두 널리 쓰이기 때문에 모두 표준어로 삼은 것이다.

대답하는 말 '네/예'에서 지금까지는 '예'만을 표준어로 인정하였으나, 서울말에서는 오히려 '네'가 더 널리 쓰이어 왔고 또 쓰이고 있으므로 그것을 앞에 내세워 '예'와 함께 표준어로 삼은 것이다.

'쇠-/소-'에서 '쇠-'는 전통적 표현이나, 오늘날 '소-'도 널리 쓰이므로 두 말을 모두 표준어로 삼은 것이다.

제19항 어감의 차이를 나타내는 단어 또는 발음이 비슷한 단어들이 다 같이 널리 쓰이는 경우에는, 그 모두를 표준어로 삼는다.(ㄱ, ㄴ을 모두 표준어로 삼음.)

ㄱ	ㄴ	비고
거슴츠레-하다	게슴츠레-하다	
고까	꼬까	-신, -옷.
고린-내	코린-내	
교기(驕氣)	갸기	교만한 태도.
구린-내	쿠린-내	
꺼림-하다	께름-하다	
나부랭이	너부렁이	

제19항은 지금까지 'ㄱ'과 'ㄴ'의 단어들을 동의어로 간주하여 'ㄱ'의 단어들만을 표준어로 인정하여 왔다. 어감이 다르거나 발음이 비슷하더라도 의미가 다르거나 어감이 다르면 동의어(同義語)가 아니고 이의어(異義語)이다. 'ㄱ'과 'ㄴ'의 단어들은 이의어(異義語)이기 때문에 둘 다 표준어로 삼은 것이다.

제3장 어휘 선택의 변화에 따른 표준어 규정

제1절 고어

제20항 사어(死語)가 되어 쓰이지 않게 된 단어는 고어로 처리하고, 현재 널리 사용되는 단어를 표준어로 삼는다.(ㄱ을 표준어로 삼고, ㄴ을 버림.)

ㄱ	ㄴ	비고
난봉	봉	
낭떠러지	낭	
설거지-하다	설겆다	
애달프다	애닲다	
오동-나무	머귀-나무	
자두	오얏	

제20항은 과거에는 쓰였으나 현재는 쓰이지 않게 된 단어는 표준어로 인정하지 않고, 현재 널리 쓰이는 단어를 표준어로 인정한 것이다.

'설겆다'를 표준어로 인정하지 않은 것은 '설겆어라', '설겆으니', '설겆더니' 등과 같은 활용형이 안 쓰여 어간 '설겆-'을 추출하여 낼 수가 없기 때문이다. 그리하여 명사 '설거지'를 '설겆-'에서 파생된 것으로 보지 않고 원래부터의 명사로 처리하고, '설거지하다'는 명사 '설거지'에 '-하다'가 결합된 것으로 간주하였다.

'애닲다'는 노래에서 "애닲다 어이하리" 식으로 쓰이고 있으나 고어(古語)의 잔재이다. 이것은 '애닲으니', '애닲아서', '애닲은(/애달운)' 등의 활용형이 실현되는 일이 없어서 고어로 처리하였다. 그런데 '애달파서', '애달픈' 등의 활용형을 가진 '애달프다'를 표준어로 삼았다.

'머귀나무'가 '오동나무'의 뜻으로 쓰일 경우에는 비표준어로 처리하지만, '운향과에 딸린 갈잎 큰키나무'의 뜻으로 쓰일 경우에는 표준어로 삼는다.

'오얏'은 '李 오얏 리' 등에 남아 있으나 역시 고어의 화석화일 뿐 현대 한국어로 쓰이지 않아 비표준어로 처리하였다.

제2절 한자어

제21항 고유어 계열의 단어가 널리 쓰이고 그에 대응되는 한자어 계열의 단어가 용도를 잃게 된 것은, 고유어 계열의 단어만을 표준어로 삼는다.(ㄱ을 표준어로 삼고, ㄴ을 버림.)

ㄱ	ㄴ	비고
가루-약	말-약(末藥)27)	
구들-장	방-돌(房-)	
길품-삯	보행-삯(步行-)	
까막-눈	맹-눈(盲-)	
꼭지-미역24)	총각-미역(總角-)	
나뭇-갓	시장-갓(柴場-)	
늙-다리25)	노닥다리(老-)	
두껍-닫이	두껍-창(-窓)	
떡-암죽	병-암죽(病-粥)	
마른-갈이	건-갈이(乾-)	
마른-빨래	건-빨래(乾-)	
메-찰떡	반-찰떡(半-)	
박달-나무	배달-나무(倍達-)	
밥-소라	식-소라(食-)	큰 놋그릇.
사래-논	사래-답(-畓)	묘지기나 마름이 부쳐 먹는 땅.
사래-밭	사래-전(-田)	
삯-말	삯-마(-馬)	
성냥	화곽(火-)	
솟을-무늬	솟을-문(-紋)	
외-지다	벽-지다(僻-)	
움-파	동-파(冬-)	
잎-담배	잎-초(-草)	
잔-돈	잔-전(-錢)	
조-당수	조-당죽(-粥)	좁쌀에 술을 넣어서 미음같이 쑨 것
죽데기26)	피-죽(-粥)	'죽더기'도 비표준어임.
지겟-다리	목-발(木-)	지게 동발의 양쪽 다리.
짐-꾼	부지-군(負持-)	
푼-돈	분-전(分錢)/푼-전(-錢)	
흰-말	백-말(白-)/부루-말(夫老-)28)	'백마(白馬)'는 표준어임.
흰-죽	백-죽(白粥)	

제21항은 고유어 계열의 단어가 한자어 계열의 단어보다 더 널리 쓰인다고 판단하여 고유어 계열의 단어만을 표준어로 삼은 것이다. 그런데 오늘날 '목발(木-)'은 '지겟다리'보다 더 널리 쓰인다.

제22항 고유어 계열의 단어가 생명력을 잃고 그에 대응되는 한자어 계열의 단어가 널리 쓰이면, 한자어 계열의 단어를 표준어로 삼는다.(ㄱ을 표준어로 삼고, ㄴ을 버림.)

ㄱ	ㄴ	비고
개다리-소반(-小盤)29)	개다리-밥상	
겸-상(兼床)	맞-상	
고봉-밥(高捧-)30)	높은-밥	
단-벌(單-)	홑-벌	
마방-집(馬房-)31)	마바리-집	
민망-스럽다(憫惘-)/ 면구-스럽다(面灸-)	민주-스럽다	
방-고래(房-)	구들-고래	
부항-단지(附缸-)	뜸-단지	
산-누에(山-)	멧-누에	
산-줄기(山-)	멧-줄기/멧-발	
수-삼(水蔘)	무-삼	
심-돋우개(心-)	불-돋우개	
양-파(洋-)	둥근-파	
어질-병(-病)	어질-머리	
윤-달(閏-)	군-달	
장력-세다(壯力-)32)	장성-세다	
제석(祭席)	젯-돗	
총각-무(總角-)	알-무/알타리-무	
칫-솔(齒-)	잇-솔	
포수(砲手)	총-댕이	

---

24) '꼭지미역'은 모숨을 지어 잡아맨 미역이다. '모숨'은 한 손에 쥘 만한 분량을 뜻한다.

25) 늙다리: ①늙은 짐승 ②늙은이를 속되게 이르는 말.

26) '죽데기'는 통나무의 겉쪽에서 떼어 낸 조각이다. 이것은 주로 땔감으로 쓴다.

27) (　) 속의 한자어 '末藥' 표기는 필자가 한 것임.

28) '부루말'은 온몸의 털빛이 하얀 말이다. 이것을 '부로마(夫老馬)'라고 일컫기도 한다.

제22항은 제21항과 대립적인 규정이다. 제22항은 한자어 계열의 단어가 고유어 계열의 단어보다 더 널리 쓰인다고 판단하여 한자어 계열의 단어만을 표준어로 삼은 것이다.

'민망스럽다(憫惘-)'와 '면구스럽다(面灸-)'는 '낯을 들고 대하기에 부끄러운 데가 있다.'를 뜻한다.

'총각무(總角-)'는 '무청째로 김치를 담그는, 뿌리가 잔 무'이다. 이것을 '알타리무' 혹은 '알무'라고 일컫기도 하는데 이것들을 비표준어로 간주하고 '총각무'만을 표준어로 삼았다. 이와 마찬가지로 '알타리김치'는 비표준어로 처리하고, '총각김치'를 표준어로 삼는다.

제3절 방언

제23항 방언이던 단어가 표준어보다 더 널리 쓰이게 된 것은, 그것을 표준어로 삼는다. 이 경우, 원래의 표준어는 그대로 표준어로 남겨 두는 것을 원칙으로 한다.(ㄱ을 표준어로 삼고, ㄴ도 표준어로 남겨 둠.)

ㄱ	ㄴ	비고
멍게	우렁쉥이	
물-방개	선두리	
애-순33)	어린-순	

종래에 비표준어이던 지역 방언 중에서 표준어보다 더 널리 쓰이게 된 것을 표준어로 삼기로 한 규정이다. 그동안 '우렁쉥이'만이 표준어로 처리하였으나, 비표준어이던 '멍게'가 '우렁쉥이'보다 더 널리 쓰이게 됨에 따라 '우렁쉥이'와 함께 표준어로 삼은 것이다.

---

29) ( ) 속의 한자어 '小盤'은 필자가 표기한 것이다.

30) 고봉밥(高捧-): 그릇 위로 수북하게 높이 담은 밥.

31) 마방집(馬房-): 말을 두고 삯짐 싣는 일을 업으로 하는 집.

32) 장력세다(壯力-): 씩씩하고 굳세어 무서움을 타지 아니하다.

33) 애순(-筍): 나무나 풀의 새로 나는 어린 싹.

제24항 방언이던 단어가 널리 쓰이게 됨에 따라 표준어이던 단어가 안 쓰이게 된 것은, 방언이던 단어를 표준어로 삼는다.(ㄱ을 표준어로 삼고, ㄴ을 버림.)

ㄱ	ㄴ	비고
귀밑-머리	귓-머리	
까-뭉개다	까-무느다	
막상	마기	
빈대-떡	빈자-떡	
생인-손	생안-손	준말은 '생-손'임.
역-겹다	역-스럽다	
코-주부	코-보	

　　제24항에서는 제23항과 달리 애초의 표준어를 비표준어로 처리하고, 지금까지 비표준어로 간주하던 지역 방언을 표준어로 삼기로 한 것이다. 그 이유는 그동안 표준어이던 단어보다 비표준어인 지역 방언이 더 널리 쓰여 왔기 때문이다.

　　가령 표준어이던 '빈자떡'보다 비표준어이었던 지역 방언인 '빈대떡'이 더 널리 쓰이기 때문에 '빈대떡'을 표준어로 삼고 '빈자떡'은 비표준어로 간주하기로 한 것이다. 이와 같은 이유로 비표준어이던 지역 방언들을 표준어로 삼기로 한 것이다.

　　'생인손'은 '손가락 끝에 종기가 나서 곪는 병'을 뜻한다. 표준어이던 '생안손'보다 지역 방언으로 비표준어이었던 '생인손'이 더 널리 쓰이어 '생인손'을 표준어로 간주하고, '생안손'을 비표준어로 처리한 것이다.

제4절 단수 표준어

제25항 의미가 똑같은 형태가 몇 가지 있을 경우, 그 중 어느 하나가 압도적으로 널리 쓰이면, 그 단어만을 표준어로 삼는다.(ㄱ을 표준어로 삼고, ㄴ을 버림.)

ㄱ	ㄴ	비고
-게끔	-게시리	
겸사-겸사(兼事兼事)[34]	겸지-겸지/	
	겸두-겸두	
고구마	참-감자	
고치다	낫우다	병을~.

골목-쟁이	골목-자기	
광주리	광우리	
괴통	호구	자루를 박는 부분.
국-물	멀-국/말-국	
군-표(軍票)	군용-어음	
길-잡이	길-앞잡이	'길라잡이'도 표준어임.
까다롭다	까닭-스럽다/까탈-스럽다	
까치-발	까치-다리	선반 따위를 받치는 물건.
꼬창-모	말뚝-모	꼬챙이로 구멍을 뚫으면서 심는 모.
나룻-배	나루	'나루[津]'는 표준어임.
납-도리	민-도리	
농-지거리(弄-)	기롱-지거리	다른 의미의 '기롱지거리'는 표준어임.
다사-스럽다(多事-)[35]	다사-하다	간섭을 잘하다.
다오	다구	이리~.
담배-꽁초	담배-꼬투리/담배-꽁치/담배-꽁추	
담배-설대	대-설대	
대장-일	성냥-일	
뒤져-내다[36]	뒤어-내다	
뒤통수-치다	뒤꼭지-치다	
등-나무	등-칡	
등-때기	등-떠리	'등'의 낮은말.
등잔-걸이(燈盞-)	등경-걸이	
떡-보	떡-충이	
똑딱-단추	딸꼭-단추	
매-만지다	우미다	
먼-발치	먼-발치기	
며느리-발톱	뒷-발톱	
명주-붙이(明紬-)	주-사니	
목-메다	목-맺히다	
밀짚-모자	보릿짚-모자	
바가지	열-바가지/열-박	
바람-꼭지	바람-고다리	튜브의 바람을 넣는 구멍에 붙은, 쇠로 만든 꼭지.
반-나절(半-)	나절-가웃	
반두	독대	그물의 한 가지.

버젓-이	뉘연-히	
본-받다(本-)	법-받다	
부각[37]	다시마-자반	
부끄러워-하다	부끄리다	
부스러기	부스럭지	
부지깽이	부지팽이	
부항-단지(附缸-)	부항-항아리	부스럼에서 피고름을 빨아내기 위하여 부항을 붙이는 데 쓰는, 자그마한 단지.
붉으락-푸르락	푸르락-붉으락	
비켜-덩이	옆-사리미	김맬 때에 흙덩이를 옆으로 빼내는 일, 또는 그 흙덩이.
빙충-이	빙충-맞이	작은말은 '뱅충이'.
빠-뜨리다	빠-치다	'빠트리다'도 표준어임.
뻣뻣-하다	왜긋다	
뽐-내다	느물다	
사로-잠그다	사로-채우다	자물쇠나 빗장 따위를 반 정도만 걸어 놓다.
살-풀이(煞-)	살-막이	
상투-쟁이	상투-꼬부랑이	상투 튼 이를 놀리는 말.
새앙-손이[38]	생강-손이	
샛-별	새벽-별	
선-머슴	풋-머슴	
섭섭-하다	애운-하다	
속-말	속-소리	국악 용어 '속소리'는 표준어임.
손목-시계	팔목-계/팔뚝-시계	
손-수레	손-구루마	'구루마(Kuruma)'는 일본어임.
쇠-고랑	고랑-쇠	
수도-꼭지(水道-)	수도-고동	
숙성-하다(夙成-)[39]	숙-지다	
순대	골집	
술-고래	술-꾸러기/술-부대/ 술-보/술-푸대	
식은-땀	찬-땀	
신기-롭다(神奇-)	신기-스럽다	'신기하다'도 표준어임.
쌍동-밤(雙童-)	쪽-밤	
쏜살-같이	쏜살-로	

아주	영판	
안-걸이	안-낚시	씨름 용어.
안다미-씌우다	안다미-시키다	제가 담당할 책임을 남에게 넘기다.
안쓰럽다	안-슬프다	
안절부절-못하다	안절부절-하다	
앉은뱅이-저울	앉은-저울	
알-사탕	구슬-사탕	
암-내	곁땀-내	
앞-지르다	따라-먹다	
애-벌레	어린-벌레	
얕은-꾀	물탄-꾀	
언뜻	펀뜻	
언제나	노다지	
얼룩-말	워라-말	
-에는	-엘랑	
열심-히	열심-으로	
입-담	말-담	
자배기	너벅지	
전봇-대(電報-)	전선-대	
쥐락-펴락	펴락-쥐락	
-지만	-지만서도	← -지마는.
짓고-땡	지어-땡/짓고-땡이	
짧은-작40)	짜른-작	
찹-쌀	이-찹쌀	
청대-콩(靑-)	푸른-콩	
칡-범41)	갈-범	

---

34) ( ) 속의 한자어 '兼事兼事'는 필자가 표기한 것임.

35) 다사스럽다(多事-): ①보기에 바쁜 데가 있다. ②보기에 쓸데없는 일에 간섭을 잘하는 데가 있다.

36) 뒤져내다: 샅샅이 뒤져 찾아내다.

37) 부각: 다시마에 찹쌀 풀을 발라 말렸다가 기름에 튀긴 반찬.

38) 새앙손이: 손가락 모양이 생강처럼 생긴 사람.

39) 숙성하다(夙成-): 나이에 비하여 지각이나 발육이 빠르다.

40) 짧은작: 길이가 짧은 화살.

41) 칡범: 몸에 칡덩굴과 같은 어룽어룽한 줄무늬가 있는 범.

제25항은 이음동의어(異音同義語)들 중에서 더 널리 쓰이는 것을 표준어로 삼기로 규정한 것이다.

'-게끔'은 앞의 내용이 뒤에서 가리키는 사태의 목적이나 결과, 방식, 정도 따위가 됨을 나타내는 연결 어미로, '-게'보다 강조된 의미를 나타낸다.

'겸사겸사(兼事兼事)'는 '한 번에 여러 가지 일을 하려고, 이 일도 하고 저 일도 할 겸 해서'라는 뜻을 나타내는 부사이다.

'농지거리(弄-)'는 '점잖지 아니하게 함부로 하는 장난이나 농담을 낮잡아 이르는 말'이다.

'살풀이(煞-)'는 '타고난 살(煞)을 풀기 위하여 하는 굿'이다. '살(煞)'은 '사람을 해치거나 물건을 깨뜨리는 모질고 독한 귀신의 기운'을 뜻한다.

'안쓰럽다'는 '손아랫사람이나 약자에게 도움을 받거나 폐를 끼쳤을 때 마음에 미안하고 딱하다' 또는 '손아랫사람이나 약자의 딱한 형편이 마음이 아프고 가엽다'라는 뜻을 나타낸다. '안'의 어원이 분명하지 않기 때문에 '-스럽다'로 표기하지 않고 소리 나는 대로 표기하는 것이다.

'안절부절못하다'의 의미는 '마음이 초조하고 불안하여 어찌할 바를 모르다'이다. '안절부절하다'는 '안정부절못하다'와 같은 의미로 쓰이는 것인데, 오용으로 판단하여 비표준어로 처리한다.

제5절 복수 표준어

제26항 한 가지 의미를 나타내는 형태 몇 가지가 널리 쓰이며 표준어 규정에 맞으면, 그 모두를 표준어로 삼는다.

복수 표준어	비고
가는-허리/잔-허리	
가락-엿/가래-엿	
가뭄/가물	
가엾다/가엽다	가엾어/가여워, 가엾은/가여운.
감감-무소식(-無消息)/감감-소식	
개수-통/설거지-통	'설겆다'는 '설거지-하다'로.

개숫-물/설거지-물	
갱-엿/검은-엿	
-거리다/-대다	가물-, 출렁-.
거위-배/횟-배	
것/해	내~, 네~, 뉘~.
게을러-빠지다/게을러-터지다	
고깃-간/푸줏-간	'고깃-관, 푸줏-관, 다림-방'은 비표준어임.
곰곰/곰곰-이	
관계-없다(關係-)/상관-없다(相關-)	
교정-보다(校正-)/준 -보다(準-)	
구들-재/구재	
귀퉁-머리/귀퉁-배기	'귀퉁이'의 비어임.
극성-떨다(極盛-)/극성-부리다	
기세-부리다(氣勢-)/기세-피우다(氣勢-)	
기승-떨다(氣勝-)/기승-부리다	
깃-저고리/배내-옷/배냇-저고리	
꼬까/때때/고까	-신, -옷.
꼬리-별/살-별	
꽃-도미/붉-돔	
나귀/당-나귀	
날-걸/세-뿔	윷판의 쨀밭 다음의 셋째 밭.
내리-글씨/세로-글씨	
넝쿨/덩굴	'덩쿨'은 비표준어임.
녘/쪽	동-, 서-.
눈-대중/눈-어림/눈-짐작	
느리-광이/느림-보/늘-보	
늦-모/마냥-모	←만이앙-모.
다기-지다/다기-차다	
다달-이/매-달(每-)42)	
-다마다/-고말고	
다박-나룻/다박-수염	
닭의-장(-欌)/닭-장(-欌)	
댓-돌/툇-돌(退-)	
덧-창(-窓)/곁-창(-窓)	
독장-치다(獨場-)/독판-치다(獨-)	
동자-기둥(童子-)/쪼구미	

돼지-감자/뚱딴지

되우/된통/되게

두동-무니/두동-사니   윷놀이에서, 두 동이 한데 어울려 가는 말.

뒷-갈망/뒷-감당(-堪當)

뒷-말/뒷-소리

들락-거리다/들랑-거리다

들락-날락/들랑-날랑

딴-전/딴-청

땅-콩/호-콩(胡-)

땔-감/땔-거리

-뜨리다/-트리다   깨-, 떨어-, 쏟-.

뜬-것/뜬-귀신(-鬼神)

마룻-줄/용총-줄   돛대에 매어 놓은 줄.
                                 '이어줄'은 비표준어임.

마-파람/앞-바람

만장-판/만장-중(滿場中)

만큼/만치

말-동무/말-벗

매-갈이/매-조미

매-통/목-매

먹-새/먹음-새   '먹음-먹이'는 비표준어임.

멀찌감치/멀찌가니/멀찍이

먹통/산-먹/산-먹통

면-치레(面-)/외면-치레(外面-)

모-내다/모-심다   모-내기, 모-심기.

모쪼록/아무쪼록

목판-되(木板-)/모-되

목화-씨(木花-)/면화-씨(棉花-)

무심-결(無心-)/무심-중(無心-)

물-봉숭아/물-봉선화(-鳳仙花)

물-부리/빨-부리

물-심부름/물-시중

물추리-나무/물추리-막대

물-타작(-打作)/진-타작(-打作)

민둥-산(-山)/벌거숭이-산(-山)

밑-층(-層)/아래-층(-層)

바깥-벽(-壁)/밭-벽(-壁)

바른/오른[右]	-손, -쪽, -편(-便).
발-모가지/발-목쟁이	'발목'의 비속어임.
버들-강아지/버들-개지	
벌레/버러지	'벌거지, 벌러지'는 비표준어임.
변덕-스럽다(變德-)/변덕-맞다(變德-)	
보-조개/볼-우물	
보통-내기(普通-)/여간-내기(如干-)/예사-내기(例事-)	'행-내기'는 비표준어임.
볼-따구니/볼-퉁이/볼-때기	'볼'의 비속어임.
부침개-질/부침-질/지짐-질	'부치개-질'은 비표준어임.
불똥-앉다/등화-지다(燈火-)/등화-앉다(燈花-)	
불-사르다/사르다	
비발/비용(費用)	
뾰두라지/뾰루지	
살-쾡이/삵	삵-피.
삽살-개/삽사리	
상두-꾼(喪-)/상여-꾼(喪輿-)	'상도-꾼, 향도-꾼'은 비표준어임.
상-씨름(上-)/소-걸이	
생/새앙/생강(生薑)	
생-뿔/새앙-뿔/생강-뿔(生薑-)	'쇠뿔'의 형용.
생-철(-鐵)/양-철(洋鐵)	1. '서양철'은 비표준어임. 2. '생철(生鐵)'은 '무쇠'임.
서럽다/섧다	'설다'는 비표준어임.
서방-질/화냥-질	
성글다/성기다	
-(으)세요/-(으)셔요	
송이/송이-버섯	
수수-깡/수숫-대	
술-안주(-按酒)/안주(按酒)	
-스레하다/-스름하다	거무-, 발그-.
시늉-말/흉내-말	
시새/세사(細沙)	
신/신발	
신주-보(神主褓)/독보(櫝褓)	
심술-꾸러기/심술-쟁이	
씁쓰레-하다/씁쓰름-하다	

아귀-세다/아귀-차다
아래-위/위-아래
아무튼/어떻든/어쨌든/하여튼(何如-)
/여하튼(如何-)
앉음-새/앉음-앉음
알은-척/알은-체
애-갈이/애벌-갈이
애꾸눈-이/외눈-박이   '외대-박이, 외눈-퉁이'는 비표준어임.

양념-감/양념-거리
어금버금-하다/어금지금-하다
어기여차/어여차
어림-잡다/어림-치다
어이-없다/어처구니-없다
어저께/어제
언덕-바지/언덕-배기
얼렁-뚱땅/엄벙-뗑
여왕-벌(女王-)/장수-벌(將帥-)
여쭈다/여쭙다
여태/입때   '여직'은 비표준어임.
여태-껏/이제-껏/입때-껏   '여직-껏'은 비표준어임.
역성-들다/역성-하다   '편역-들다'는 비표준어임.
연-달다(連-)/잇-달다
엿-가락/엿-가래
엿-기름/엿-길금
엿-반대기/엿-자박
오사리-잡놈(-雜-)/오색-잡놈(五色雜-)   '오합-잡놈'은 비표준어임.
옥수수/강냉이   -떡, -묵, -밥, -튀김
왕골-기직/왕골-자리
외겹-실/외올-실/홑-실   '홑겹-실, 올-실'은 비표준어임.
외손-잡이/한손-잡이
욕심-꾸러기(欲心-)/욕심-쟁이(欲心-)
우레/천둥   우렛-소리, 천둥-소리
우지/울-보
을러-대다/을러-메다
의심-스럽다(疑心-)/의심-쩍다(疑心-)
-이에요/-이어요

이틀-거리/당-고금(唐-)	학질의 일종임.
일일-이/하나-하나	
일찌감치/일찌거니	
입찬-말/입찬-소리	
자리-옷/잠-옷	
자물-쇠/자물-통(-筒)	
장가-가다/장가-들다	'서방-가다'는 비표준어임.
재롱-떨다(才弄-)/재롱-부리다(才弄-)	
제-가끔/제-각기	
좀-처럼/좀-체	'좀-체로, 좀-해선, 좀-해'는 비표준어임.
줄-꾼/줄-잡이	
중신(中-)/중매(仲媒)	
짚-단/짚-뭇	
쪽/편(便)	오른-, 왼-.
차차/차츰	
책-씻이/책-거리	
척/체	모르는 -, 잘난 -.
천연덕-스럽다/천연-스럽다	
철-따구니/철-딱서니/철-딱지	'철-때기'는 비표준어임.
추어-올리다/추어-주다43)	
축-가다(縮-)/축-나다(縮-)	
침-놓다(鍼-)/침-주다(鍼-)	
통-꼭지(桶-)/통-젖(桶-)	통에 붙은 손잡이.
파자-쟁이(破字-)/해자-쟁이(解字-)	점치는 이.
편지-투(便紙套)/편지-틀(便紙-)	
한턱-내다/한턱-하다	
해웃-값/해웃-돈	'해우-차'는 비표준어임.
혼자-되다/홀로-되다	
흠-가다(欠-)/흠-나다/흠-지다	

　　제26항은 종래에 비표준어로 간주하던 것들도 표준어로 삼은 것 이상으로 널리 쓰이기 때문에 종래의 표준어와 함께 표준어로 삼기로 규정한 것이다. 제26항

---

42) ( ) 속의 한자 '每'는 필자가 표기한 것임.

43) 종래에는 '추켜-올리다'를 비표준어로 간주하였으나, 2017년 12월 20일 국어심의회 의결에 따라 표준어로 삼기로 하였다.

은 제18항과 같은 취지로 복수 표준어를 규정한 것이다. 복수 표준어는 국어 어휘를 풍부하게 하는 데 이바지한다.

종래에는 '출렁대다'의 '-대다'는 '출렁거리다'의 '-거리다'와 같이 널리 쓰임에도 불구하고 '-거리다'만을 표준어로 삼았었는데, 둘 다 표준어로 삼은 것이다. '-거리다'와 '-대다'는 동작 또는 상태를 나타내는 일부 어근 뒤에 붙어서 '그런 동작이나 상태가 반복되거나 잇따라 계속됨'의 뜻을 더하고 동사를 만드는 파생 접미사이다.

종전에는 '떨어뜨리다'의 '-뜨리다'와 '-떨어트리다'의 '-트리다' 중에서 '-뜨리다'만을 표준어로 간주하였는데 '-트리다'도 '-뜨리다'와 같이 널리 쓰이기 때문에 복수 표준어로 삼은 것이다. '-뜨리다'와 '-트리다'는 몇몇 동사의 '-아/-어' 연결형 또는 어근 뒤에 붙어서 '강조'의 뜻을 더하는 접미사이다.

2011년 8월 31일 국립국어원에서는 그동안 비표준어로 간주하던 39개 단어를 표준어로 인정하기로 한다고 공표하였다. 그것들은 (1) 현재 표준어와 표기 형태가 다른 단어 3개, (2) 현재 표준어와 같은 뜻을 가진 단어 11개, (3) 현재 표준어와 뜻이나 어감이 다른 단어 25개 등이다.

(1) 현재 표준어와 표기 형태가 다른 단어(3개)

추가된 표준어	현재 표준어
택견	태견
품새	품세
짜장면	자장면

현재 표준어의 이형동의어(異形同義語) 중에서 현재 표준어와 표기 형태가 다른 것으로 그동안 비표준어로 간주되었던 '택견', '품새', '짜장면' 등도 표준어로 인정하기로 한 것이다. 이형동의어란 형태는 다르지만 의미가 같은 단어를 뜻한다.

(2) 현재 표준어와 같은 뜻을 가진 단어(11개)

추가된 표준어	현재 표준어
간지럽히다	간질이다
남사스럽다	남우세스럽다
등물	목물
맨날	만날
묫자리	묏자리
복숭아뼈	복사뼈
세간살이	세간
쌉싸름하다	쌉싸래하다
토란대	고운대
허접쓰레기	허섭스레기
흙담	토담

이상의 (2)의 '추가된 표준어'도 현재 표준어의 이형동의어에 속하는 것인데 그동안 비표준어로 간주한 것이다. 이것들을 표준어로 인정하게 된 것은 기존의 표준어에 못지않게 널리 쓰이는 것들이기 때문이다.

다음의 (3)은 현재 표준어로 규정된 말과는 의미나 어감(語感)에 차이가 있어서 그동안 비표준어로 간주한 것을 표준어로 인정한 것이다. (3)에서 '추가된 표준어'와 '현재 표준어'는 이형이의어(異形異義語)인데, 그동안 추가된 말을 전에는 '현재 표준어'의 이형동의어(異形同義語)로 간주하여 비표준어로 처리하였다.

(3) 현재 표준어와 뜻이나 어감이 다른 단어(25개)

추가된 표준어	현재 표준어	차이
-길래	-기에	뜻의 차이
개발새발	괴발개발	뜻의 차이
나래	날개	뜻의 차이
내음	냄새	뜻의 차이
눈꼬리	눈초리	뜻의 차이
떨구다	떨어뜨리다	뜻의 차이

뜨락	뜰	뜻의 차이
먹거리	먹을거리	뜻의 차이
메꾸다	메우다	뜻의 차이
손주	손자	뜻의 차이
어리숙하다	어수룩하다	뜻의 차이
연신	연방	뜻의 차이
횡하니	휑허케	뜻의 차이
걸리적거리다	거치적거리다	**자음의 차이로 말미암은 어감과 뜻의 차이**
끄적거리다	끼적거리다	모음의 차이로 말미암은 어감과 뜻의 차이
두리뭉실하다	두루뭉술하다	모음의 차이로 말미암은 어감과 뜻의 차이
맨숭맨숭 **맹숭맹숭**	맨송맨송	모음 또는 자음의 차이로 말미암은 어감과 뜻의 차이
바둥바둥	바동바동	모음의 차이로 말미암은 어감과 뜻의 차이
새초롬하다	새치름하다	모음의 차이로 말미암은 어감과 뜻의 차이
아웅다웅	아옹다옹	모음의 차이로 말미암은 어감과 뜻의 차이
야멸차다	야멸치다	모음의 차이로 말미암은 어감과 뜻의 차이
오손도손	오순도순	모음의 차이로 말미암은 어감과 뜻의 차이
찌뿌둥하다	찌뿌듯하다	모음과 자음의 차이로 말미암은 어감과 뜻의 차이
추근거리다	치근거리다	모음의 차이로 말미암은 어감과 뜻의 차이

'-기에'는 원인이나 이유를 나타내는 연결 어미이다. '-길래'는 '-기에'를 구어적으로 이르는 연결 어미이다.

'개발새발'은 '개의 발과 새의 발'을 뜻하는데, '괴발개발'은 '고양이의 발과 새의 발'을 뜻함.

'나래'는 '날개〉날애〉나래'의 변천 과정을 거쳐 형성된 단어이다. 그런데 '나래'는 '날개'보다 부드러운 어감을 준다.

'내음'은 '코로 맡을 수 있는 향기롭거나 나쁘지 않은 기운'을 뜻하는데, '냄새'는 '코로 맡을 수 있는 온갖 기운'을 뜻한다.

'눈꼬리'는 '눈의 귀 쪽으로 가늘게 좁혀진 눈의 가장자리'를 뜻하는데, '눈초리'는 '어떤 대상을 바라볼 때 눈에 나타나는 표정'을 뜻한다.

'눈꼬리'와 '눈초리'는 둘 다 '귀 쪽으로 가늘게 좁혀진 눈의 가장자리'를 의미한다. 그런데 '눈초리'의 '초리'는 '꼬리'의 고어이다.

'떨구다'는 '시선을 아래로 향하다' 또는 '고개를 아래로 숙이다'를 뜻한다. '떨어뜨리다'는 '위에 있던 것을 아래로 내려가게 하다'를 뜻한다.

'뜨락'은 '앞말이 가리키는 것이 존재하거나 깃들어 있는 추상적 공간을 비유적으로 이르는 말'이다. '뜰'은 '집 안의 앞뒤나 좌우로 가까이 딸려 있는 빈 터로 나무나 꽃을 심기도 하는 빈 땅'을 뜻한다.

'먹거리'는 '사람이 살아가기 위하여 먹는 온갖 음식'을 뜻한다. '먹을거리'는 '먹을 수 있거나 먹을 만한 음식 또는 식품'을 뜻한다. '먹거리'는 동사 '먹다'의 어간 '먹-'에 명사인 '거리'가 결합하여 이루어진 단어인데, '먹을거리'는 '먹다'의 관형사형 '먹을'에 명사인 '거리'가 결합하여 이루어진 단어이다.

'메꾸다'는 '시간을 적당히 또는 그럭저럭 보내다' 또는 '부족하거나 모자라는 것을 채우다'를 의미한다. '메우다'는 '구멍이나 빈 곳을 채우다'를 뜻한다.

'손주(孫-)'는 '손자와 손녀를 아울러 이르는 단어'이다. '손자(孫子)'는 '아들의 아들' 또는 '딸의 아들'을 뜻한다.

'어리숙하다'는 '겉모습이나 언행이 치밀하지 못하여 순진하고 어리석은 데가 있다'를 뜻한다. 이것은 '어리석음'의 뜻이 강한 단어이다. '어수룩하다'는 '겉모습이나 언행이 치밀하지 못하여 순진하고 어설픈 데가 있다'를 뜻한다. 이것은 '순박함' 또는 '순진함'의 뜻이 강한 단어이다.

'연신'은 '잇따라 자꾸'를 뜻하는 단어이다. 이것은 '반복성'을 강조하는 단어이다. '연방(連方)'은 '연속해서 자꾸'를 뜻하는 단어로 '연속성'을 강조하는 것이다.

'횡하니'는 '중도에서 지체하지 아니하고 곧장 빠르게 가는 모양'을 뜻하는 단어이다. '횡허케'는 '횡하니'를 예스럽게 이르는 단어이다.

'걸리적거리다'는 '거추장스럽게 자꾸 여기저기 걸리거나 닿다' 또는 '거추장스럽거나 성가시어 자꾸 거슬리거나 방해가 되다'를 뜻한다. '거치적거리다'는 '자꾸 여기저기 걸리고 닿다'를 뜻한다.

'끄적거리다'는 '글씨나 그림 따위를 아무렇게나 자꾸 막 쓰거나 그리다'를 뜻하는 단어이다. '끼적거리다'는 '글씨나 그림 따위를 아무렇게나 자꾸 쓰거나 그리다' 또는 '매우 달갑지 않은 음식을 자꾸 마지못해 굼뜨게 먹다'를 뜻한다.

'두리뭉실하다'는 '특별히 모나거나 튀지 않고 둥그스름하다' 또는 '말이나 태도 따위가 확실하거나 분명하지 아니하다'를 뜻한다. '두루뭉술하다'는 '모나거나 튀지 않고 둥그스름하다' 또는 '말이나 행동 따위가 철저하거나 분명하지 아니하다'를 뜻한다. '두리뭉실하다'가 '두루뭉술하다'의 큰말이다.

'맨송맨송'은 '몸에 털이 없어 반반한 모양' 혹은 '산에 나무나 풀이 없는 모양' 혹은 '술을 마시고 취하지 않아 정신이 말짱한 모양' 등을 뜻한다. 이것의 큰말은 '민숭민숭'이다.

'맨숭맨숭'은 '맨송맨송'보다 큰 느낌을 주는 말이다.

'맹숭맹숭'은 '몸에 털이 있어야 할 곳이 벗어져 반반한 모양', '산 따위에 수풀이 우거지지 아니하여 반반한 모양', '술 따위에 취한 기분이 전혀 없이 정신이 멀쩡한 모양', '하는 일이나 태도가 겸연쩍고 싱거운 모양' 등을 뜻한다.

'바둥바둥'은 '바동바동'의 큰말이다. '바동바동'은 '덩치가 작은 것이 매달리거나 자빠지거나 주저앉아서 자꾸 팔다리를 내저으며 움직이는 모양', '힘에 겨운 처지에서 벗어나려고 애를 바득바득 쓰는 모양' 등을 뜻한다.

'새초롬하다'가 형용사로 쓰일 경우에는 '조금 쌀쌀맞게 시치미를 떼는 태도가 있다'를 뜻하는데, 동사로 쓰일 경우에는 '짐짓 조금 쌀쌀한 기색을 꾸미다'를 뜻한다. '새치름하다'는 '새초롬하다'의 큰말이다.

'아웅다웅'은 '아옹다옹'의 큰말이다. '아옹다옹'은 '조그마한 시빗거리로 서로 자꾸 다투는 모양'을 뜻하는 말이다.

'야멸차다'는 '자기만 생각하고 남의 사정을 돌볼 마음이 거의 없다' 혹은 '태도가 차고 야무지다'를 뜻한다.

'오손도손'의 뜻은 '정답게 이야기하거나 의좋게 지내는 모양'이다. '오순도순'은 '오손도손'의 큰말이다.

'찌뿌둥하다'는 '몸살이나 감기 따위로 몸이 무겁고 거북하다' 또는 '표정이나 기분이 밝지 못하고 언짢다' 혹은 '비나 눈이 올 것같이 날씨가 궂거나 잔뜩 흐리다' 등을 뜻한다. '찌뿌듯하다'는 '찌뿌둥하다'의 유사어다. '찌뿌듯하다'는 '몸살이나 감기 따위로 몸이 조금 무겁고 거북하다' 또는 '표정이나 기분이 밝지 못하고 조금 언짢다', '비나 눈이 올 것같이 날씨가 조금 흐리다' 등을 뜻한다.

'추근거리다'의 의미는 '조금 성가실 정도로 은근히 자꾸 귀찮게 굴다'이다. '치근거리다'는 '추근거리다'의 큰말이다. '치근거리다'는 '지근거리다'의 거센말이다.

제2장

•

표준 발음법

2.1 표준 발음법이란 무엇인가

표준 발음법이란 표준이 되는 발음에 관한 규범이다. 대한민국의 '표준 발음법'은 한국어 표준어의 표준이 되는 발음에 대해서 규정한 것이다. 일정한 단어는 개인·사회 계층·지역 등에 따라 달리 발음될 수 있다. 동일한 단어를 달리 발음하면 의사소통을 효과적으로 할 수 없게 된다. 그리하여 정부에서는 1988년에 '표준 발음법'을 제정하여 공포하였다. 북한이 1966년에 '문화어 발음법'을 제정한 것에 비하면 남한은 뒤늦은 것이다.

'표준 발음법'이 제정되기 이전에는 한국어 사전에 따라 발음을 서로 달리 표기한 단어가 있었다. 음장(音長) 표시가 서로 다르고, 음운 변화를 일으키는 단어의 발음 표기를 하지 않거나, 발음 표기를 하더라도 서로 달랐다. '납량(納凉)'을 사전에 따라 [나량] 혹은 [남녕]으로 발음 표기를 하거나, 아예 발음 표기를 하지 않았다. '외국'은 [외ː국]이나 [웨ː국]으로 발음되는데 어떤 사전에서는 단모음(單母音) [외]가 소멸된 것으로 간주하여 [웨국]으로 발음 표기를 하기도 하였다. 동음이의어(同音異義語)의 발음을 [동음이의ː에]로 표기함으로써 넷째 음절에서도 장음이 실현되는 것으로 표기한 사전도 있었다. 이와 같이 한국어 사전에 따라 동일한 단어의 발음 표기가 달랐던 것은 '표준 발음법'이 없었기 때문이다.

'표준 발음법'은 동일한 단어를 모든 사람이 동일하게 발음함으로써 의사소통을 원활히 하는 데 필요한 규범이다. 방송인은 물론 공적인 생활을 하는 사람은 모두 '표준 발음법'에 맞게 발음하여야 사회생활을 할 때에 불이익을 받지 않는다. 앞으로 컴퓨터로 문서를 작성하거나, 인터넷으로 다른 사람과 의사소통을 할 경우에는 자판으로 글을 쓰지 않고 말로 하게 될 것이기 때문에 우리는 '표준 발음법'을 익혀 정확히 발음할 수 있어야 한다.

2.2 '표준 발음법' 해설

제1장 총칙

> **제1항** 표준 발음법은 표준어의 실제 발음을 따르되, 국어의 전통성과 합리성을 고려하여 정함을 원칙으로 한다.

제1항은 표준어 발음법의 대원칙을 규정한 것이다. "표준어의 실제 발음을 따른다"라는 근본 원칙에 "국어의 정통성과 합리성을 고려하여 정한다"는 조건이 붙어 있다.

표준어의 실제 발음에 따라 표준 발음법을 정한다는 것은 표준어의 규정과 직접적인 관련을 가진다. 표준어 사정 원칙 제1장 제1항에서 "표준어는 교양 있는 사람들이 두루 쓰는 현대 서울말로 정함을 원칙으로 한다"라고 규정하고 있다. 이에 따라 표준 발음법은 교양 있는 사람들이 두루 쓰는 현대 서울말의 발음을 표준어의 실제 발음으로 간주하고 일단 이를 따르도록 원칙을 정한 것이다. 예컨대 '값¹⁾', '값만', '값이', '값을', '값에' 등은 서울말에서 [갑], [감만], [갑씨], [갑쓸], [갑쎄] 등으로 각각 발음되는데, 바로 이러한 실제 발음에 따라 표준 발음을 정한다는 것이다(제14항 참조).

그런데 현대 서울말에서조차 실제의 발음에서는 여러 형태로 발음되는 경우가

---

1) 값: 사고파는 물건에 일정하게 매겨진 액수.

있다. 그러한 경우에는 한국어의 전통성과 합리성을 고려하여 표준 발음을 정한다는 조건을 이어서 제시하였다.

전통성(傳統性)을 고려한다는 것은 이전부터 내려오던 발음상의 관습을 고려한다는 것이다. 전통성을 고려한 표준 발음의 예로 음장(音長)과 단모음 'ㅐ'와 'ㅔ'의 구별이다. 현실 발음에서는 음장이 정확히 구별되지 않는 경우가 많다. 그런데 음장은 이전부터 오랫동안 구별되어 왔고, 단어의 의미 변별에도 중요한 구실을 하여 왔기 때문에 '표준 발음법'에서는 음장에 대해 세부적으로 규정하고 있다(표준 발음법 제6항, 제7항). 단모음 'ㅐ'와 'ㅔ'는 원래 명확하게 구별되는 것이었다. 그러나 현재는 일부 지역의 노년층을 제외하고 대부분의 사람이 이 두 단모음을 구별하여 명확히 발음하지 못한다. 그러나 이 두 단모음은 오랫동안 별개의 단모음으로 쓰여 왔고, 여전히 구별하는 사람들이 있다. 이러한 전통을 고려하여 '표준 발음법'에서는 'ㅐ'와 'ㅔ'를 달리 발음하도록 규정하였다(제4항).

한국어의 전통성을 고려하여 '표준 발음법'을 정한다는 조건 이외에 다시 합리성을 고려하여 정한다는 조건이 붙어 있다. 이것은 '한글 맞춤법'의 규정에서 어법에 맞춘다는 것과 비슷한 조건이다. 한국어의 음운 규칙에 따라서 표준 발음을 합리적으로 정한다는 것이다. '해돋이'는 구개음화 규칙에 따라 [해도지]를 표준 발음으로 인정하고 [해도디]는 비표준 발음으로 간주한다는 것이다(제17항 참조).

'맛있다'를 음운 규칙에 따라 발음하면 [마딛따]로 발음하여야 하는데, [마싣따]로 발음하는 이가 많다. '표준 발음법(1988)'에서는 합리성과 현실성을 모두 중시하여 [마딛따]와 [마싣따]를 모두 표준 발음으로 인정하고 있다(제15항 참조).

제2장 자음과 모음

제2항 표준어의 자음은 다음 19개로 한다.

ㄱ	ㄲ	ㄴ	ㄷ	ㄸ	ㄹ	ㅁ	ㅂ	ㅃ	ㅅ	ㅆ	ㅇ	ㅈ	ㅉ	ㅊ	ㅋ	ㅋ	ㅍ	ㅎ

19개의 자음을 위와 같이 배열한 것은 일반적인 한글 자모의 순서에다가 한국어 사전에서의 자모 순서를 고려한 것이다(한글 맞춤법 제4항 붙임 2 참조). 자음을 조음 방법과 조음 위치에 따라 분류하면 다음과 같다.

조음 방법 \ 조음 위치		두 입술	윗잇몸, 혀끝	센입천장, 혓바닥	여린입천장, 혓바닥	목청 사이
파열음	예사소리	ㅂ	ㄷ		ㄱ	
	된소리	ㅃ	ㄸ		ㄲ	
	거센소리	ㅍ	ㅌ		ㅋ	
파찰음	예사소리			ㅈ		
	된소리			ㅉ		
	거센소리			ㅊ		
마찰음	예사소리		ㅅ			ㅎ
	된소리		ㅆ			
비음		ㅁ	ㄴ		ㅇ	
유음			ㄹ			

자음은 조음(調音) 위치에 따라 입술소리, 잇몸소리, 센입천장소리, 여린입천장소리, 목청소리 등으로 나뉜다. 입술소리는 두 입술에서 나는 소리인데, 이것을 한자어로 '순음(脣音)'이라고 일컫기도 한다. 잇몸소리는 혀끝이 윗잇몸에 닿아서 나는 소리인데, 이것을 한자어로 '치조음(齒槽音)'이라고 일컫기도 한다. 센입천장소리는 혓바닥과 센입천장 사이에서 나는 소리인데, 이것을 한자어로 '경구개음(硬口蓋音)'이라고도 한다. 여린입천장소리는 혀의 뒷부분과 여린입천장 사이에서 나는 소리인데, 이것을 한자어로 '연구개음(軟口蓋音)'이라고 일컫기도 한다. 목청소리는 목청 사이에서 나는 소리인데, 이것을 한자어로 '후음(喉音)'이라고도 한다.

또한 자음은 조음 방법에 따라 파열음(破裂音), 파찰음(破擦音), 마찰음(摩擦音), 비음(鼻音), 유음(流音) 등으로 나뉘기도 한다.

파열음(破裂音)은 허파에서 나오는 공기의 흐름을 일단 막았다가 그 막은 자리를 터뜨리면서 내는 소리이다. 파찰음(破擦音)은 허파에서는 나오는 소리를 막았다가 터뜨리면서 마찰을 일으켜 내는 소리이다. 마찰음(摩擦音)은 입안이나 목청 사이의 통로를 좁히고 공기를 그 좁은 틈 사이로 내보내어 마찰을 일으키면서 내는 소리이다. 비음(鼻音)은 여린입천장과 목젖을 내려 콧길을 열어 놓은 뒤 입안의 통로를 막고 코로 공기를 내보내면서 내는 소리이다. 유음(流音)은 혀끝을 잇몸에 가볍게 대었다가 떼거나 혀끝을 윗잇몸에 댄 채 공기를 그 양 옆으로 내보내면서 내는 소리이다.

파열음과 파찰음은 다시 그 소리의 세기에 따라 예사소리, 된소리, 거센소리로 나뉜다.

예사소리는 입안의 기압 및 발음 기관의 긴장도가 낮아 약하게 파열되는 소리로 'ㄱ', 'ㄷ', 'ㅂ', 'ㅅ', 'ㅈ' 따위를 이른다. 예사소리를 '평음(平音)' 또는 '연음(軟音)'이라고 일컫기도 한다. 된소리는 후두(喉頭) 근육을 긴장하거나 성문(聲門)을 폐쇄하여 내는 소리로, 'ㄲ', 'ㄸ', 'ㅃ', 'ㅆ', 'ㅉ' 따위를 이른다. 된소리를 '경음(硬音)' 혹은 '농음(濃音)'이라고 일컫기도 한다. 거센소리는 거센 숨을 따라서 나는 소리로, 'ㅊ', 'ㅋ', 'ㅌ', 'ㅍ' 따위를 이른다. 이것을 '격음(激音)' 또는 '기음(氣音)' 혹은 '유기음(有氣音)'이라고 일컫기도 한다.

제3항 표준어의 모음은 다음 21개로 한다.

| ㅏ | ㅐ | ㅑ | ㅒ | ㅓ | ㅔ | ㅕ | ㅖ | ㅗ | ㅘ | ㅙ | ㅚ | ㅛ | ㅜ | ㅝ | ㅞ | ㅟ | ㅠ | ㅡ | ㅢ | ㅣ |

제3항은 한국어 표준어의 단모음(單母音)과 이중 모음(二重母音)을 모두 보인 것이다. 단모음(單母音)은 발음할 때 입술 모양이나 혀의 위치가 고정되어 처음과 나중이 달라지지 않는 모음이다. 한국어의 단모음은 'ㅏ', 'ㅐ', 'ㅓ', 'ㅔ', 'ㅗ', 'ㅚ', 'ㅜ', 'ㅟ', 'ㅡ', 'ㅣ' 등 10개인데, 이것들 중에서 'ㅚ, ㅟ'는 이중 모음으로 발음되는 경우도 있다. '이중 모음'은 발음할 때 입술 모양이나 혀의 위치가 처음과 나중이 달라지는 모음이다. 한국어의 이중 모음은 'ㅑ', 'ㅕ', 'ㅛ', 'ㅠ', 'ㅒ', 'ㅖ', 'ㅘ', 'ㅙ', 'ㅝ', 'ㅞ', 'ㅢ' 등 11개이다.

모음의 배열 순서도 일반적인 한글 자모의 순서와 한국어 사전에서의 자모 순서를 함께 고려한 것이다.

> **제4항** 'ㅏ ㅐ ㅓ ㅔ ㅗ ㅚ ㅜ ㅟ ㅡ ㅣ'는 단모음(單母音)으로 발음한다.
> [붙임] 'ㅚ, ㅟ'는 이중 모음으로 발음할 수 있다.

지역 방언과 세대에 따라 단모음의 수가 다르기 때문에 표준어의 단모음을 분명히 규정한 것이다. 단모음의 체계는 다음과 같다.

혀의 앞뒤 / 입술의 모양 / 혀의 높이	전설 모음		후설 모음	
	평순 모음	원순 모음	평순 모음	원순 모음
고모음	ㅣ	ㅟ	ㅡ	ㅜ
중모음	ㅔ	ㅚ	ㅓ	ㅗ
저모음	ㅐ		ㅏ	

단모음은 혀의 앞뒤, 혀의 높낮이, 입술 모양에 따라 세분된다. 혀의 앞뒤에 따라 전설 모음(前舌母音)과 후설 모음(後舌母音)으로 나뉜다. 전설 모음이란 혀의 앞쪽에서 발음되는 모음(母音)으로, 'ㅣ', 'ㅔ', 'ㅐ', 'ㅟ', 'ㅚ' 등을 이른다. 전설 모음을 '앞혀홀소리' 혹은 '앞홀소리' 또는 '전모음(前母音)'이라고 일컫기도 한다. 후설 모음은 혀의 뒤쪽과 여린입천장 사이에서 발음되는 모음으로, 'ㅡ', 'ㅓ', 'ㅏ', 'ㅜ', 'ㅗ' 등을 이른다. 후설 모음을 '뒤혀홀소리' 혹은 '뒤홀소리' 또는 '후모음(後母音)'이라고 일컫기도 한다.

또한 단모음은 발음될 때의 입술 모양에 따라 평순 모음(平脣母音)과 원순 모음(圓脣母音)으로 나뉘기도 한다. 평순 모음은 발음할 때 입술을 둥글게 오므리지 않는 모음으로, 'ㅣ', 'ㅔ', 'ㅐ', 'ㅡ', 'ㅓ', 'ㅏ' 따위를 이른다. 이것을 '안둥근홀소리'라고 일컫기도 한다. 원순 모음은 입술을 둥글게 오므려 발음하는 모음으로, 'ㅗ', 'ㅜ', 'ㅚ', 'ㅟ' 따위를 이른다. 이것을 '둥근홀소리'라고 일컫기도 한다.

또한 단모음은 혀의 높낮이에 따라 고모음(高母音), 중모음(中母音), 저모음

(低母音) 등으로 나뉘기도 한다. 고모음이란 입을 조금 열고, 혀의 위치를 높여서 발음하는 모음으로, 'ㅣ', 'ㅟ', 'ㅡ', 'ㅜ' 따위를 이른다. 고모음을 '높은홀소리' 혹은 '닫은홀소리' 혹은 '폐모음(閉母音)'이라고 일컫기도 한다. 중모음이란 입을 보통으로 열고 혀의 높이를 중간으로 하여 발음하는 모음으로, 'ㅔ', 'ㅚ', 'ㅓ', 'ㅗ' 따위를 이른다. 이것을 '반높은홀소리'라고 일컫기도 한다. 저모음이란 입을 크게 벌리고 혀의 위치를 가장 낮추어서 발음하는 모음이다. 'ㅐ', 'ㅏ' 따위가 저모음에 속한다. 저모음을 '개모음(開母音)' 혹은 '낮은홀소리' 혹은 '저위 모음(低位母音)'이라고 일컫기도 한다.

위에 제시한 모음 체계로부터 각각의 모음을 발음하는 방식을 알 수 있다.

[ㅏ]는 후설 평순 모음이면서 저모음으로 발음된다. 즉 입을 자연스럽게 벌리면서 입술을 둥글게 하지 않고 발음하면 [ㅏ]란 모음이 발음된다.

후설 평순 모음이면서 고모음인 [ㅡ]는 입술을 오므리지 않고 평평하게 하고서 혀의 뒤쪽을 높여 발음하는 모음이다.

후설 평순 모음이면서 중모음인 [ㅓ]는 긴소리일 경우에 혀를 좀 높여 [ㅡ]의 위치에 가까운 모음으로 발음함이 원칙이다. 긴소리인 [ㅓ:]는 [ㅡ]와 짧은 [ㅓ]와의 중간 모음인 올린 'ㅓ'로 하는 발음이 교양 있는 서울말의 발음이다. '걸다', '더럽다', '덥다', '멀다', '번지다', '썰다', '얻다', '얼다', '적다', '절다', '젊다', '헐다' 등의 첫째 음절이 긴소리인데, 이때에 올린 'ㅓ'로 발음한다. '거리(距離)', '거머리', '널', '덜', '번민', '벌[蜂]', '설', '섬[島]', '얼', '전화', '헌법', '헝겊' 등의 경우에도 마찬가지다.

[붙임] 전설 원순 모음인 'ㅚ'는 입술을 둥글게 하면서 동시에 'ㅔ'를 발음하면 된다. 전설 원순 모음인 'ㅟ'는 입술을 둥글게 하면서 동시에 'ㅣ'를 발음하면 된다. 그러나 'ㅚ'와 'ㅟ'는 입술을 둥글게 하면서 계기적으로 'ㅔ'와 'ㅣ'를 각각 발음하는 이중 모음으로 발음함도 허용한다. 특히 'ㅚ'는 이중 모음으로 발음하는 경우에 문자와는 달리 'ㅞ'와 발음이 비슷하게 된다. '금괴(金塊)'가 [금궤]로, '외국(外國)'이 [웨:국]으로 발음되는 경우가 그 예이다.

제5항 'ㅑ ㅒ ㅕ ㅖ ㅘ ㅙ ㅚ ㅝ ㅞ ㅠ ㅢ'는 이중 모음으로 발음한다.

다만 1. 용언의 활용형에 나타나는 '져, 쪄, 쳐'는 [저, 쩌, 처]로 발음한다.

〈보기〉   가지어→가져[가저]   찌어→쪄[쩌]   다치어→다쳐[다처]

다만 2. '예, 례' 이외의 'ㅖ'는 [ㅔ]로도 발음한다.

〈보기〉   계집[계ː집/게ː집]   계시다[계ː시다/게ː시다]
          시계[시계/시게](時計)   연계[연계/연게](連繫)
          몌별[몌별/메별](袂別)   개폐[개폐/개페](開閉)
          혜택[혜ː택/헤ː택](惠澤)   지혜[지혜/지헤](智慧)

다만 3. 자음을 첫소리로 가지고 있는 음절의 'ㅢ'는 [ㅣ]로 발음한다.

〈보기〉   늴리리   닁큼   무늬   띄어쓰기   씌어
          틔어   희어   희떱다   희망   유희

다만 4. 단어의 첫 음절 이외의 '의'는 [ㅣ]로, 조사 '의'는 [ㅔ]로 발음함도 허용한다.

〈보기〉   주의[주의/주이]   협의[혀븨/혀비]
          우리의[우리의/우리에]   강의의[강ː의의/강ː이에]

이중 모음들 가운데서 'ㅕ'가 긴소리인 경우에는 긴소리의 'ㅓ'를 올린 'ㅓ'로 발음하는 경우에 준해서 올린 'ㅓ'로 발음하는 것이 교양 있는 서울말의 발음이다. '견본', '곁다', '별[星]', '연(軟)하다', '열쇠', '영감(令監)', '염주(念珠)', '편지', '현대' 등의 첫째 음절의 'ㅕ'가 그 예이다. 다만 '열[十]'은 긴소리로 발음하면서도 올린 'ㅕ'로 발음하지 않는다.

'다만'은 예외 규정이다. 제5항에는 네 개의 예외 조항이 있다.

다만 1. '져'는 '지어'의 준말이고, '쪄'는 '찌어'의 준말이며, '쳐'는 '치어'의 준말이다. 그런데 센입천장소리인 'ㅈ, ㅉ, ㅊ' 다음에 오는 이중 모음 'ㅕ'는 단모음 'ㅓ'로 발음되기 때문에 '져'는 [저]로, '쪄'는 [쩌]로, '쳐'는 [처]로 발음하도록 규정한 것이다.

지+어 → 져[저]   찌+어 → 쪄[쩌]   치+어 → 쳐[처]

다지+어 → 다져[다저]   살찌+어 → 살쪄[살쩌]   바치+어 → 바쳐[바처]

돋치+어 → 돋쳐[돋처]   굳히+어 → 굳혀[구처]   잊히+어 → 잊혀[이처]

붙이+어 → 붙여[부처]

다만 2. 'ㅖ'는 원음대로 [ㅖ]로 발음하여야 한다. 그러나 '예', '례' 이외의 경우에는 [ㅔ]로도 발음하기 때문에 이 실제의 발음까지 고려하여 [ㅔ]로 발음함도 허용한다(한글 맞춤법 제8항 참조).

계산[계ː산~게ː산]   통계[통ː계~통ː게]

폐단[폐ː단~페ː단]   밀폐[밀폐~밀페]

혜성[혜ː성~헤ː성]   은혜[은혜~은헤]

다만 3. 자음을 초성으로 가지고 있는 음절의 'ㅢ'는 [ㅣ]로 발음하고 [ㅔ]나 [ㅡ]로는 발음하지 않는다('한글 맞춤법' 제9항 참조). 이 조항은 현실음을 중시해서 규정한 것이다.

흰무리[힌무리]   희미하다[히미하다]

유희[유히]   오늬[오니]

하늬바람[하니바람]   보늬[보니]

다만 4. 이 조항은 이중 모음 'ㅢ'를 원칙적으로는 [ㅢ]로 발음하되, 현실음을 고려하여 단어의 첫 음절 이외의 '의'는 [ㅣ]로, 관형격 조사 '의'는 [ㅔ]로 발음할 수 있음을 허용한 것이다.

	원칙	허용
성의(誠意)	[성의]	[성이]
내의(內衣)	[내ː의]	[내ː이]
의의(意義)	[의ː의]	[의ː이]
토의(討義)의	[토ː의의]	[토ː이에]
우리의	[우리의]	[우리에]

관형격 조사 '의'는 지방에 따라 [ㅢ], [ㅡ], [ㅣ], [ㅔ] 등으로 발음된다. 그런데 이 조항에서는 관형격 조사 '의'는 [ㅢ]로 발음하는 것을 원칙으로 하고, [ㅔ]로 발음하는 것을 허용한 것이다.

제3장 소리의 길이

제6항 모음의 장단을 구별하여 발음하되, 단어의 첫 음절에서만 긴소리가 나타나는 것을 원칙으로 한다.

(1) 눈보라[눈:보라]   말씨[말:씨]   밤나무[밤:나무]
     많다[만:타]   멀리[멀:리]   벌리다[벌:리다]
(2) 첫눈[천눈]   참말[참말]   쌍동밤[쌍동밤]
     수많이[수:마니]   눈멀다[눈멀다]   떠벌리다[떠벌리다]

다만, 합성어의 경우에는 둘째 음절 이하에서도 분명한 긴소리를 인정한다.

반신반의[반:신 바:늬/반:신 바:니]   재삼재사[재:삼 재:사]

[붙임] 용언의 단음절 어간에 어미 '-아/-어'가 결합되어 한 음절로 축약되는 경우에도 긴소리로 발음한다.

보아 → 봐[봐:]   기어 → 겨[겨:]   되어 → 돼[돼:]
두어 → 둬[둬:]   하여 → 해[해:]

다만, '오아 → 와, 지어 → 져, 찌어 → 쪄, 치어 → 쳐' 등은 긴소리로 발음하지 않는다.

제6항은 단어의 제1 음절에서만 긴소리를 인정하고 그 이하의 음절은 모두 짧게 발음함을 원칙으로 한 것이다.

(1)은 단어의 첫째 음절에서 긴소리가 나타나는 예를 보인 것이다.

(2)의 예들은 본래 긴소리이었던 것이 복합어 구성에서 제2 음절 이하에 놓인 것들로서 이 경우에는 단어의 첫 음절에서만 긴소리가 나타난다는 원칙에 따라 짧게 발음하는 것들이다. 즉 '눈[눈:]'은 긴소리로 발음하지만, '첫눈'에서는 '눈'이 둘째 음절에 놓여 있기 때문에 긴소리의 [천눈:]으로 발음하지 않고 짧게 [천눈]으

로 발음하는 것이다.

눈[눈:], 함박눈[함방눈], 싸락눈[싸랑눈]
말[말:] 거짓말[거:진말], 참말[참말]
밤[밤:] 군밤[군밤], 알밤[알밤]
별[별:] 샛별[새뼐/샏뼐]

다만. 이 조항은 긴소리는 단어의 첫 음절에서만 인정하는데, 합성어의 둘째 음절 이하에서도 분명히 긴소리로 발음되는 것만은 그 긴소리를 인정한다는 규정이다. 합성어는 둘 이상의 어근으로 형성된 단어이다.

반관반민(半官半民)[반:관 반:민]
선남선녀(善男善女)[선:남 선:녀]
전신전화(電信電話)[전:신 전:화]

[붙임] 용언의 단음절(單音節) 어간이란 한 개의 음절로 이루어진 어간을 뜻한다. 어간은 용언이 활용할 때 변하지 않는 부분을 뜻한다. 축약(縮約)이란 두 음절이 한 음절로 줄어드는 현상을 뜻한다. 두 음절이 한 음절로 줄어들면 보상 작용에 따라 긴소리로 발음된다.

① 이어 → 여[여:]   띠어 → 뗘[뗘:]   시어 → 셔[셔:]
② 주어 → 줘[줘:]   꾸어 → 꿔[꿔:]   쑤어 → 쒀[쒀:]
③ 하여 → 해[해:]   되어 → 돼[돼:]   뵈어 → 봬[봬:]
④ 쇠어 → 쇄[쇄:]   죄어 → 좨[좨:]   괴어 → 괘[괘:]

용언 활용의 경우는 아니더라도 피동사와 사동사의 경우에 어근과 접미사가 축약된 형태의 경우에도 마찬가지로 긴소리로 발음한다('한글 맞춤법' 제37항 참조).

싸이다 → 쌔다[쌔:다]   누이다 → 뉘다[뉘:다]   펴이다 → 폐다[폐:다]
트이다 → 틔다[틔:다]   쏘이다 → 쐬다[쐬:다]

다만. '(오아 →) 와', '(지어 →) 져', '(찌어 →) 쩌', '(치어 →)쳐' 등은 예외적으

로 짧게 발음한다. 또 '(가+아) → 가', '(서+어) → 서', '(켜+어) → 켜' 등처럼 같은 모음끼리 만나 모음 하나가 빠진 경우에도 긴소리로 발음하지 않는다('한글 맞춤법' 제34항 참조).

제7항 긴소리를 가진 음절이라도, 다음과 같은 경우에는 짧게 발음한다.
1. 단음절인 용언 어간에 모음으로 시작된 어미가 결합되는 경우

감다[감:따] — 감으니[가므니]	밟다[밥:따] — 밟으면[발브면]
신다[신:따] — 신어[시너]	알다[알:다] — 알아[아라]

다만, 다음과 같은 경우에는 예외적이다.

끌다[끌:다] — 끌어[끄:러]	떫다[떨:따] — 떫은[떨:븐]
벌다[벌:다] — 벌어[버:러]	썰다[썰:다] — 썰어[써:러]
없다[업:따] — 없으니[업:쓰니]	

2. 용언 어간에 피동, 사동의 접미사가 결합되는 경우

감다[감:따] — 감기다[감기다]	꼬다[꼬:다] — 꼬이다[꼬이다]
밟다[밥:따] — 밟히다[발피다]	

다만, 다음과 같은 경우에는 예외적이다.

끌리다[끌:리다]	벌리다[벌:리다]	없애다[업:쌔다]

[붙임] 다음과 같은 합성어에서는 본디의 길이에 관계없이 짧게 발음한다.

밀-물	썰-물	쏜-살-같이	작은-아버지

제7항은 긴소리를 가진 용언 어간이 짧게 발음되는 경우들을 규정한 것이다.

1. 단음절(單音節)이란 음절의 수가 하나인 음절이다. 단음절인 용언의 어간이 긴소리를 지니고 있다고 하더라도, 모음으로 시작된 어미와 결합되는 경우에 그 용언의 어간은 짧게 발음한다.

안다[안:따]-안아[아나]	넘다[넘:따]-넘으면[너므면]
닮다[담:따]-닮아[달마]	묻다[묻:따]-물어[무러]
살다[살:다]-살아[사라]	밟다[밥:따]-밟아[발바]

괴다[괴:다]-괴어[괴어]　　　쥐다[쥐:다]-쥐어[쥐어]
쏘다[쏘:다]-쏘아[쏘아]　　　쉬다[쉬:다]-쉬어[쉬어]
꾀다[꾀:다]-꾀어[꾀어]　　　뉘다[뉘:다]-뉘어[뉘어]
호다[호:다]-호아[호아]　　　쑤다[쑤:다]-쑤어[쑤어]

다만. 길게 발음되는 용언의 어간이 모음으로 시작된 어미와 결합하여도 길게 발음되는 것들이 있다.

작은[자:근]-작아[자:가]　　　적은[저:근]-적어[저:거]
얻은[어:든]-얻어[어:더]　　　웃은[우:슨]-웃어[우:서]
끈[끈:]-끌어[끄:러]　　　　　썬[썬:]-썰어[써:러]
먼[먼:]-멀어[머:러]　　　　　엷은[열:븐]-엷어[열:버]
번[번:]-벌어[버:러]

용언의 어간이 다음절(多音節)이고 첫 음절이 긴소리로 발음될 경우 이러한 어간에 모음으로 시작하는 어미가 결합되더라도 긴소리로 발음된다.

더럽다[더:럽따]　　　　더러운[더:러운](더럽히다[더:러피다])
걸치다[걸:치다]　　　　걸쳐[걸:처](걸다[걸:다])
졸리다[졸:리다]　　　　졸려[졸:려](졸다[졸:다])

단음절인 용언의 어간이 긴소리를 지니고 있다고 하더라도 조음소 '-으-'와 결합된 종결 어미 '-으오'의 앞에서는 긴소리로 발음되지 않는다.

안으오[아느오]
물으오[무르오]
밟으오[발브오]

2. 긴소리를 지닌 단음절 용언의 어근에 피동 접미사인 '-이-', '-히-', '-리-', '-기-' 등이 결합되어 피동사가 되거나, 사동 접미사인 '-이-', '-히-', '-리-', '-기-', '-우-', '-구-', '-추-' 등이 결합하여 사동사 된 경우에 첫 음절을 짧게 발음한다.

감다[감ː따] → 감기다[감기다], 꼬다[꼬ː따] → 꼬이다[꼬이다]
알다[알ː다] → 알리다[알리다], 밟다[밥ː따] → 밟히다[발피다]

다만. 모음으로 시작된 어미 앞에서도 예외적으로 긴소리를 유지하는 용언이 피동사와 사동사로 파생된 경우에도 긴소리로 발음된다.

끌다[끌ː다] → 끌어[끄ː러] → 끌리다[끌ː리다]
벌다[벌ː다] → 벌어[버ː러] → [벌ː리다]
썰다{썰ː다] → 썰어[써ː러] → 썰리다[썰ː리다]
없다[업ː따] → 없어[업ː써] → 없애다[업ː쌔다]

[붙임] '밀물', '썰물', '쏜살같이', '작은아버지' 등에 쓰인 '밀-', '썰-', '쏜-', '작-' 등은 원래 긴소리로 발음되는데, 이 합성어들은 짧게 발음된다. 그런데 모든 합성어 에서 그렇게 발음되는 것은 아니다. 합성어인 '먼동', '헌데' 등에 쓰인 '먼', '헌' 등은 활용형에서와 마찬가지로 [먼ː동], [헌ː데] 등과 같이 긴소리로 발음된다.

제4장 받침의 발음

제8항 받침소리로는 'ㄱ, ㄴ, ㄷ, ㄹ, ㅁ, ㅂ, ㅇ'의 7개 자음만 발음한다.

제8항은 한국어의 음절 말 위치에서 실현되는 자음은 'ㄱ, ㄴ, ㄷ, ㄹ, ㅁ, ㅂ, ㅇ' 등 7개임을 규정한 것이다. 이 7개의 자음으로 음절 말 위치에서 실현되는 구체적인 경우는 제9항~제16항에서 규정하고 있다.

제9항 받침 'ㄲ, ㅋ', 'ㅅ, ㅆ, ㅈ, ㅊ, ㅌ', 'ㅍ'은 어말 또는 자음 앞에서 각각 대표음 [ㄱ, ㄷ, ㅂ]으로 발음한다.

닭대[닥따]	키윾[키윽]	키윾과[키윽꽈]	웃[옫]
웃대[욷ː따]	있다[읻따]	젖[젇]	빚다[빋따]
꽃[꼳]	쫓다[쫃따]	솥[솓]	뱉다[뱉ː따])
앞[압]	덮다[덥따]		

제9항은 어말 위치에서 또는 자음으로 시작된 조사나 어미 앞에서 'ㄲ, ㅋ'은 [ㄱ]으로, 'ㅅ, ㅆ, ㅈ, ㅊ, ㅌ' 등은 [ㄷ]으로, 'ㅍ'은 [ㅂ]으로 발음되는 것을 규정한 것이다.

박[박]	밖[박]	부엌[부억]
꺾다[꺽따]	닦다[닥따]	낫[낟]
낮[낟]	낯[낟]	낫다[낟:따]
낮다[낟따]	있다[읻따]	낱[낟:]
밭[받]	받다[받따]	맏다[맏따]
뱉다[밷:따]	잎[입]	짚[집]
집다[집따]	곱다[곱:따]	짚다[집따]

받침 'ㄴ, ㄹ, ㅁ, ㅇ' 등은 변화 없이 원음대로 각각 [ㄴ, ㄹ, ㅁ, ㅇ]으로 발음된다.

제10항 겹받침 'ㄳ', 'ㄵ', 'ㄼ, ㄽ, ㄾ', 'ㅄ'은 어말 또는 자음 앞에서 각각 [ㄱ, ㄴ, ㄹ, ㅂ]으로 발음한다.

넋[넉]	넋과[넉꽈]	앉다[안따]
여덟[여덜]	넓다[널따]	외곬[외골]
핥다[할따]	값[갑]	없다[업:따]

다만, '밟-'은 자음 앞에서 [밥]으로 발음하고, '넓-'은 다음과 같은 경우에 [넙]으로 발음한다.

(1) 밟다[밥:따]   밟소[밥:쏘]   밟지[밥:찌]

　　밟는[밥:는 → 밤:는]　밟게[밥:께]   밟고[밥:꼬]

(2) 넓-죽하다[넙쭈카다]   넓-둥글다[넙뚱글다]

제10항은 제8항의 내용을 구체화한 것이다. 한국어의 음절 종성에서 두 개의 자음이 발음되지 못한다. 제8항에서 규정된 7개 자음 중 한 개로 발음된다. 두 개의 자음으로 이루어진 겹받침 가운데, 어말 위치에서 또는 자음으로 시작된 조사나 어미 앞에서 'ㄳ'은 [ㄱ]으로, 'ㄵ'은 [ㄴ]으로, 'ㄼ, ㄽ, ㄾ'은 [ㄹ]로, 'ㅄ'은 [ㅂ]으로 발음하여야 함을 규정한 것이다. 겹받침에서 둘째 받침이 탈락하는 경우이다.

몫[목]	몫도[목또]	몫까지[목까지]
얹다[언따]	얹지[언찌]	얹고[언꼬]
얇다[얄:따]	얇지[얄:찌]	얇고[얄:꼬]
훑다[훌따]	훑지[훌찌]	훑고[훌꼬]

'ᆳ'은 '한 곬으로[한골쓰로]', '외곬으로[외골쓰로]' 등과 같은 경우에 쓰인다.

다만. 받침 'ᆲ'은 일반적으로 '여덟[여덜], 넓고[널:꼬]'와 같이 첫째 받침인 [ㄹ]만 발음하도록 규정한 것이다. 그런데 '밟다'만은 '밟다[밥:따], 밟지[밥:찌], 밟게[밥:께]' 등과 같이 둘째 자음인 [ㅂ]만 발음하도록 규정한 것이다. 따라서 '밟는'도 [밤:는]으로 발음하는 것이 표준 발음이 되고, [발:른]은 '표준 발음법'에 어긋난 발음이 된다.

'넓다'의 경우에는 [ㄹ]로 발음하여야 한다. 그런데 파생어나 합성어의 경우에 '넓'으로 표기된 것은 [넙]으로 발음한다. '넓적하다[넙쩌카다]', '넓죽하다[넙쭈카다]', '넓둥글다[넙뚱글다]' 등이 그 예들이다. '넓-'이 결합되어 파생어나 합성어가 된 경우에 '넓-'이 [널]로 발음되면 '널따랗다', '널찍하다', '짤따랗다', '짤막하다', '얄따랗다', '얄찍하다', '얄팍하다' 등과 같이 표기하도록 '한글 맞춤법' 제21항에서 규정하고 있다.

제11항 겹받침 'ᆰ, ᆱ, ᆵ'은 어말 또는 자음 앞에서 각각 [ㄱ, ㅁ, ㅂ]으로 발음한다.

닭[닥]	흙과[흑꽈]	맑다[막따]	늙지[늑찌]
삶[삼:]	젊다[점:따]	읊고[읍꼬]	읊다[읍따]

다만, 용언의 어간 말음 'ᆰ'은 'ㄱ' 앞에서 [ㄹ]로 발음한다.

맑게[말께]	묽고[물꼬]	얽거나[얼꺼나]

제11항은 어말 위치에서 또는 자음 앞에서 겹받침 'ᆰ'은 [ㄱ]으로, 'ᆱ'은 [ㅁ]으로, 'ᆵ'은 [ㅂ]으로 발음하여야 함을 규정한 것이다. 현대 한국어에서는 세 개의 자음을 연이어 모두 발음할 수가 없고, 두 개까지만 발음할 수 있다. 그리하여 겹받침 뒤에 자음으로 시작된 자음이나 어미가 오면 겹받침 중에서 하나가 발음

되지 않는 것이다. '흙도[흑또]', '닭과[닥꽈]', '닭지[닥찌]', '닭고[닥꼬]' 등이 그 보기에 해당한다.

다만, 'ㄹ'은 위에 예시한 체언의 경우와는 달리 용언의 경우에는 뒤에 오는 자음의 종류에 따라 두 가지로 발음된다. 즉 'ㄷ, ㅈ, ㅅ' 앞에서는 [ㄱ]으로 발음하되(①), 'ㄱ' 앞에서는 이와 동일한 'ㄱ'은 탈락시키고서 [ㄹ]로 발음한다(②).

① [ㄱ]으로 발음하는 경우

맑다[막따]	맑지[막찌]	맑습니다[막씀니다]
늙다[늑따]	늙지[늑찌]	늙습니다[늑씀니다]

② [ㄹ]로 발음하는 경우

맑게[말께]	맑고[말꼬]	맑거나[말꺼나]
늙게[늘께]	늙고[늘꼬]	늙거나[늘거나]

파생어인 '갉작갉작하다', '갉작거리다', '굵다랗다', '굵직하다', '긁적거리다', '늙수그레하다', '늙정이', '얽죽얽죽하다' 등의 첫 음절의 겹받침 'ㄹ'도 'ㄱ' 앞이 아니므로 역시 [ㄱ]으로 발음한다.

제12항 받침 'ㅎ'의 발음은 다음과 같다.

1. 'ㅎ(ㄶ, ㅀ)' 뒤에 'ㄱ, ㄷ, ㅈ'이 결합되는 경우에는, 뒤 음절 첫소리와 합쳐서 [ㅋ, ㅌ, ㅊ]으로 발음한다.

놓고[노코]	좋던[조ː턴]	쌓지[싸치]
많고[만ː코]	않던[안턴]	닳지[달치]

[붙임 1] 받침 'ㄱ(ㄺ), ㄷ, ㅂ(ㄼ), ㅈ(ㄵ)'이 뒤 음절 첫소리 'ㅎ'과 결합되는 경우에도, 역시 두 음을 합쳐서 [ㅋ, ㅌ, ㅍ, ㅊ]으로 발음한다.

각하[가카]	먹히다[머키다]	밝히다[발키다]	맏형[마텽]
좁히다[조피다]	넓히다[널피다]	꽂히다[꼬치다]	앉히다[안치다]

[붙임 2] 규정에 따라 'ㄷ'으로 발음되는 'ㅅ, ㅈ, ㅊ, ㅌ'의 경우에도 이에 준한다.

옷 한 벌[오탄벌]	낮 한때[나탄때]
꽃 한 송이[꼬탄송이]	숱하다[수타다]

2. 'ㅎ(ㄶ, ㅀ)' 뒤에 'ㅅ'이 결합되는 경우에는, 'ㅅ'을 [ㅆ]으로 발음한다.

닿소[다쏘]　　　　많소[만쏘]　　　　싫소[실쏘]

3. 'ㅎ' 뒤에 'ㄴ'이 결합되는 경우에는, [ㄴ]으로 발음한다.

놓는[논는]　　　　　　　　　　쌓네[싼네]

[붙임] 'ㄶ, ㅀ' 뒤에 'ㄴ'이 결합되는 경우에는, 'ㅎ'을 발음하지 않는다.

않네[안네]　　　　　　　　않는[안는]
뚫네[뚤네 → 뚤레]　　　　　　뚫는[뚤는 → 뚤른]

* '뚫네[뚤네 → 뚤레], 뚫는[뚤는 → 뚤른]'에 대해서는 제20항 참조.

4. 'ㅎ(ㄶ, ㅀ)' 뒤에 모음으로 시작된 어미나 접미사가 결합되는 경우에는, 'ㅎ'을 발음하지 않는다. 제12항

낳은[나은]　　　　놓아[노아]　　　　쌓이다[싸이다]
많아[마:나]　　　　않은[아는]　　　　닳아[다라]
싫어도[시러도]

　제12항은 받침으로 쓰이는 'ㅎ' 발음을 규정하고 있다. 받침으로 쓰인 'ㅎ'은 그 뒤에 어떤 말이 오든 원래 음가대로 발음되지 못한다.

　1. 받침 'ㅎ'과 이 'ㅎ'이 포함된 겹받침 'ㄶ, ㅀ' 뒤에 'ㄱ, ㄷ, ㅈ'과 같은 예사소리가 결합된 경우에는 'ㅎ+ㄱ → ㅋ, ㅎ+ㄷ → ㅌ, ㅎ+ㅈ → ㅊ'과 같이 축약시켜 각각 [ㅋ, ㅌ, ㅊ]으로 발음한다.

놓고[노코]　　　　놓던[노턴]　　　　놓지[노치]
많고[만:코]　　　　많던[만:턴]　　　　많지[만:치]
앓고[알:코]　　　　앓던[알턴]　　　　앓지[알치]

　받침 'ㅎ'은 현대 한국어에서 용언 어간에만 쓰이기 때문에 위의 규정은 용언의 활용에만 적용된다. 그리하여 1에서는 용언의 경우만 예시하였다. 다만 '싫증'은 [실쯩]으로 발음한다.

[붙임 1] 한 단어 안에서 위와는 반대의 순서로 [ㄱ, ㄷ, ㅂ] 다음에 'ㅎ'이 오는 경우에도 'ㄱ + ㅎ → ㅋ', 'ㄷ + ㅎ → ㅌ', 'ㅈ + ㅎ → ㅊ' 등과 같이 축약시켜 각각 [ㅋ], [ㅌ], [ㅊ] 등으로 발음한다. 이것은 한자어나 합성어 또는 파생어 등의 경우에 적용된다.

국화[구콰]	맏형[마텽]	잊히다[이치다]	입학[이팍]
정직하다[정:지카다]	숱하다[수타다]	없히다[언치다]	급하다[그파다]
박하다[바카다]	굳하다[구타다]	입히다[이피다]	박히다[바키다]
밟히다[발피다]	읽히다[일키다]	밝히다[발키다]	잦히다[자치다]

[붙임 2] 'ㄷ'으로 발음되는 'ㅅ, ㅈ, ㅊ, ㅌ' 등의 뒤에 'ㅎ'이 올 경우 [ㅌ]으로 발음한다.

온갖 힘[온:가팀]   뭇 형벌[무텽벌]   몇 할[며탈]

2. 받침 'ㅎ'이 'ㅅ'을 만나면 둘을 합쳐 [ㅆ]으로 발음한다는 규정이다.

끊습니다[끈씀니다]   끊사오니[끈싸오니]

3. 'ㄴ'으로 시작된 어미 '-는, -네, -나, -니' 등 앞에서 받침 'ㅎ'은 [ㄴ]으로 동화시켜 발음한다. '놓는'은 동화 작용에 따라 [논는 → 논는]으로, '놓네'는 [논네 → 논네]로, '놓나'는 [논나 → 논나]로, '놓니'는 [논니 → 논니]로 발음된다.

[붙임] 'ㄶ, ㅀ' 뒤에 'ㄴ'으로 시작된 어미가 결합되는 경우에는 'ㅎ'은 발음되지 않는데, 다만 'ㅀ' 뒤에서는 'ㄴ'이 [ㄹ]로 발음된다('표준 발음법' 제20항 참조).

끊는[끈는]	끊네[끈네]	끊나[끈나]
끓는[끌른]	끓네[끌레]	끓나[끌라]

4. 받침 'ㅎ, ㄶ, ㅀ'의 'ㅎ'이 모음으로 시작된 어미나 접미사와 결합될 때에는 그 'ㅎ'은 발음하지 않는다는 규정이다.

넣은[너은]	쌓을[싸을]	찧으니까[찌으니까]
끊은[끄는]	많을[마ː늘]	않으니까[아느니까]
옳은[오른]	싫을[시를]	곯으니까[고르니까]
쌓인[싸인]	끊일[끄닐]	끓이니까[끄리니까]

'ㅎ'이 단어 둘째 음절 이하의 초성에 놓이면, 'ㅎ'을 발음하는 것이 원칙이다. 가령 한자어 중 '경험, 고향, 면허, 문학, 실학' 등과 같은 단어나 '진술하다, 신선하다, 셈하다, 주저하다'와 같은 복합어에서는 'ㅎ'을 그대로 발음한다.

제13항 홑받침이나 쌍받침이 모음으로 시작된 조사나 어미, 접미사와 결합되는 경우에는, 제 음가대로 뒤 음절 첫소리로 옮겨 발음한다.

깎아[까까]	옷이[오시]	있어[이써]	낮이[나지]
꽃아[꼬자]	꽃을[꼬츨]	쫓아[쪼차]	밭에[바테]
앞으로[아프로]	덮이다[더피다]		

제13항은 받침을 다음 음절의 첫소리로 옮겨서 발음하라고 규정한 것이다. '꽃이'는 [꼬치]로, '무릎이'는 [무르피]로 발음하여야 한다는 것이다.

그런데 제12항에서 규정한 'ㅎ'의 탈락이나, 제17항의 구개음화라든지, 불규칙 활용 등은 예외들이다.

제14항 겹받침이 모음으로 시작된 조사나 어미, 접미사와 결합되는 경우에는, 뒤엣것만을 뒤 음절 첫소리로 옮겨 발음한다.(이 경우, 'ㅅ'은 된소리로 발음함.)

넋이[넉씨]	앉아[안자]	닭을[달글]	젊어[절머]
곬이[골씨]	핥아[할타]	읊어[을퍼]	값을[갑쓸]
없어[업ː써]			

제14항도 제13항과 같은 연음(連音)에 대한 규정이다.

닭이[달기]	여덟을[여덜블]	삶에[살ː메]
읽어[일거]	밟을[발블]	옮은[올믄]

첫째 받침은 그대로 받침의 소리로 발음하되 둘째 받침은 다음 음절의 첫소리로 옮겨 발음한다. 예컨대 '닭이[달기]', '통닭을[통달글]'과 같은 것이다. 이때에 연음되는 받침의 소리는 원음대로 발음함이 원칙이나, 제13항에서 지적한 바와 같은 예외가 있다(앓아[아라], 끓어[끄너], 훑이다[홀치다]). 그리고 겹받침 'ㄳ, ㄺ, ㅄ'의 경우에는 'ㅅ'을 연음하되, 된소리 [ㅆ]으로 발음한다.

몫이[목씨]   넋을[넉쓸]   곬이[골씨]   외곬으로[외골쓰로]

값이[갑씨]   값에[갑쎄]   없이[업:씨]   없으면[업:쓰면]

제15항 받침 뒤에 모음 'ㅏ, ㅓ, ㅗ, ㅜ, ㅟ'들로 시작되는 실질 형태소가 연결되는 경우에는, 대표음으로 바꾸어서 뒤 음절 첫소리로 옮겨 발음한다.

밭 아래[바다래]   늪 앞[느밥]   젖어미[저더미]

맛없다[마덥따]   겉옷[거돋]   헛웃음[허두슴]

꽃 위[꼬뒤]

다만, '맛있다, 멋있다'는 [마싣따], [머싣따]로도 발음할 수 있다.

[붙임] 겹받침의 경우에는, 그 중 하나만을 옮겨 발음한다.

넋 없다[너겁따]   닭 앞에[다가페]

값어치[가버치]   값있는[가빈는]

실질 형태소(實質形態素)란 구체적인 대상이나 동작, 상태 등을 나타내는 형태소이다. 이것을 '어휘 형태소' 혹은 '실사(實辭)'라고 일컫기도 한다. "나는 밥을 먹는다."에서 '나', '밥', '먹-' 등이 실질 형태소이다.

대표음(代表音)이란 초성에서는 서로 구별되는 일련의 자음들이 받침으로 쓰일 때는 그 가운데 하나의 자음으로 발음될 때, 그 하나의 자음을 이르는 말이다. 'ㄲ, ㅋ, ㄳ, ㄺ' 등의 대표음은 'ㄱ'이고, 'ㅅ, ㅆ, ㅈ, ㅊ, ㅌ' 등의 대표음은 'ㄷ'이며, 'ㅄ, ㅍ'의 대표음은 'ㅂ'이다. 'ㄵ, ㄶ'의 대표음은 'ㄴ'이고, 'ㄻ'의 대표음은 'ㅁ'이다. 'ㄼ'의 대표음은 'ㄹ'이나 'ㅂ'이다. '여덟'은 [여덜]로, '밟다'는 [밥:따]로 발음되는 것이 그 예이다. 'ㄾ'의 대표음은 'ㄹ'이고, 'ㄿ'의 대표음은 'ㅂ'이다. '핥다'는

[할때]로, '읊다'는 [읍따]로 발음된다.

이상의 제15항은 받침 있는 단어와 모음으로 시작된 실질 형태소와의 결합에서 발음되는 받침의 소리와 연음에 대한 것이다. 예컨대 '밭 아래'는 '밭'을 일단 독립형인 [받]으로 발음하고 다시 모음 앞에서 그 받침소리 [ㄷ]을 연음하여 결국 [바다래]로 발음한다는 것이다.

이 규정에서 받침 뒤에 오는 모음으로 'ㅏ, ㅓ, ㅗ, ㅜ, ㅟ'로 한정시킨 이유는, 'ㅣ, ㅑ, ㅕ, ㅛ, ㅠ'와의 결합에서는 연음을 하지 않으면서 [ㄴ]이 드러나는 경우가 있기 때문이다. 그리고 'ㅐ, ㅔ, ㅚ' 등을 들지 않은 것은 표준어에서 그런 경우가 별로 없기 때문이다. 물론 '조국애', '국외' 등과 같은 경우에는 연음시켜 발음하여야 하고 '먼 외국' 같은 경우에는 두 단어로 독립시켜 발음할 때에는 [먼:외국]과 같이 연음하지 않고, 한 마디로 발음할 때에는 [머:뇌국]과 같이 연음하여 발음한다.

다만. '맛있다'는 [마딛따]로, '멋있다'는 [머딛따]로 발음하도록 규정하는 것이 합리적인데, '맛있다'를 [마신따]로, '멋있다'를 [머신따]로 발음하는 사람이 많기 때문에 이것들도 표준 발음으로 허용한 것이다.

[붙임] 겹받침 뒤에 모음으로 시작된 실질 형태소가 올 경우 겹받침의 대표음을 연이어 발음하도록 규정한 것이다.

제16항 한글 자모의 이름은 그 받침소리를 연음하되, 'ㄷ, ㅈ, ㅊ, ㅋ, ㅌ, ㅍ, ㅎ'의 경우에는 특별히 다음과 같이 발음한다.

디귿이[디그시]	디귿을[디그슬]	디귿에[디그세]
지읒이[지으시]	지읒을[지으슬]	지읒에[지으세]
치읓이[치으시]	치읓을[치으슬]	치읓에[치으세]
키읔이[키으기]	키읔을[키으글]	키읔에[키으게]
티읕이[티으시]	티읕을[티으슬]	티읕에[티으세]
피읖이[피으비]	피읖을[피으블]	피읖에[피으베]
히읗이[히으시]	히읗을[히으슬]	히읗에[히으세]

제16항은 한글 자모의 이름에 대한 발음 규정이다. 받침 뒤에 모음으로 시작된 형식 형태소가 오면 '디귿을[디그들]', '지읒에[지으제]' 등과 같이 받침소리를 뒤 음절에 연이어 발음하는 것이 원칙이다. 그런데 현실음을 중시하여 '디귿을'을 [디그슬]으로, '지읒에'를 [지으세]로 발음하는 것을 표준 발음으로 규정한 것이다[2].

제5장 소리의 동화

> **第17항** 받침 'ㄷ, ㅌ(ㄾ)'이 조사나 접미사의 모음 'ㅣ'와 결합되는 경우에는, [ㅈ, ㅊ]으로 바꾸어서 뒤 음절 첫소리로 옮겨 발음한다.
>
> 곧이듣다[고지듣따] 굳이[구지] 미닫이[미다지]
>
> 땀받이[땀바지] 밭이[바치] 벼훑이[벼훌치]
>
> **[붙임]** 'ㄷ' 뒤에 접미사 '히'가 결합되어 '티'를 이루는 것은 [치]로 발음한다.
>
> 굳히다[구치다] 닫히다[다치다] 묻히다[무치다]

제17항은 구개음화(口蓋音化)에 대한 규정이다. 구개음화란 잇몸소리(치조음)가 센입천장소리(경구개음)로 바뀌어 발음되는 현상이다. 즉 구개음화란 받침소리가 'ㄷ', 'ㅌ'인 형태소가 모음 'ㅣ'나 반모음 'ㅣ[j]'로 시작되는 형식 형태소와 만나면 잇몸소리인 'ㄷ'이 센입천장소리인 'ㅈ'으로, 잇몸소리인 'ㅌ'이 센입천장소리인 'ㅊ'이 되는 현상이다. 예컨대 '굳이'가 [구지]로, '밭이'가 [바치]로, '굳히다'가 [구치다]로 발음되는 것이다. 구개음화를 '경구개음화(硬口蓋音化)' 혹은 '입천장소리되기'라고 일컫기도 한다.

[붙임] 용언 어간의 받침 'ㄷ'이 접미사인 '-히-'와 결합될 때에도 받침 'ㄷ'과 합하여 [ㅊ]으로 구개음화하여 발음한다. 즉 '걷히다[거치다]', '받히다[바치다]' 등이 그 예이다.

---

2) '디귿'을 제외한 '지읒, 치읓, 키읔, 티읕, 피읖, 히읗' 등과 같은 자모의 명칭은 1933년 '한글 마춤법 통일안' 제정 당시 만든 것이다. 한글 자모의 명칭은 최세진의 『훈몽자회(1527)』에서 비롯된다. 그 당시에는 'ㅈ, ㅊ, ㅋ, ㅌ, ㅍ, ㅎ'이 초성에만 쓰이는 글자이었다. 그러므로 그 명칭은 '지, 치, 키, 피, 히'와 같이 1음절이었다. 그러다가 모든 글자를 종성에 표기하도록 함으로써 그 글자들의 명칭도 2음절로 바뀌었다.

제18항 받침 'ㄱ(ㄲ, ㅋ, ㄳ, ㄺ), ㄷ(ㅅ, ㅆ, ㅈ, ㅊ, ㅌ, ㅎ), ㅂ(ㅍ, ㄼ, ㄿ, ㅄ)'은 'ㄴ, ㅁ' 앞에서 [ㅇ, ㄴ, ㅁ]으로 발음한다.

먹는[멍는]	국물[궁물]	깎는[깡는]	키읔만[키응만]
몫몫이[몽목씨]	긁는[긍는]	흙만[흥만]	닫는[단는]
짓는[진ː는]	옷맵시[온맵씨]	있는[인는]	맞는[만는]
젖멍울[전멍울]	쫓는[쫀는]	꽃망울[꼰망울]	붙는[분는]
놓는[논는]	잡는[잠는]	밥물[밤물]	앞마당[암마당]
밟는[밤ː는]	읊는[음는]	없는[엄ː는]	값매다[감매다]

[붙임] 두 단어를 이어서 한 마디로 발음하는 경우에도 이와 같다.

책 넣는다[챙넌는다]	흙 말리다[흥말리다]	옷 맞추다[온마추다]
밥 먹는다[밤멍는다]	값 매기다[감매기다]	

제18항은 비음화(鼻音化) 현상에 대한 규정이다. 비음화 현상이란 비음(鼻音)[3]이 아닌 것이 비음의 영향을 받아 비음으로 바뀌는 현상이다. 비음인 'ㄴ, ㅁ' 등의 앞에서 받침의 소리 [ㄱ, ㄷ, ㅂ]이 각각 [ㅇ, ㄴ, ㅁ]으로 동화되어 발음된다. 예컨대 '값만', '없는' 등은 우선 'ㅅ'을 탈락시키고서 'ㅁ, ㄴ'에 의하여 'ㅂ'이 [ㅁ]으로 역행 동화되어 [감만], [엄ː는]으로 발음된다. [ㄷ]으로 발음되는 'ㅅ, ㅆ, ㅈ, ㅊ, ㄷ, ㅌ' 받침은 'ㄴ, ㅁ' 앞에서 모두 [ㄴ]으로 발음된다.

[붙임] 위와 같은 환경이 주어지면 단어와 단어 사이에서도 비음으로 바뀐다.

국 마시다[궁마시다]	옷 마르다[온마르다]	입 놀리다[임놀리다]

제19항 받침 'ㅁ, ㅇ' 뒤에 연결되는 'ㄹ'은 [ㄴ]으로 발음한다.

담력[담ː녁]	침략[침냑]	강릉[강능]
항로[항ː노]	대통령[대ː통녕]	

[붙임] 받침 'ㄱ, ㅂ' 뒤에 연결되는 'ㄹ'도 [ㄴ]으로 발음한다.

---

3) 비음(鼻音): 입 안의 통로를 막고 코로 공기를 내보내면서 내는 소리. 'ㄴ', 'ㅁ', 'ㅇ' 등이 비음에 속한다. 콧소리.

막론[막논 → 망논]　　　백리[백니 → 뱅니]

협력[협녁 → 혐녁]　　　십리[십니 → 심니]

　　제19항은 한자어에서 받침 'ㅁ, ㅇ' 뒤에 결합되는 'ㄹ'을 [ㄴ]으로 발음하는 규정이다. 본래 'ㄹ'을 첫소리로 가진 한자는 'ㄴ, ㄹ' 이외의 받침 뒤에서는 언제나 'ㄹ'이 [ㄴ]으로 발음된다.

　　[붙임] 받침 'ㄱ, ㅂ' 뒤에서 'ㄹ'은 [ㄴ]으로 발음되는데, 그 [ㄴ] 때문에 'ㄱ, ㅂ'은 다시 [ㅇ, ㅁ]으로 역행 동화되어 발음된다. 예컨대 '막론(莫論)'은 '[막논] → [망논]'으로 발음되는 것이다.

제20항 'ㄴ'은 'ㄹ'의 앞이나 뒤에서 [ㄹ]로 발음한다.

(1) 난로[날ː로]　　　　신라[실라]　　　　천리[철리]

　　광한루[광ː할루]　　대관령[대ː괄령]

(2) 칼날[칼랄]　　　　물난리[물랄리]　　　줄넘기[줄럼끼]　　　할는지[할른지]

[붙임] 첫소리 'ㄴ'이 'ㅀ', 'ㄾ' 뒤에 연결되는 경우에도 이에 준한다.

　　닳는[달른]　　　　뚫는[뚤른]　　　　핥네[할레]

다만, 다음과 같은 단어들은 'ㄹ'을 [ㄴ]으로 발음한다.

　　의견란[의ː견난]　　임진란[임ː진난]　　생산량[생산냥]

　　결단력[결딴녁]　　　공권력[공꿘녁]　　동원령[동ː원녕]

　　상견례[상견녜]　　　횡단로[횡단노]　　이원론[이ː원논]

　　입원료[이붠뇨]　　　구근류[구근뉴]

　　제20항은 'ㄴ'이 'ㄹ'의 앞이나 뒤에서 [ㄹ]로 동화되어 발음되는 경우를 규정한 것이다. 제20항의 (1)은 한자어의 경우이고, (2)는 합성어 또는 파생어의 경우와 '-(으)ㄹ는지'의 경우이다. 이상의 경우 이외에 다음과 같은 경우에는 'ㄴ'을 [ㄹ]로 발음한다. 물론 이때에는 한 마디로 발음한다.

땔 나무[땔:라무]　　　갈 놈[갈롬]　　　바람 잦을 날[바람자즐랄]

[붙임] 'れ', 'ㄝ' 등과 같이 자음 앞에서 [ㄹ]이 발음되는 용언 어간 다음에 'ㄴ'으로 시작되는 어미가 결합되면 그 'ㄴ'을 'ㄹ'로 동화시켜 발음한다. 즉 '앓는[알른]', '앓냐[알랴]', '앓네[알레]' 등과 같이 발음한다.

다만. 한자어에서 'ㄴ'과 'ㄹ'이 결합하면서도 [ㄹㄹ]로 발음되지 않고 [ㄴㄴ]으로 발음되는 예들을 보인 것이다. '권력'은 [궐력]으로 발음되는데, '공권력'은 [공꿘녁]으로 발음된다.

> **제21항** 위에서 지적한 이외의 자음 동화는 인정하지 않는다.
>
> | 감기[감:기](×[강:기]) | 옷감[옫깜](×[옥깜]) |
> | 있고[읻꼬](×[익꼬]) | 꽃길[꼳낄](×[꼭낄]) |
> | 젖먹이[전머기](×[점머기]) | 문법[문뻡](×[뭄뻡]) |
> | 꽃밭[꼳빧](×[꼽빧]) | |

제21항은 '신문'을 때로는 역행 동화된 [심문]으로 발음하는 경우가 있는데, 이러한 조음 위치 동화를 '표준 발음법'에서는 허용하지 않는다는 규정이다. '옷감'을 [옫깜], [옥깜], [오깜] 등으로 발음하기도 하고, '걷습니다'를 [걷:씀니다], [거:씀니다] 등으로 발음하기도 하며, '꽃밭'도 [꼳빧], [꼽빧], [꼬빧] 등으로 발음하기도 하지만, [옫깜], [걷:씀니다], [꼳빧] 등만을 표준 발음으로 인정하는 것이다.

> **제22항** 다음과 같은 용언의 어미는 [어]로 발음함을 원칙으로 하되, [여]로 발음함도 허용한다.
>
> 되어[되어/되여]　　　피어[피어/피여]
>
> **[붙임]** '이오, 아니오'도 이에 준하여 [이요, 아니요]로 발음함을 허용한다.

모음으로 끝난 용언의 어간에 모음으로 시작된 어미가 결합될 때에 나타나는 모음 충돌에 대한 발음 규정이다. '되+어 → 되어'는 [되에]로 발음함이 원칙이다.

그런데 때로는 모음 충돌을 회피해서 '되어'를 [되여]로 발음하기도 하기 때문에 이것을 현실적으로 허용한다는 규정이다. '이오', '아니오' 등의 경우에도 마찬가지이다.

제6장 된소리되기

제23항은 [ㄱ, ㄷ, ㅂ]으로 발음되는 받침 'ㄱ(ㄲ, ㅋ, ㄳ, ㄺ), ㄷ(ㅅ, ㅆ, ㅈ, ㅊ, ㅌ), ㅂ(ㅍ, ㄼ, ㄿ, ㅄ)' 뒤에서 'ㄱ', 'ㄷ', 'ㅂ', 'ㅅ', 'ㅈ' 등은 된소리인 [ㄲ], [ㄸ], [ㅃ], [ㅆ], [ㅉ] 등으로 각각 발음되는 된소리되기를 규정한 것이다. 파열음인 [ㄱ], [ㄷ], [ㅂ] 등의 바로 뒤에 오는 'ㄱ', 'ㄷ', 'ㅂ', 'ㅅ', 'ㅈ' 등은 파열음인 [ㄱ], [ㄷ], [ㅂ] 등의 영향을 받아 된소리인 [ㄲ], [ㄸ], [ㅃ], [ㅆ], [ㅉ] 등으로 발음된다.

용언 어간의 받침이 'ㄴ(ㄵ)', 'ㅁ(ㄻ)' 등일 때에도 뒤에 오는 'ㄱ', 'ㄷ', 'ㅂ', 'ㅅ', 'ㅈ'을 된소리인 [ㄲ], [ㄸ], [ㅆ], [ㅉ] 등으로 각각 발음한다. 이것은 용언의 어간에

만 적용되는 규정이다. 체언의 경우에는 '신도[신도]', '신과[신과]'라든가 '바람도
[바람도], 바람과[바람과]' 등과 같이 된소리로 바꾸어 발음하지 않는다.

　다만, 'ㄴ', 'ㅁ' 받침을 가진 용언의 어간에 결합된 피동 접미사와 사동 접미사
인 '-기-'가 붙어 형성된 피동사와 사동사는 이 규정에 따르지 않아서 '안기대[안
기대]', '남기대[남기대]', '굶기대[굼기대]' 등과 같이 된소리로 발음하지 않는다.
그런데 용언의 명사형의 경우에는 '안기[안:끼]', '남기[남:끼]', '굶기[굼끼]' 등처럼
된소리로 발음한다.

제25항 어간 받침 'ㄼ, ㄾ' 뒤에 결합되는 어미의 첫소리 'ㄱ, ㄷ, ㅅ, ㅈ'은 된소리로
발음한다.

　넓게[널께]　　　　핥다[할따]　　　　훑소[훌쏘]　　　　떫지[떨:찌]

　제25항은 자음 앞에서 [ㄹ]로 발음되는 겹받침 'ㄼ', 'ㄾ' 뒤에 연결되는 자음을
된소리로 발음한다는 규정이다. 이것은 용언의 활용의 경우에 한정되는 규정이
다. 그런데 체언의 경우에는 '여덟도[여덜도]', '여덟과[여덜과]', '여덟보다[여덜보
다]' 등과 같이 된소리로 발음되지 않는다.

　한편 'ㄺ'으로 끝나는 용언 어간의 활용형 중 '읽고[일꼬], 읽기[일끼]'와 같이
'ㄱ'으로 시작하는 어미에 적용되는 된소리되기도 여기에 속한다고 할 수 있다.
'읽고, 읽기'도 종성에서 겹받침이 [ㄹ]로 발음되므로 '읽고[일꼬], 읽기[일끼]'에서
보이는 된소리되기도 'ㄼ, ㄾ' 뒤의 된소리되기와 성격이 같다

제26항 한자어에서, 'ㄹ' 받침 뒤에 연결되는 'ㄷ, ㅅ, ㅈ'은 된소리로 발음한다.

　갈등[갈뜽](葛藤)　　　　발동[발똥](發動)　　　　절도[절또](竊盜)
　말살[말쌀](抹殺)　　　　불소[불쏘](弗素)　　　　일시[일씨](一時)
　갈증[갈쯩](渴症)　　　　물질[물찔](物質)　　　　발전[발쩐](發展)
　몰상식[몰쌍식](沒常識)　　불세출[불쎄출](不世出)

　다만, 같은 한자가 겹쳐진 단어의 경우에는 된소리로 발음하지 않는다.

　허허실실[허허실실](虛虛實實)　　　　절절-하다[절절하다](切切-)

제26항은 한자어에서 받침 'ㄹ' 다음에 된소리로 발음되는 것을 규정한 것이다. 그러나 '갈구(渴求)', '결과(結果)', '물건(物件)', '불법(佛法)', '불복(不服)', '설계(設計)', '열기(熱氣)', '절기(節氣)', '출고(出庫)', '출발(출발)', '팔경(八景)', '활보(闊步)' 등은 된소리로 발음되지 않는다.

다만, 같은 한자가 겹친 첩어(疊語)의 경우에는 된소리로 발음되지 않는다. 첩어란 한 단어가 반복적으로 결합되어 형성된 합성어이다.

결결(缺缺)[결결]   별별(別別)[별별]

제27항 관형사형 '-(으)ㄹ' 뒤에 연결되는 'ㄱ, ㄷ, ㅂ, ㅅ, ㅈ'은 된소리로 발음한다.

할 것을[할꺼슬]   갈 데가[갈떼가]   할 바를[할빠를]
할 수는[할쑤는]   할 적에[할쩌게]   갈 곳[갈꼳]
할 도리[할또리]   만날 사람[만날싸람]

다만, 끊어서 말할 적에는 예사소리로 발음한다.

[붙임] '-(으)ㄹ'로 시작되는 어미의 경우에도 이에 준한다.

할걸[할껄]   할밖에[할빠께]   할세라[할쎄라]
할수록[할쑤록]   할지라도[할찌라도]   할지언정[할찌언정]
할진대[할찐대]

제27항은 관형사형 전성 어미 '-(으)ㄹ' 뒤에 오는 'ㄱ, ㄷ, ㅂ, ㅅ, ㅈ' 등을 된소리로 발음하여야 한다는 규정이다. 관형사형 전성 어미 '-(으)ㄹ' 뒤에 온 '것', '데', '바', '수', '적' 등은 의존 명사이다. '곳', '도리', '사람' 등은 자립 명사이다.

[붙임] 관형사형 전성 어미와 같은 '-(으)ㄹ'로 시작되는 연결 어미와 종결 어미에서도 역시 'ㄹ' 뒤에 오는 자음 'ㄱ, ㄷ, ㅂ, ㅅ, ㅈ'을 된소리로 각각 발음한다. '-(으)ㄹ거나[(으)ㄹ꺼나]', '-(으)ㄹ세[(으)ㄹ쎄]', '-(으)ㄹ수록[(으)ㄹ쑤록]', '-(으)ㄹ지[(으)ㄹ찌]', '-(으)ㄹ진대[(으)ㄹ찐대]' 등이 그 예들이다.

그런데 관형사형 전성 어미 '-(으)ㄴ', '-는', '-던' 등의 'ㄴ' 받침 뒤에서는 된소리로 발음하지 않는다.

간 사람[간사(:)람]	가는 사람[가는사(:)람]	가던 사람[가던사(:)람]
입는다[임는다]	입는데[임는데]	입는지[임는지]

제28항은 표기상으로 사이시옷이 드러나지 않더라도 기능상 사이시옷이 있을 만한 합성어의 경우에 뒤 단어의 첫소리인 'ㄱ, ㄷ, ㅂ, ㅅ, ㅈ' 등을 된소리로 발음하여야 함을 규정한 것이다.

'술잔'은 '술'과 '잔'이 결합하여 형성된 합성어이다. '술잔'을 발음하면 뒤의 단어인 '잔'이 된소리로 발음되므로 앞 단어인 '술'에 사이시옷을 표기하여야 하는데 '술'이 모음으로 끝나지 않고 자음 'ㄹ'로 끝났기 때문에 사이시옷을 표기하지 않았을 뿐이다('한글 맞춤법' 제30항 참조).

제7장 소리의 첨가

내복-약[내ː봉냑]   한-여름[한녀름]   남존-여비[남존녀비]
신-여성[신녀성]   색-연필[생년필]   직행-열차[지캥녈차]
늑막-염[능망념]   콩-엿[콩녇]   담-요[담ː뇨]
눈-요기[눈뇨기]   영업-용[영엄뇽]   식용-유[시굥뉴]
국민-윤리[궁민뉼리]   밤-윷[밤ː뉻]

다만, 다음과 같은 말들은 'ㄴ' 음을 첨가하여 발음하되, 표기대로 발음할 수 있다.

이죽-이죽[이중니죽/이주기죽]   야금-야금[야금냐금/야그먀금]
검열[검ː녈/거ː멸]   욜랑-욜랑[욜랑뇰랑/욜랑욜랑]
금융[금늉/그뮹]

[붙임 1] 'ㄹ' 받침 뒤에 첨가되는 'ㄴ' 음은 [ㄹ]로 발음한다.

들-일[들ː릴]   솔-잎[솔립]   설-익다[설릭따]
물-약[물략]   불-여우[불려우]   서울-역[서울력]
물-엿[물렫]   휘발-유[휘발류]   유들-유들[유들류들]

[붙임 2] 두 단어를 이어서 한 마디로 발음하는 경우에도 이에 준한다.

한 일[한닐]   옷 입다[온닙따]   서른여섯[서른녀섣]
3 연대[삼년대]   먹은 엿[머근녇]
할 일[할릴]   잘 입다[잘립따]   스물여섯[스물려섣]
1 연대[일련대]   먹을 엿[머글렫]

다만, 다음과 같은 단어에서는 'ㄴ(ㄹ)' 음을 첨가하여 발음하지 않는다.

6·25[유기오]   3·1절[사밀쩔]
송별-연[송ː벼련]   등-용문[등용문]

　　제29항은 합성어와 파생어에서 앞 단어나 접두사가 자음으로 끝나고 뒤 단어의
첫 음절이 '이, 야, 여, 요, 유'인 경우에 'ㄴ'을 첨가해서 발음함을 규정하고 있다.
파생어는 어근에 접두사나 파생 접미사가 결합하여 형성된 단어이다. 접두사가
어근에 결합하여 이루어진 파생어로는 '군-말', '덧-문', '막-국수', '맨-손', '민-머리',
'비-공개', '살-얼음', '풋-고추' 등이 있다. 어근에 파생 접미사가 결합하여 형성된
단어로는 '경쟁-률', '수산-업', '영업-용', '놀-이', '겁-쟁이', '주먹-질' 등이 있다.

다만. 어떤 단어들은 위와 같이 'ㄴ'을 첨가하여 발음하거나, 표기대로 'ㄴ'을 첨가하지 않고 발음하기도 한다. '검열[검:녈/거:멸]', '이죽이죽[이중니죽/이주기죽]', '야금야금[야금냐금/야그먀금]', '욜랑욜랑[욜랑뇰랑/욜랑욜랑]' 등이 그러하다. '야옹야옹'은 'ㄴ'을 첨가하여 [야옹냐옹]으로 발음한다.

[붙임 1] 'ㄹ' 받침 뒤에서 첨가되는 'ㄴ'은 [ㄹ]로 동화시켜 발음한다. 예컨대 '수원역'에서는 'ㄴ'을 첨가하여 [수원녁]으로 발음되지만, '서울역[서울녁]'에서 [-녁]의 '[니]'은 선행 자음 [ㄹ]의 영향을 받아 [ㄹ]로 동화되어 [서울력]으로 발음한다. 이러한 소리의 첨가가 없을 경우에는 앞의 자음을 연음하여 발음한다.

절약[저략]	월요일[워료일]
목요일[모교일]	금요일[그묘일]

'이글이글' 같은 단어는 [이글리글/이그리글]의 두 가지 발음이 모두 가능하지만, '유월 유두'는 [유월류두]로 발음한다.

[붙임 2] 위와 같은 환경이지만 두 단어를 한 단어처럼 한 마디로 발음하는 경우에도 위의 규정에 준한다. 예컨대 '한 일[한닐]', '할 일[할릴]' 등과 같은 경우이다. '잘 입다', '잘 익히다', '못 이기다', '못 잊다' 등의 경우에는 'ㄴ'(또는 'ㄹ')의 첨가 없이도 발음하는데, 이는 두 단어로 인식하고서 발음하는 것이다. '잘 입다'는 '[자립따]'로, '못 이기다'는 '[모디기다]'로 연음하여 발음한다.

'-이오?'(이것은 책이오?)를 줄여서 '-요?'라고 할 경우에는 'ㄴ'이나 'ㄹ'의 첨가 없이 받침을 연음하여 발음한다.

문-요?[무뇨]	담-요?[다묘]
물-요?[무료]	상-요?[상요]

> **제30항** 사이시옷이 붙은 단어는 다음과 같이 발음한다.
> 1. 'ㄱ, ㄷ, ㅂ, ㅅ, ㅈ'으로 시작하는 단어 앞에 사이시옷이 올 때는 이들 자음만을 된소리로 발음하는 것을 원칙으로 하되, 사이시옷을 [ㄷ]으로 발음하는 것도 허용한다.

냇가[내:까/낻:까]　　　　샛길[새:낄/샏:낄]　　　　빨랫돌[빨래똘/빨랟똘]

콧등[코뜽/콛뜽]　　　　깃발[기빨/긷빨]　　　　대팻밥[대:패빱/대:팯빱]

햇살[해쌀/핻쌀]　　　　뱃속[배쏙/밷쏙]　　　　뱃전[배쩐/밷쩐]

고갯짓[고개찓/고갣찓]

2. 사이시옷 뒤에 'ㄴ, ㅁ'이 결합되는 경우에는 [ㄴ]으로 발음한다.

콧날[콛날 → 콘날]　　　　　　아랫니[아랟니 → 아랜니]

툇마루[퇻:마루 → 퇸:마루]　　　뱃머리[밷머리 → 밴머리]

3. 사이시옷 뒤에 '이' 음이 결합되는 경우에는 [ㄴㄴ]으로 발음한다.

베갯잇[베갣닏 → 베갠닏]　　깻잎[깯닙 → 깬닙]　　나뭇잎[나묻닙 → 나문닙]

도리깻열[도리깯녈 → 도리깬녈]　뒷윷[뒫:뉻 → 뒨:뉻]

제30항은 사이시옷이 표기된 단어에 대한 발음을 규정하고 있다.

1. 사이시옷이 표기된 합성어에서 뒤의 단어 첫소리가 'ㄱ, ㄷ, ㅂ, ㅅ, ㅈ' 등만을 된소리로 발음함을 원칙으로 하되, 사이시옷을 [ㄷ]으로 발음하는 것도 허용하기로 한 것이다. 종전에는 사이시옷을 [ㄷ]으로 발음하는 것만을 표준 발음으로 인정하였다.

2. 비음(鼻音)인 'ㄴ', 'ㅁ' 등의 앞에 사이시옷이 들어간 경우에는 'ㅅ → ㄷ → ㄴ'의 과정에 따라 사이시옷을 [ㄴ]으로 발음한다. 즉 '콧날'은 [콛날] → [콘날]의 과정에 따라 [콘날]로 발음된다. '뱃머리'의 표준 발음은 [밴머리]이다.

3. 사이시옷 뒤에 '이' 또는 '야, 여, 요, 유' 등이 결합되는 경우에는 'ㄴ'이 첨가되기 때문에 사이시옷은 자연히 [ㄴ]으로 발음된다. '뒷일'은 [뒫:닐] → [뒨:닐]로 발음된다.

제3장

•

한글 맞춤법

3.1 한글 맞춤법의 원리

'한글 맞춤법'이란 한국어를 한글로 표기할 때에 지켜야 할 규칙이다. '맞춤법'을 '철자법(綴字法)' 혹은 '정서법(正書法)'이라고 일컫기도 한다.

인터넷으로 의사소통을 하거나 휴대 전화로 문자 메시지를 주고받을 적에 사용하는 언어를 전자 언어(electronic languages)[1]라고 한다. 요사이 사람들이 사용하는 전자 언어를 살펴보면 '한글 맞춤법'을 무시하고 표기하는 경우가 많다. 이와 같이 한국어를 '한글 맞춤법'에 어긋나게 표기하면 발신자와 수신자 사이에 의사소통이 원만하게 이루어지지 않는다. 또한 '한글 맞춤법'에 어긋나게 공문을 작성하면 불이익을 받을 수도 있다. 한국어로 공적인 글쓰기 생활을 잘하려면 '한글 맞춤법'의 모든 규정을 이해하고 맞춤법에 맞게 글을 쓸 수 있는 능력을 지녀야 한다.

맞춤법의 원리에는 표음주의적(表音主義的) 원리와 표의주의적(表意主義的) 원리가 있다.

표음주의적 원리란 단어를 발음되는 대로 표기하는 것이다. 즉 이것은 단어의 각 음소(音素)를 충실히 표기하는 것이다. 그리하여 이것을 '음소적 원리'라고 말

---

1) '전자 언어'를 '통신 언어'라고 일컫기도 한다.

하기도 한다. 예를 들면 '닭이'는 [달기]로, '닭도'는 [닥또]로, '닭에'는 [달게]로, '닭으로'는 [달그로]로, '닭만'은 [당만]으로 발음되는데, 이것들을 그 발음에 따라 '달기', '닥또', '달게', '달그로', '당만' 등으로 표기하는 것이다.

표음주의적 원리에 의한 표기법의 장점은 글을 쓰는 사람이 발음하는 대로 표기하면 되기 때문에 특별히 맞춤법을 몰라도 되는 것이다. 이것은 글을 쓰는 이에게 편리한 것이다. 표음주의적 원리에 의한 표기법의 단점은 사람에 따라 발음이 다르면 일정한 형태소의 표기가 다를 뿐만 아니라 형태소의 경계가 불분명하기 때문에 독자가 그것을 이해하는 데 어려움을 겪게 되는 것이다.

표의주의적 원리란 형태소의 꼴을 고정시켜 표기하는 것이다. 이것을 '형태소적(形態素的) 원리'라고도 일컫는다. '값이'는 [갑씨]로, '값도'는 [갑또]로, '값만'은 [감만]으로 발음되는데, 이것들을 발음되는 대로 표기하면 어떤 독자는 이것들을 별개의 형태소로 인식할 우려가 있을 뿐만 아니라 그 형태소의 의미를 파악하기가 어렵다. 그런데 '값이', '값도', '값만' 등과 같이 각 형태소의 꼴을 고정시켜 표기하게 되면 독자가 그 의미를 쉽게 파악할 수 있다.

표의주의적 원리에 의한 표기법의 단점은 국어 음운론과 형태론에 대한 기본적인 지식이 없는 사람이 그 원리로 되어 있는 맞춤법을 이해하여 응용하기가 어려운 것이다.

1988년 1월 19일에 교육부에서 개정하여 공포한 '한글 맞춤법'의 원리는 제1장 총칙 제1항에 다음 (1)과 같이 명시되어 있다.

   (1) 한글 맞춤법은 표준어를 소리대로 적되, 어법에 맞도록 함을 원칙으로 한다.

위의 (1)의 '소리대로 적되'라는 말은 '표음주의적(表音主義的) 원리'에 따라 표기하여야 함을 뜻하고, '어법에 맞도록 함'이라는 말은 '표의주의적(表意主義的) 원리'에 따라 표기하여야 함을 뜻한다.

한글학회의 '한글 마춤법 통일안2)(1933)'의 맞춤법 원리도 총론 제1항에 다음

---

2) 일제 때 '한글학회'는 '조선어학회'였다. 1933년 조선어학회에서 제정한 '한글 맞춤법 통일안'은

의 (2)와 같이 명시되어 있다.

> (2) 한글 맞춤법은 표준말을 그 소리대로 적되 語法에 맞도록 함으로써 原則
> 을 삼는다.

이상의 (1)과 (2)를 살펴보면 '한글 맞춤법'과 '한글 마춤법 통일안'의 맞춤법 원리가 같음을 알 수 있다.

'한글 맞춤법'은 '한글 마춤법 통일안'과 같이 표음주의적 원리와 표의주의적 원리를 모두 고려하여 여러 규정을 만들되, 표의주의적 원리를 더 중시하여 만든 것이다. 이와 같은 '한글 맞춤법'의 원리는 15세기 '훈민정음(訓民正音)'의 창제 당시부터 한국어 표기법의 원리로 채택되어 온 것이다.

북한에서도 8·15 광복 이후 오늘날에 이르기까지 네 번에 걸쳐 맞춤법을 개정하였는데, 그 원리는 남한과 같다. 따라서 남한과 북한이 통일된 후 맞춤법의 통일 작업을 할 경우에 별 어려움이 없을 것이다.

1988년에 개정하여 1989년 3월 1일부터 글쓰기에 적용하고 있는 '한글 맞춤법'의 특징은 다음과 같다.

> (ㄱ) '한글 마춤법 통일안'의 규정을 근간으로 전체 체제를 합리적으로 조정하
> 였다.
> (ㄴ) 불필요하게 된 규정을 정비하였다.
> (ㄷ) '한글 마춤법 통일안'의 미비점을 보완하였다.
> (ㄹ) 실용상 준수되지 않는 규정을 현실화하였다.
> (ㅁ) 문장 부호의 종별과 사용법을 체계화하였다.

'한글 맞춤법'의 개요를 '한글 마춤법 통일안'과 대비하여 살펴보면 다음의 [표 1]과 같다.

'한글 마춤법 통일안'으로 표기되어 있다.

[표 1] '한글 맞춤법'과 '한글 마춤법 통일안'의 대비

구분	한글 맞춤법	한글 마춤법 통일안
체제	본문 : 6장 57항 부록 : 문장 부호	본문 : 총론, 각론 7장 63항 부록 : 표준말, 부호
원리	표음주의적 원리와 표의주의적 원리	표음주의적 원리와 표의주의적 원리
불필요한 규정의 정비	규정 삭제	• 빨내 → 빨래 • 놀앟다 → 노랗다 • ㅇ동(兒童) → 아동 • 븍방(北方) → 북방 • 긔차(汽車) → 기차
규정의 미비점 보완	(1) 사전에 올릴 적의 자모 순서 규정 (2) 한자음의 두음 법칙에 관한 세부 규정 신설 • 가정란(家庭欄) • 동구릉(東九陵) • 백분율(百分率) (3) 된소리로 나는 접미사의 표기 규정 신설 • 일꾼 • 빛깔 • 겸연쩍다 (4) 한 단어 안에서 같은 음절이나 비슷한 음절이 겹쳐 나는 부분은 같은 글자를 적도록 함. • 딱딱 • 쌕쌕 • 연연불망(戀戀不忘) • 유유상종(類類相從) • 밋밋하다 • 싹싹하다 • 쌉쌀하다 • 씁쓸하다 • 짭짤하다 (5) 문장 부호 규정의 보안 정비 • 문장 부호의 이름과 용법을 예문과 함께 체계적으로 정비 : 19개항 • 불필요한 부호 삭제 : 낱값표 ⓐ, 거침표 ∨, 홀이름표‒ 등을 삭제함.	(1) 규정 없음 (2) 일반 규정은 있으나 세부 규정은 없음. • 가정란, 가정난 • 동구릉, 동구능 • 백분률, 백분율 (3) 규정 없음. • 일꾼, 일군 • 빛깔, 빛갈 • 겸연쩍다, 겸연적다 (4) 규정 없음. • 딱딱, 딱닥 • 쌕쌕, 쌕색 • 연연불망, 련련불망 • 우유상종, 유류상종 • 밋밋하다, 밋밋하다 • 싹싹하다, 싹싹하다 • 쌉쌀하다, 쌉쌀하다 • 씁쓸하다, 씁쓸하다 • 짭짤하다, 짭짤하다 (5) 문장 부호의 이름과 사용법을 개략적으로 나열 : 39개항 ⓐ 2,400원 ∨점검하였음을 표시함. 나는 한라산에 올랐다
	(1) 어간과 어미 (ㄱ) 'ㅂ' 불규칙 용언 어간의 끝 'ㅂ'이	(ㄱ) 'ㅂ' 불규칙 용언 어간에 모음으로 시작하는 어미가 결합할 경우 어간 끝 'ㅂ'

실용상 준수되지 않는 규정의 현실화	'우'로 되는 것은 소리대로 적음. • 가까워 • 괴로워 • 고마워 ＊다만 '고와', '도와'는 종전과 같이 '고와', '도와'로 표기함.	이 '오'나 '우'로 바뀐다. 이 경우 어간 끝 음절에 양성 모음이 있으면 'ㅂ'을 '오'로 음성 모음이 있으면 '우'로 표기함. • 가까와 • 괴로와 • 고마와 ＊고와, 도와
	(ㄴ) 종결형의 어미 '-오'는 '-요'로 소리 나는 일이 있더라도 '-오'로 적음. • 이것은 책이오. • 이리로 오시오. • 저것은 펜이 아니오. ＊다만 연결형에서의 '-이요'는 '-이요'로 적음. • 이것은 펜이요, 저것은 붓이오.	(ㄴ) 종결형의 어미 '-오'를 '-요'로 표기함. • 이것은 책이요. • 이리로 오시요. • 저것은 펜이 아니요.
	(2) 접미사가 붙은 말 부사에 접미사 '-이'가 붙어서 그 뜻을 더하는 경우에는 그 부사의 원형을 밝혀 적음 • 더욱이(더욱+이) • 일찍이(일찍+이)	• 더우기 • 일찌기
	(3) 사이시옷 한자어에서는 사이시옷을 적지 않음을 원칙으로 함. • 총무과(總務課) • 대기권(大氣圈) • 대구(對句) ＊다만, 두 음절로 된 다음 한자어에서는 사이시옷을 적음 • 곳간(庫間) • 셋방(貰房) • 숫자(數字) • 찻간(車間) • 툇간(退間) • 횟수(回數)	한자어의 경우에도 사이시옷을 적음을 원칙으로 함. • 총뭇과 • 대깃권 • 댓구
	(4) 준말 (ㄱ) '-지 않다'의 준말은 '-잖다'로, '-하지 않다'의 준말은 '-찮다'로 적음.	(ㄱ) '-지 않다'의 준말은 '-잖다'로, '-하지 않다'의 준말은 '-찮다'로 적음.

	• 그렇지 않다 → 그렇잖다.	• 그렇잖다
	• 적지 않은 → 적잖은	• 적잖은
	• 만만하지 않다 → 만만찮다	• 만만찮다
	• 변변하지 않다 → 변변찮다	• 변변찮다
	(ㄴ) '하'의 'ㅏ'가 줄고 'ㅎ'이 다음 음절의 첫소리와 어울려 거센소리로 될 적에는 거센소리로 적음.	(ㄴ) 사이ㅎ을 적음.
	• 간편하게 → 간편케	• 간편ㅎ게/간펺게
	• 가하다 → 가타	
	• 연구하도록 → 연구토록	• 연구ㅎ도록
	• 다정하다 → 다정타	• 다정ㅎ다
	• 정결하다 → 정결타	• 정결ㅎ다
	• 흔하다 → 흔타	• 흔ㅎ다/흟다
	(5) 한가지로 통일하여 적기.	
	(ㄱ) (입을) 맞추다, (양복을) 맞추다 → 맞추다	(입을) 맞추다 (양복을) 마추다
	(ㄴ) (다리를) 뻗치다, (멀리) 뻐치다 → 뻗치다	(다리를) 뻗치다 (멀리) 뻐치다
띄어쓰기 규정의 현실화	(1) 문장의 각 단어는 띄어 씀을 원칙으로 하되 조사는 앞 말에 붙여 씀.	(1) '한글 맞춤법'과 같음.
	(2) 보조 용언은 띄어 씀을 원칙으로 하되, 붙여 씀을 허용함.	(2) 보조 용언은 띄어 씀.
	• 읽어 본다, 읽어본다	• 읽어 본다
	• 밝아 온다, 밝아온다	• 밝아 온다
	• 올 듯하다, 올듯하다	• 올 듯하다
	(3) 성과 이름은 붙여 씀.	(3) 성과 이름은 띄어 씀.
	• 김철수, 최치원	• 김 철수, 최 치원
	* 다만, 성명을 구분할 필요가 있을 경우에는 띄어 쓸 수 있음.	
	• 남궁억/남궁 억(南宮億)	• 남궁 억
	• 황보지봉/황보 지봉(皇甫芝峰)	• 황보 지봉
	(4) 성명 이외의 고유 명사는 단위별로 띄어 쓸 수 있음.	(4) 단어별로 띄어 씀.
	• 대한 중학교/대한중학교	• 대한 중학교
	• 한국 대학교 사범 대학/ 한국대학교 사범대학	• 한국 대학교 사범 대학
	(5) 전문 용어는 붙여 쓸 수 있음	(5) 단어별로 띄어 씀.
	• 중거리 탄도 유도탄/중거리탄도유도탄	• 중거리 탄도 유도탄

• 국제 음성 기호/국제음성기호	• 국제 음성 기호
• 만성 골수성 백혈병/만성골수성백혈병	• 만성 골수성 백혈병
(6) 수를 적을 때는 만 단위로 띄어 씀.	(6) 수를 적을 때는 십진법에 따라 띄어 씀.
• 십육만 칠천팔백구십팔	• 십 육만 칠천 팔백 구십 팔

문자 언어(文字言語)는 음성 언어(音聲言語)에 비해 보수적인 성격을 띠는 것이다. 음성 언어와 문자 언어가 불일치하더라도 그 어원(語源)을 알기 어려울 정도로 그 형태가 변화하지 않았을 경우에는 먼 옛날 선조와 후손 간 혹은 같은 시대의 사람들 간에 원활한 의사소통을 위해서 맞춤법은 가급적 개정하지 않는 것이 바람직하다. 변화 속도가 문어(文語)보다 빠른 구어(口語)에 맞추어 변한 구어를 표기하기 위하여 맞춤법을 자주 개정하면, 후손이 선조의 기록물을 이해하는 데 어려움을 겪게 되고, 같은 시대의 사람들 간에 의사소통을 하는 데 불편을 겪게 된다.

3.2 '한글 맞춤법' 해설

제1장 총칙

제1항 한글 맞춤법은 표준어를 소리대로 적되, 어법에 맞도록 함을 원칙으로 한다.

제1항은 한글 맞춤법의 대원칙을 규정(規定)한 것이다. "표준어를 소리대로 적는다"라는 근본 원칙에 "어법에 맞도록 적는다"는 조건이 붙어 있다.

"표준어를 소리대로 적는다"라는 것은 표준어가 발음되는 형태대로 적는다는 뜻이다. 한글은 표음 문자(表音文字)이며 음소 문자이다. 따라서 자음과 모음의 결합 형식에 의하여 표준어를 소리대로 표기하는 것이 근본 원칙이다. 예를 들면 '구름', '나무', '하늘', '놀다' 등은 표준어를 소리 나는 대로 적는 형식이다.

그런데 표준어를 소리대로 적는다는 원칙만을 적용하기 어려운 경우도 있다. 예컨대 '흙'이란 단어는 그 발음 형태가 몇 가지로 나타난다.

(1) [흑기] : 흙이[흙기], 흙에[흙게], 흙을 [흘글]

(2) [흥] : 흙만[흥만]

(3) [흑] : 흙과[흑꽈], 흙도[흑또]

'흙'을 발음되는 대로 적으면, 그 뜻이 얼른 파악되지 않고, 독서의 능률이 크게 떨어진다. 그리하여 "어법에 맞도록 적는다"는 또 하나의 원칙이 붙은 것이다.

어법(語法)이란 언어를 구성하는 법칙이다. "어법에 맞도록 적는다"는 것은 독자로 하여금 뜻을 쉽게 파악하게 하기 위하여 문법에 맞게 각 형태소의 본 모양을 밝히어 적는다는 것이다. 예컨대 '(읽고)[일꼬], (읽지)[익찌], (읽는)[잉는]' 등과 같이 발음되는 단어를 '읽-'으로 쓰는 것은, 읽어[일거], 읽은[일근]을 통하여 실질 형태소(어간)의 본 모양이 '읽-'임을 알 수 있기 때문이다.

제2항 문장의 각 단어는 띄어 씀을 원칙으로 한다.

단어(單語)란 분리하여 자립적으로 쓸 수 있는 말이나, 자립할 수 있는 말의 뒤에 붙어서 문법적 기능을 나타내는 말이다.

"영주가 그 문제를 풀 수 있을 것이다."라는 문장에 쓰인 단어는 '영주', '가', '그', '문제', '를', '풀', '수', '있을', '것', '이다' 등 10개이다. '가', '를', '의', '에게', '에서', '이다' 등은 자립할 수 있는 말의 뒤에 붙어서 문법적 기능을 나타내는 말이다. 이것을 조사(助詞)라고 한다. 조사가 단어인데 앞 말에 붙여 쓰는 이유는 의존 형태소이고 형식 형태소이며 오래 전부터 붙여 써 온 전통 때문이다(한글 맞춤법 제41항 참조).

제3항 외래어는 '외래어 표기법'에 따라 적는다.

한국어의 외래어란 원래 다른 나라의 단어이던 것이 대한민국에 들어와서 한국어처럼 쓰이는 단어이다. '라디오', '텔레비전', '버스', '보스', '보일러', '컴퓨터', '토치카', '펜' 등이 그 예에 속한다. 한국어의 외래어도 한국어 어휘의 일종이기 때문에 '한글 맞춤법'에서 다루어야 한다. 그런데 외래어의 표기에서는 각 언어가 지닌 특질이 고려되어야 하므로, 외래어 표기법을 따로 정하고(1986년 1월 7일 문교부 고시), 그 규정에 따라 적도록 한 것이다.

제2장 자모

제4항 한글 자모의 수는 스물넉 자로 하고, 그 순서와 이름은 다음과 같이 정한다.

ㄱ(기역)	ㄴ(니은)	ㄷ(디귿)	ㄹ(리을)	ㅁ(미음)
ㅂ(비읍)	ㅅ(시옷)	ㅇ(이응)	ㅈ(지읒)	ㅊ(치읓)
ㅋ(키읔)	ㅌ(티읕)	ㅍ(피읖)	ㅎ(히읗)	
ㅏ(아)	ㅑ(야)	ㅓ(어)	ㅕ(여)	ㅗ(오)
ㅛ(요)	ㅜ(우)	ㅠ(유)	ㅡ(으)	ㅣ(이)

[붙임 1] 위의 자모로써 적을 수 없는 소리는 두 개 이상의 자모를 어울러서 적되, 그 순서와 이름은 다음과 같이 정한다.

ㄲ(쌍기역)	ㄸ(쌍디귿)	ㅃ(쌍비읍)	ㅆ(쌍시옷)	ㅉ(쌍지읒)	
ㅐ(애)	ㅒ(얘)	ㅔ(에)	ㅖ(예)	ㅘ(와)	ㅙ(왜)
ㅚ(외)	ㅝ(워)	ㅞ(웨)	ㅟ(위)	ㅢ(의)	

[붙임 2] 사전에 올릴 적의 자모 순서는 다음과 같이 정한다.

자음	ㄱ	ㄲ	ㄴ	ㄷ	ㄸ	ㄹ	ㅁ	ㅂ
	ㅃ	ㅅ	ㅆ	ㅇ	ㅈ	ㅉ	ㅊ	ㅋ
	ㅌ	ㅍ	ㅎ					
모음	ㅏ	ㅐ	ㅑ	ㅒ	ㅓ	ㅔ	ㅕ	ㅖ
	ㅗ	ㅘ	ㅙ	ㅚ	ㅛ	ㅜ	ㅝ	ㅞ
	ㅟ	ㅠ	ㅡ	ㅢ	ㅣ			

한글 자모(字母)의 수, 순서, 이름 등은 '한글 마춤법 통일안(1933)'에서와 마찬가지로 하였다[3]. 자음인 'ㄱ, ㄷ, ㅅ' 등의 이름은 관용을 중시하여 종래와 같이

---

3) 한글 자모의 수, 순서, 이름 등은 최세진(崔世珍)의 『훈몽자회(訓蒙字會, 1957)』에서 비롯한다. 북한에서는 'ㄱ'을 '기윽', 'ㄷ'을 '디읃', 'ㅅ'을 '시읏', 'ㄲ'을 '된기윽', 'ㄸ'을 '된디읃', 'ㅃ'을 '된비읍',

'기역, 디귿, 시옷'으로 정하였다.

　[붙임 1] 한글 자모 24자만으로 적을 수 없는 소리들을 적기 위하여, 두 개 자모를 어우른 글자인 'ㄲ, ㄸ, ㅃ, ㅆ, ㅉ', 'ㅐ, ㅒ, ㅔ, ㅖ, ㅘ, ㅚ, ㅝ, ㅟ, ㅢ' 등과, 세 개 자모를 어우른 글자인 'ㅙ, ㅞ'를 쓴다는 것을 보여 준 것이다.

　[붙임 2] 사전에 올릴 적의 자모의 순서를 명확히 하려고 제시한 것이다. 한편 받침 글자의 순서는 다음과 같다.

ㄱ	ㄲ	ㄳ	ㄴ	ㄵ	ㄶ	ㄷ	ㄹ	ㄺ	ㄻ	ㄼ	ㄽ	ㄾ	ㄿ	ㅀ
ㅁ	ㅂ	ㅄ	ㅅ	ㅆ	ㅇ	ㅈ	ㅊ	ㅋ	ㅌ	ㅍ	ㅎ			

제3장 소리에 관한 것

제1절 된소리

제5항 한 단어 안에서 뚜렷한 까닭 없이 나는 된소리는 다음 음절의 첫소리를 된소리로 적는다.

1. 두 모음 사이에서 나는 된소리

소쩍새	어깨	오빠	으뜸	아끼다
기쁘다	깨끗하다	어떠하다	해쓱하다	가끔
거꾸로	부썩	어찌	이따금	

2. 'ㄴ, ㄹ, ㅁ, ㅇ' 받침 뒤에서 나는 된소리

산뜻하다	잔뜩	살짝	훨씬
담뿍	움찔	몽땅	엉뚱하다

다만, 'ㄱ, ㅂ' 받침 뒤에서 나는 된소리는, 같은 음절이나 비슷한 음절이 겹쳐 나는 경우가 아니면 된소리로 적지 아니한다.

국수	깍두기	딱지	색시
싹둑(-싹둑)	법석	갑자기	몹시

　'ㅆ'을 '된시옷', 'ㅉ'을 '된지읒'이라고 한다.

'뚜렷한 까닭 없이 나는 된소리'란 발음할 때 된소리되기[경음화]의 규칙성이 적용되는 조건(환경)이 아님을 뜻하는 것이다. 즉 본디 예사소리인 것이 환경에 따른 변이음(變異音)인 된소리로 나타나는 현상이 아님을 뜻한다.

　된소리되기(경음화) 현상이란 파열음인 [ㄱ], [ㄷ], [ㅂ] 뒤에 오는 'ㄱ, ㄷ, ㅂ, ㅅ, ㅈ' 등이 된소리인 [ㄲ], [ㄸ], [ㅃ], [ㅆ], [ㅉ] 등으로 바뀌어 발음되는 현상이다.

　　[보기] 국도[국또], 국보[국뽀], 국수[국쑤], 맡기다[맏끼다], 갑자기[갑짜기]

　1. 한 개 형태소4) 내부의 두 모음 사이에서(곧 모음 뒤에서) 나는 된소리는 된소리로 적는다. '꾀꼬리', '메뚜기', '부뚜막', '새끼', '가꾸다', '가까이', '부쩍' 등은 모두 이 규정이 적용된다.
　2. 한 형태소 내부의 울림소리 'ㄴ, ㄹ, ㅁ, ㅇ' 뒤에서 나는 된소리는 된소리로 적는다. 받침 'ㄴ, ㄹ, ㅁ, ㅇ' 등의 뒤에 오는 'ㄱ, ㄷ, ㅂ, ㅅ, ㅈ' 등은 필수적으로 된소리인 [ㄲ], [ㄸ], [ㅃ], [ㅆ], [ㅉ] 등으로 바뀌어 발음되지 않는다. [보기] 알고[알:고], 안다[안:다]5), 알다[알:다], 알지[알:지]

제2절 구개음화

> **제6항** 'ㄷ, ㅌ' 받침 뒤에 종속적 관계를 가진 '-이(-)'나 '-히-'가 올 적에는, 그 'ㄷ, ㅌ'이 'ㅈ, ㅊ'으로 소리 나더라도 'ㄷ, ㅌ'으로 적는다. (ㄱ을 취하고, ㄴ을 버림.)
>
> | ㄱ | ㄴ | ㄱ | ㄴ |
> |---|---|---|---|
> | 맏이 | 마지 | 핥이다 | 할치다 |
> | 해돋이 | 해도지 | 걷히다 | 거치다 |
> | 굳이 | 구지 | 닫히다 | 다치다 |
> | 같이 | 가치 | 묻히다 | 무치다 |
> | 끝이 | 끄치 | | |

---

4) 형태소(形態素)란 의미를 나타내는, 가장 작은 언어 단위이다.
5) '안다'는 '알다'의 활용형이다. [보기] 나는 네가 무슨 짓을 하였는지를 안다.

'종속적(從屬的) 관계'란 실질 형태소인 체언·어근·용언 어간 등에 형식 형태소인 조사·파생 접미사·어미 등이 결합하는 관계를 뜻한다. 이 경우 형식 형태소는 실질 형태소에 종속되는 형태소이다.

실질 형태소의 끝 받침 'ㄷ', 'ㅌ' 등이 구개음화(口蓋音化)하여 각각 [ㅈ], [ㅊ]으로 발음되더라도 그 기본 형태를 밝히어 'ㄷ', 'ㅌ'으로 적는다. 그런데 제1항에서 규정한 바와 같이 형식 형태소의 경우는 변이 형태를 인정하여 소리 나는 대로 적지만, 실질 형태소의 경우는 그 본 모양을 밝히어 적는 것이 원칙이므로 'ㄷ', 'ㅌ'이 [ㅈ], [ㅊ]으로 소리 나더라도 'ㄷ', 'ㅌ'으로 적어야 한다.

이 규정은 'ㄷ', 'ㅌ', 'ㄾ' 받침 뒤에 조사나 파생 접미사인 '-이', '-히' 등이 결합되는 경우에도 적용된다('표준 발음법' 제17항 참조).

곧이(-곧대로, 듣다)	(미-, 여-)닫이	(해-)돋이
맏이	(휘-)묻이	(땀-, 물-, 씨-)받이
굳히다	닫히다	묻히다
낱낱이	(겨레-, 살-, 일가-, 피-)붙이	
샅샅이	붙이다	벼훑이
핥이다	훑이다	

제3절 'ㄷ' 소리 받침

제7항 'ㄷ' 소리로 나는 받침 중에서 'ㄷ'으로 적을 근거가 없는 것은 'ㅅ'으로 적는다.

덧저고리	돗자리	엇셈	웃어른	핫옷	무릇	사뭇
얼핏	자칫하면	뭇(衆)	옛	첫	헛	

제7항의 'ㄷ' 소리로 나는 받침이란 음절 끝소리로 발음될 때 [ㄷ]으로 실현되는 'ㅅ', 'ㅆ', 'ㅈ', 'ㅊ', 'ㅌ' 등을 말한다. 이 받침들은 뒤에 형식 형태소의 모음이 결합될 경우에는 제 음가대로 뒤 음절 첫소리로 이어져 발음되지만, 단어의 끝이나 자음 앞에서는 모두 [ㄷ]으로 발음된다. 이와 같은 현상을 '음절의 끝소리 규

칙' 혹은 '중화(中和)' 혹은 '말음 법칙(末音法則)' 또는 '받침 규칙'이라고 일컫는
다('표준 발음법' 제9항 참조).

　　제7항의 'ㄷ'으로 적을 근거가 없는 것이란 그 형태소가 'ㄷ' 받침을 가지지 않
는 것을 말한다. 예컨대 '걷-잡다(거두어 붙잡다), 곧-장(똑바로 곧게), 낟-가리
(낟알이 붙은 곡식을 쌓은 더미), 돋-보다(←도두 보다)' 등은 본디 'ㄷ' 받침을
가지고 있는 것으로 분석되고, '반짇-고리, 사흗-날, 숟-가락' 등은 'ㄹ' 받침이
'ㄷ'으로 바뀐 것이다. 이런 경우는 'ㄷ'으로 적을 근거가 있는 것이다. 그러나 '갓
-스물', '걸핏-하면', '그-까짓', '기껏', '놋-그릇', '덧-셈', '빗장'6), '삿대', '숫-접
다7)', '자칫', '짓-밟다', '풋-고추', '햇-곡식' 등은 'ㄷ'으로 적을 근거가 없는 것이
다. 표준어를 소리 나는 대로 적는다는 원칙을 적용하면 '덛쩌고리', '돋짜리', '얻
쎔' 등과 같이 적어야 할 것이지만, 종래의 관용 형식에 따라 '덧저고리', '돗자리',
'엇셈' 등의 받침은 'ㄷ'으로 적을 근거가 없기 때문에 'ㅅ'으로 적기로 한 것이다.
표기법은 보수성을 지닌 것이어서 특별한 이유가 없는 한 재래의 형식을 바꾸지
않는 것이 통례로 되어 있다.

제4절 모음

제8항 '계, 례, 몌, 폐, 혜'의 'ㅖ'는 'ㅔ'로 소리 나는 경우가 있더라도 'ㅖ'로 적는다.
(ㄱ을 취하고, ㄴ을 버림.)

ㄱ	ㄴ	ㄱ	ㄴ
계수(桂樹)	계수	혜택(惠澤)	헤택
사례(謝禮)	사레	계집	게집
연몌(連袂)	연메	핑계	핑게
폐품(廢品)	페품	계시다	게시다

다만, 다음 말은 본음대로 적는다.

게송(偈頌)8)	게시판(揭示板)	휴게실(休憩室)

---

6) 빗장: '문빗장'의 준말. '문빗장'은 '문을 닫고 가로질러 잠그는 막대기나 쇠 장대'를 뜻함.
7) 숫접다: 순박하고 수줍어하는 태도가 있다.

오늘날 '계', '례', '몌', '폐', '혜'는 [게], [레], [메], [페], [헤]로 발음되고 있다. 곧 '예' 이외의 음절에 쓰이는 이중 모음 'ㅖ'는 단모음화하여 [ㅔ]로 발음되고 있는 것이다('표준 발음법' 제5항 다만 2 참조). 그러나 철자 형태와 발음 형태가 반드시 일치하는 것은 아니고, 또 사람들의 인식이 'ㅖ'형으로 굳어져 있어서 그대로 'ㅖ'로 적기로 한 것이다.

다만 한자 '偈(게)', '揭(게)', '憩(게)' 등은 본음대로 'ㅔ'로 적는다.

제9항 '의'나, 자음을 첫소리로 가지고 있는 음절의 'ㅢ'는 'ㅣ'로 소리 나는 경우가 있더라도 'ㅢ'로 적는다. (ㄱ을 취하고, ㄴ을 버림.)

ㄱ	ㄴ	ㄱ	ㄴ
의의(意義)	의이	닁큼	닝큼
본의(本義)	본이	띄어쓰기	띠어쓰기
무늬[紋]	무니	씌어	씨어
보늬	보니	틔어	티어
오늬	오니	희망(希望)	히망
하늬바람	하니바람	희다	히다
늴리리	닐리리	유희(遊戲)	유히

제9항은 이중 모음 'ㅢ'와 단모음인 'ㅣ'가 변별적(辨別的) 특징을 가지고 있으며, 현실성보다 보수성을 중시하는 표기법에서는 변화의 추세를 그대로 반영할 수는 없는 것이므로 'ㅢ'가 [ㅣ]로 발음되는 경향이 있더라도 'ㅢ'로 적기로 규정한 것이다.

제5절 두음 법칙

제10항 한자음 '녀, 뇨, 뉴, 니'가 단어 첫머리에 올 적에는 두음 법칙에 따라 '여, 요, 유, 이'로 적는다. (ㄱ을 취하고, ㄴ을 버림.)

---

8) 게송(偈頌): 부처의 공덕을 찬미하는 노래.

ㄱ	ㄴ	ㄱ	ㄴ
여자(女子)	녀자	유대(紐帶)	뉴대
연세(年歲)	년세	이토(泥土)	니토
요소(尿素)	뇨소	익명(匿名)	닉명

다만, 다음과 같은 의존 명사에서는 '냐, 녀' 음을 인정한다.

냥(兩)	냥쭝(兩-)	년(年) (몇 년)

[붙임 1] 단어의 첫머리 이외의 경우에는 원음대로 적는다.

남녀(男女)	당뇨(糖尿)	결뉴(結紐)	은닉(隱匿)

[붙임 2] 접두사처럼 쓰이는 한자가 붙어서 된 말이나 합성어에서, 뒷말의 첫소리가 'ㄴ' 소리로 나더라도 두음 법칙에 따라 적는다.

신여성(新女性)	공염불(空念佛)	남존여비(男尊女卑)

[붙임 3] 둘 이상의 단어로 이루어진 고유명사를 붙여 쓰는 경우에도 [붙임 2]에 준하여 적는다.

한국여자대학	대한요소비료회사

제10항은 두음 법칙(頭音法則)에 따라 표기하는 것에 관한 규정이다. 두음 법칙이란 일부 소리가 단어의 첫머리에 발음되는 것을 꺼려 다른 소리로 발음되는 것이다. 'ㅣ, ㅑ, ㅕ, ㅛ, ㅠ' 등의 앞에서의 'ㄴ'과 'ㄹ'이 'ㅇ'이 되거나, 'ㅏ, ㅓ, ㅗ, ㅜ, ㅡ, ㅐ, ㅔ, ㅚ' 등의 앞의 'ㄹ'은 'ㄴ'으로 변하는 것이다.

[보기] 여자(女子) → 여자, 리론(理論) → 이론, 로동(勞動) → 노동

다만 단위 명사인 '냥(←兩), 냥쭝(←兩-), 년(年)' 등은 그 앞의 말과 연결되어 하나의 단위를 구성하는 것이므로 두음 법칙을 적용하지 않고 소리 나는 대로 적기로 한 것이다('한글 맞춤법' 제23항 참고).

금 한 냥, 은 두 냥쭝, 십 년

'년(年)'이 '연 3회'처럼 '한 해 (동안)'란 뜻을 표시하는 경우에는 단위 명사가

아니므로 두음 법칙이 적용된다.

　[붙임 1] 단어 첫머리가 아닌 경우에는 두음 법칙이 적용되지 않으므로 원음대로 적는 것이다.

　　　소녀(少女)　　　만년(晩年)　　　배뇨(排尿)9)　　　결뉴(結紐)
　　　비구니(比丘尼)10)　운니(雲泥)11)　　은닉(隱匿)12)　　탐닉(耽溺)13)

　[붙임 2] '접두사처럼 쓰이는 한자'란 접두사로 간주하기 어려운 한자어 형태소를 뜻한다. 독립성이 있는 단어에 접두사처럼 쓰이는 한자어 형태소가 결합하여 된 단어나, 두 개의 어근이 결합하여 형성된 합성어의 경우 뒤의 단어에는 두음 법칙이 적용된다. '신-여성(新女性)', '구-여성(舊女性)', '공-염불(空念佛)' 등은 독립성이 있는 단어인 '여성', '염불'에 접두사적 성격의 한자어 형태소인 '신(新)-', '구(舊)-', '공(空)-' 등이 결합된 단어이므로 '신녀성', '구녀성', '공념불'로 적지 않고, '신여성(新女性)', '구여성(舊女性)', '공염불(空念佛)' 등으로 적는다. '남존여비(男尊女卑)'는 '남존(男存)'과 '여비(女卑)'가 결합되어 형성된 합성어이고, '남부여대(男負女戴)'14)는 '남부(男負)'와 '여대(女戴)'가 결합되어 생성된 합성어이므로 '남존녀비', '남부녀대' 등으로 표기하지 않는다.
　'신년도(新年度)'15), '구년도(舊年度)' 등은 '신년-도', '구년-도' 등으로 분석되는 구조이므로 이 규정이 적용되지 않는다.

---

9) 배뇨(排尿): 오줌을 몸 밖으로 내보내는 것.
10) 비구니(比丘尼): 여자 승려.
11) 운니(雲泥): 구름과 진흙이라는 뜻으로, 차이가 매우 심함을 이르는 말.
12) 은닉(隱匿): 남의 물건이나 범죄인을 감추는 것.
13) 탐닉(耽溺): 어떤 일에 강한 흥미나 즐거움을 느껴 헤어나기 어려운 상태가 되는 것.
14) 남부여대(男負女戴): 남자는 지고 여자는 진다는 뜻. 가난한 사람이 살 곳을 찾아 이리저리 떠돌아다니는 것을 이르는 말.
15) 년도(年度): 일정한 기간 단위로서의 어느 한 해. [보기] 2020 년도 출생자, 2020 년도 결산.
　　연도(年度): 사무·회계 결산 등의 처리를 위하여 편의상 구분한 1년 동안의 기간. [보기] 회계 연도, 졸업 연도, 제작 연도.

[붙임 3] 둘 이상의 단어로 이루어진 고유 명사를 붙여 쓰는 경우에도, '한국 여자 약사회 → 한국여자약사회'처럼 결합된 각 단어를 두음 법칙에 따라 적는다. 이것은 합성어의 경우에 준하는 형식이다.

제11항 한자음 '랴, 려, 례, 료, 류, 리'가 단어의 첫머리에 올 적에는 두음 법칙에 따라 '야, 여, 예, 요, 유, 이'로 적는다. (ㄱ을 취하고, ㄴ을 버림.)

ㄱ	ㄴ	ㄱ	ㄴ
양심(良心)	량심	용궁(龍宮)	룡궁
역사(歷史)	력사	유행(流行)	류행
예의(禮儀)	례의	이발(理髮)	리발

다만, 다음과 같은 의존 명사는 본음대로 적는다.

리(里) : 몇 리냐?
리(理) : 그럴 리가 없다.

[붙임 1] 단어의 첫머리 이외의 경우에는 본음대로 적는다.

개량(改良)	선량(善良)	수력(水力)	협력(協力)
사례(謝禮)	혼례(婚禮)	와룡(臥龍)	쌍룡(雙龍)
하류(下流)	급류(急流)	도리(道理)	진리(眞理)

다만, 모음이나 'ㄴ' 받침 뒤에 이어지는 '렬, 률'은 '열, 율'로 적는다. (ㄱ을 취하고 ㄴ을 버림.)

ㄱ	ㄴ	ㄱ	ㄴ
나열(羅列)	나렬	진열(陳列)	진렬
치열(齒列)	치렬	선율(旋律)	선률
비열(卑劣)	비렬	비율(比率)	비률
규율(規律)	규률	실패율(失敗率)	실패률
분열(分裂)	분렬	전율(戰慄)	전률
선열(先烈)	선렬	백분율(百分率)	백분률

[붙임 2] 외자로 된 이름을 성에 붙여 쓸 경우에도 본음대로 적을 수 있다.

신립(申砬)	최린(崔麟)
채륜(蔡倫)	하륜(河崙)

[붙임 3] 준말에서 원음으로 소리 나는 것은 본음대로 적는다.

국련(국제연합)	대한교련(대한교육연합회)

[붙임 4] 접두사처럼 쓰이는 한자가 붙어서 된 말이나 합성어에서 뒷말의 첫소리가 'ㄴ' 또는 'ㄹ' 소리로 나더라도 두음 법칙에 따라 적는다.

역이용(逆利用)	연이율(年利率)
열역학(熱力學)	해외여행(海外旅行)

[붙임 5] 둘 이상의 단어로 이루어진 고유 명사를 붙여 쓰는 경우나 십진법에 따라 쓰는 수(數)도 [붙임 4]에 준하여 적는다.

서울여관	신흥이발관	육천육백육십육(六千六百六十六)

제11항도 두음 법칙에 따라 표기하는 것에 관한 규정이다. 본음이 '랴', '려', '례', '료', '류', '리' 등인 한자(漢字)가 단어의 첫머리에 놓일 때는 두음 법칙에 따라 '야', '여', '예', '요', '유', '이' 등으로 적는다.

단위 명사인 '량(輛)', '리(理, 里, 厘)' 등은 두음 법칙과 관계없이 원음대로 적는다.

객차(客車) 오십 량(輛)　　　　2푼 5리(厘)

[붙임 1] 다만 모음이나 'ㄴ' 받침 뒤에 결합되는 '렬(列, 烈, 裂, 劣)', '률(律, 率, 栗, 慄)'은 관용에 따라 각각 '열', '율'로 적기로 규정한 것이다.

나열(羅列)[16]	서열(序列)	분열(分列)	전열(前列)
의열(義烈)	치열(熾烈)	선열(先烈)	사분오열(四分五裂)
균열(龜裂)	분열(分裂)	비열(卑劣)	우열(優劣)
천열(賤劣)	규율(規律)	자율(自律)	운율(韻律)
선율(旋律)	비율(比率)	이율(利率)	백분율(百分率)
외율(煨栗)	조율(棗栗)	전율(戰慄)	

---

16) 한자어 '羅列'을 남한에서는 '나열'로 표기하는데, 북한에서는 '라렬'로 표기한다. 북한의 맞춤법 (2010) 제25항에서는 "한자말은 소리마디마다 해당 한자음대로 적는 것을 원칙으로 한다."라고

[붙임 2] "적을 수 있다."라는 말은 "적는 것을 허용한다."는 것이다. 사람의 이름도 두음 법칙에 따라 표기하는 것이 원칙인데, 외자로 된 이름을 성(姓)에 붙여 쓰는 경우 원음대로 적는 것을 허용한 것이다. 그러나 두 글자 이름의 경우에는 '박린수(朴麟洙)'는 '박인수'로, '김륜식(金倫植)'은 '김윤식'으로 적어야 한다.

[붙임 3] 둘 이상의 단어로 이루어진 말이 줄어져서 두 개 단어로 인식되지 않는 것은, 뒤 한자의 음을 본음대로 적는다. 이 경우 뒤의 한자는 하나의 단어가 아니기 때문에 두음 법칙이 적용되지 않는다.

    국제 연합(두 개 단어) → 국련(國聯)(두 단어로 인식되지 않음.)
    교육 연합회(두 개 단어) → 교련(敎聯)(두 단어로 인식되지 않음.)

[붙임 4] 독립성이 있는 단어에 접두사처럼 쓰이는 한자어 형태소가 결합하여 형성된 단어나, 두 개의 어근이 결합하여 형성된 합성어의 경우 뒤의 단어에는 두음 법칙이 적용된다.
　　독립성이 있는 단어에 접두사처럼 쓰이는 한자어 형태소가 결합하여 형성된 단어의 예는 다음과 같다.

    몰-이해(沒理解)   과-인산(過燐酸)
    가-영수(假領收)   등-용문(登龍門)
    불-이행(不履行)   사-육신(死六臣)
    생-육신(生六臣)   선-이자(先利子)

　합성어의 보기는 다음과 같다.

    낙화-유수(落花流水)[17]   무실-역행(務實力行)[18]

　규정하고 있다.
17) 낙화유수(落花流水): 떨어지는 꽃과 흐르는 물. '流'의 원음은 '류'임.
18) 무실역행(務實力行): 참되고 실속 있도록 힘써 실행하는 것. '力'의 원음은 '력'임.

사람들의 발음 습관이 본음의 형태로 굳어져 있는 것은 예외 형식을 인정한다.

미-립자(微粒子)	소-립자(素粒子)
수-류탄(手榴彈), 총-유탄(銃榴彈)	파-렴치(破廉恥), 몰-염치(沒廉恥)

　다만 고유어 뒤에 한자어가 결합한 경우는 뒤의 한자어 형태소가 하나의 단어로 인식되므로 두음 법칙을 적용하여 적는다.

개-연(蓮)	구름-양(量)[雲量(운량)]
허파숨-양(量[肺活量(폐활량)]	숫-용[雄龍(웅룡)]

　[붙임 5] '광천-여관', '홍성-이발소'과 같이 둘 이상의 단어로 이루어진 고유 명사를 붙여 쓰는 경우나, 십진법에 따라 표기하는 수(數)도 두음 법칙에 따라 적는다. '육천육백육십육(六千六百六十六)'에 쓰인 '六(육)'의 원음은 '륙'이다.

제12항 한자음 '라, 래, 로, 뢰, 루, 르'가 단어의 첫머리에 올 적에는 두음 법칙에 따라 '나, 내, 노, 뇌, 누, 느'로 적는다. (ㄱ을 취하고, ㄴ을 버림.)

ㄱ	ㄴ	ㄱ	ㄴ
낙원(樂園)	락원	뇌성(雷聲)	뢰성
내일(來日)	래일	누각(樓閣)	루각
노인(老人)	로인	능묘(陵墓)	릉묘

[붙임 1] 단어의 첫머리 이외의 경우에는 본음대로 적는다.

쾌락(快樂)	극락(極樂)	거래(去來)	왕래(往來)
부로(父老)	연로(年老)	지뢰(地雷)	낙뢰(落雷)
고루(高樓)	광한루(廣寒樓)	동구릉(東九陵)	가정란(家庭欄)

[붙임 2] 접두사처럼 쓰이는 한자가 붙어서 된 단어는 뒷말을 두음 법칙에 따라 적는다.

내내월(來來月)	상노인(上老人)
중노동(重勞動)	비논리적(非論理的)

　제12항도 두음 법칙에 따라 표기하는 것에 관한 규정이다. 본음이 '라', '래',

'로', '뢰', '루', '르' 등인 한자(漢字)가 단어의 첫머리에 놓일 때는 두음 법칙에 따라 '나', '내', '노', '뇌', '누', '느' 등으로 적기로 규정한 것이다.

[붙임 1] 단어의 첫머리 이외의 경우는 두음 법칙이 적용되지 않으므로 본음대로 적는다. '동구릉(東九陵)', '왕릉(王陵)', '정릉(貞陵)', '태릉(泰陵)' 등에 쓰인 '릉(陵)'이나, '독자란(讀者欄)', '비고란(備考欄)' 등에 쓰인 '란(欄)'은 한 음절로 된 한자어 형태소로서 한자어 뒤에 결합할 때에는 하나의 단어로 인식되지 않기 때문에 본음대로 적는다.

강릉(江陵)	광릉(光陵)	서오릉(西五陵)
공란(空欄)	답란(答欄)	투고란(投稿欄)

다만 '어린이-난, 어머니-난, 가십(gossip)-난' 등과 같이 고유어나 인구어 계통의 외래어 뒤에 결합하는 경우에는 제11항 [붙임 4]에서 보인 '개-연(蓮)', '구름-양(量)' 등과 같이 두음 법칙을 적용하여 적는다.

[붙임 2] 접두사처럼 쓰이는 한자어 형태소가 결합하여 형성된 단어는 두음 법칙에 따라 적는다. 다음 단어들에 쓰인 '반(半)', '실(失)', '중(中)' 등은 접두사처럼 쓰인 것이다.

반-나체(半裸體)	실-낙원(失樂園)	중-노인(中老人)

제6절 겹쳐 나는 소리

제13항 한 단어 안에서 같은 음절이나 비슷한 음절이 겹쳐 나는 부분은 같은 글자로 적는다. (ㄱ을 취하고, ㄴ을 버림.)

ㄱ	ㄴ	ㄱ	ㄴ
딱딱	딱닥	꼿꼿하다	꼿곳하다
쌕쌕	쌕색	놀놀하다	놀롤하다
씩씩	씩식	눅눅하다	눙눅하다

똑딱똑딱	똑닥똑닥	밋밋하다	민밋하다
쓱싹쓱싹	쓱삭쓱삭	싹싹하다	싹삭하다
연연불망(戀戀不忘)	연련불망	쌉쌀하다	쌉살하다
유유상종(類類相從)	유류상종	씁쓸하다	씁슬하다
누누이(屢屢-)	누루이	짭짤하다	짭잘하다

'딱딱', '쌕쌕', '씩씩', '똑딱똑딱', '쓱싹쓱싹' 등은 의성어이다. '딱딱'은 '딱'의 첩어(疊語)이고, '쌕쌕'은 '쌕'의 첩어이며, '씩씩'은 '씩'의 첩어이다. '똑딱똑딱'은 '똑딱'의 첩어이고, '쓱싹쓱싹'은 '쓱싹'의 첩어이다.

'연연불망', '유유상종', '누누이' 등은 제11항 [붙임 1] 규정을 적용하면 '연련(-불망)', '유류(-상종)', '누루(-이)'로 적을 것인데, 사람들의 발음 형태가 [여:년-], [유유-], [누:누-]로 굳어져 있는 것이므로 관용 형태를 취하여 '연연-', '유유-', '누누-' 등으로 적는다.

그러나 그 밖의 경우는 제2 음절 이하에서 본음대로 적는 것이 원칙이다.

낭랑(朗朗)하다	냉랭(冷冷)하다	녹록(碌碌/錄錄)하다
늠름(凜凜)하다	연년생(年年生)	염념불망(念念不忘)
역력(歷歷)하다	인린(燐燐)하다	적나라(赤裸裸)하다

제4장 형태에 관한 것

제1절 체언과 조사

제14항 체언은 조사와 구별하여 적는다.

떡이	떡을	떡에	떡도	떡만
손이	손을	손에	손도	손만
팔이	팔을	팔에	팔도	팔만
밤이	밤을	밤에	밤도	밤만
집이	집을	집에	집도	집만
옷이	옷을	옷에	옷도	옷만
콩이	콩을	콩에	콩도	콩만

낮이	낮을	낮에	낮도	낮만
꽃이	꽃을	꽃에	꽃도	꽃만
밭이	밭을	밭에	밭도	밭만
앞이	앞을	앞에	앞도	앞만
밖이	밖을	밖에	밖도	밖만
넋이	넋을	넋에	넋도	넋만
흙이	흙을	흙에	흙도	흙만
삶이	삶을	삶에	삶도	삶만
여덟이	여덟을	여덟에	여덟도	여덟만
곬이	곬을	곬에	곬도	곬만
값이	값을	값에	값도	값만

체언(體言)이란 명사·대명사·수사를 통틀어 이르는 말이다. 조사(助詞)란 체언이나 용언의 명사형에 연결되어 그 체언이나 용언의 명사형이 문장 내의 다른 단어와 맺는 관계를 나타내거나, 체언·용언·부사 등에 연결되어 그것들의 뜻을 한정하거나, 선행어를 후행어에 접속하여 주는 기능을 하는 품사이다.

제14항은 체언과 조사의 각 형태를 고정해서 표기하도록 규정한 것이다. 예컨대 '닭'에 조사가 결합한 형태를 소리 나는 대로 적는다면, '닭이'가 '달기'로, '닭을'이 '달글'로, '닭도'가 '닥또'로, '닭만'이 '당만' 등과 같이 되어서 체언과 조사의 본 형태가 어떤 것인지 또 체언과 조사와의 경계가 어디인지 알아보기가 어렵게 된다. 일정한 체언과 조사의 형태가 여러 가지로 표기되면 문장의 의미를 파악하기가 어렵다. 그리하여 체언과 조사의 각 형태를 고정하여 표기하도록 규정한 것이다.

제2절 어간과 어미

제15항 용언의 어간과 어미는 구별하여 적는다.

울다	울고	울어	(우니)
넘다	넘고	넘어	넘으니
입다	입고	입어	입으니
웃다	웃고	웃어	웃으니
찾고	찾고	찾아	찾으니

좇다	좇고	좇아	좇으니
먹다	먹고	먹어	먹으니
신다	신고	신어	신으니
믿다	믿고	믿어	믿으니
같다	같고	같아	같으니
놓다	놓고	놓아	놓으니
좋다	좋고	좋아	좋으니
깎다	깎고	깎아	깎으니
앉다	앉고	앉아	앉으니
많다	많고	많아	많으니
늙다	늙고	늙어	늙으니
젊다	젊고	젊어	젊으니
넓다	넓고	넓어	넓으니
훑다	훑고	훑어	훑으니
읊다	읊고	읊어	읊으니
옳다	옳고	옳아	옳으니
없다	없고	없어	없으니
있다	있고	있어	있으니

[붙임 1] 두 개의 용언이 어울려 한 개의 용언이 될 적에, 앞말의 본뜻이 유지되고 있는 것은 그 원형을 밝히어 적고, 그 본뜻에서 멀어진 것은 밝히어 적지 아니한다.

(1) 앞말의 본뜻이 유지되고 있는 것

넘어지다	늘어나다	늘어지다	돌아가다
되짚어가다	들어가다	떨어지다	벌어지다
엎어지다	접어들다	틀어지다	흩어지다

(2) 본뜻에서 멀어진 것

드러나다	사라지다	쓰러지다

[붙임 2] 종결형에서 사용되는 어미 '-오'는 '요'로 소리 나는 경우가 있더라도 그 원형을 밝혀 '오'로 적는다. (ㄱ을 취하고, ㄴ을 버림.)

ㄱ	ㄴ
이것은 책이오. 이리로 오시오. 이것은 책이 아니오.	이것은 책이요. 이리로 오시요. 이것은 책이 아니요.

[붙임 3] 연결형에서 사용되는 '이요'는 '이요'로 적는다. (ㄱ을 취하고, ㄴ을 버림.)	
ㄱ	이것은 책이요, 저것은 붓이요, 또 저것은 먹이다.
ㄴ	이것은 책이오, 저것은 붓이오, 또 저것은 먹이다.

용언(用言)이란 동사와 형용사를 통틀어 이르는 말이다. 어간(語幹)은 용언이 활용할 때 변하지 않는 부분이고, 어미(語尾)는 용언이 활용할 때 변하는 부분이다. '먹다', '먹고', '먹느냐', '먹어라', '먹자', '먹는', '먹을' 등에서 '먹-'이 어간이고, '-다', '-고', '-느냐', '-어라', '-자', '-는', '-을' 등이 어미이다.

제15항은 제14항과 같이 실질 형태소인 어간의 형태를 고정시키고, 형식 형태소인 어미도 모든 어간에 공통적으로 결합하는 통일된 형식을 유지시켜 적기로 한 것이다. 동사의 어간 '밝-'에 어미가 결합한 형태를 소리 나는 대로 적으면 다음과 같다.

① ⌈ 발꼬
  ⌊ 발께

② ⌈ 박찌
  ⌊ 박쏘

③ ⌈ 방는
  ⌊ 방네

④ ⌈ 발그니
  ⌊ 발가서

용언의 어간과 어미의 형태를 고정하여 표기하지 않고 소리 나는 대로 표기하면 어간과 어미를 분명히 구별하기가 어렵다.

어간과 어미의 형태를 분명히 구별하여 '밝고', '밝게', '밝지', '밝는', '밝네', '밝으니', '밝아서' 등과 같이 표기하면, 어간의 어휘적 의미와 어미의 문법적 의미를 쉽게 파악할 수 있다.

[붙임 1] '본뜻에서 멀어진 것'이란 그 단어가 단독으로 쓰일 때 표시되는 어휘적 의미가 제대로 인식되지 못하거나 변화되었음을 뜻한다.

[붙임 1] (2)의 규정이 적용되는 단어로는 '나타나다', '바라보다', '바라지다'[19], '배라먹다'[20], '부서지다', '불거지다', '부러지다', '자라나다', '자빠지다', '토라지다'[21] 등도 있다.

---

19) 바라지다: 갈라져서 사이가 뜨다.
20) 배라먹다: 남에게 구걸하여 거저 얻어먹다.

[붙임 2] 종결 어미 '-오'는 예사높임을 나타내는 것이다. 따라서 "이것은 사람이오."에 쓰인 종결 어미 '-오'가 [요]로 발음되더라도 '-오'로 표기하여야 한다. "이것을 잡아요."라는 문장에 쓰인 서술어 '잡아' 뒤에 결합된 '요'는 청자를 존대하는 보조사이다.

　　[붙임 3] 오늘날 연결형은 '이요'로, 종지형은 '이오'로 적고 있어서 관용 형태를 취한 것이다. 연결형의 경우는 옛말에서 '이고'의 'ㄱ'이 묵음화(默音化)하여 '이오'로 굳어진 것이 [이요]로 발음되는 대로 표기하기로 한 것이다.

제16항 어간의 끝 음절 모음이 'ㅏ, ㅗ'일 때에는 어미를 '-아'로 적고, 그 밖의 모음일 때에는 '-어'로 적는다.

1. '-아'로 적는 경우

나아	나아도	나아서
막아	막아도	막아서
앉아	앉아도	앉아서
돌아	돌아도	돌아서
보아	보아도	보아서

2. '-어'로 적는 경우

개어	개어도	개어서
겪어	겪어도	겪어서
되어	되어도	되어서
베어	베어도	베어서
쉬어	쉬어도	쉬어서
저어	저어도	저어서
주어	주어도	주어서
피어	피어도	피어서
희어	희어도	희어서

　　어간 끝 음절의 모음이 양성 모음인 'ㅏ', 'ㅑ', 'ㅗ' 등일 때는 어미를 '-아' 로

---

21) 토라지다: ①먹은 음식이 체하여 제대로 삭지 못하고 신트림이 나다. ②마음에 들지 아니하고 뒤틀리어서 싹 돌아서다.

적고, 음성 모임인 'ㅐ', 'ㅓ', 'ㅔ', 'ㅕ', 'ㅚ', 'ㅜ', 'ㅟ', 'ㅡ', 'ㅢ', 'ㅣ' 등일 때는 '-어'로 적는다. 이것은 모음 조화(母音調和)의 규칙성에 따른 구별이다. 모음 조화란 양성 모음은 양성 모음끼리 음성 모음은 음성 모음끼리 어울리는 현상이다.

제17항 어미 뒤에 덧붙는 조사 '요'는 '요'로 적는다.

읽어	읽어요
참으리	참으리요
좋지	좋지요

'요'는 종결 어미 뒤에 결합하여 청자를 존대함을 나타내는 보조사이다.

    (ㄱ) 어머니, 학교에 다녀오겠어**요**.

    (ㄴ) 이 물건이 가장 비싸지**요**?

조사 '요'는 체언, 부사어, 연결어미 등의 뒤에 결합되기도 한다.

    (ㄱ) (누가 이 문제를 풀어 보겠어요?) 저**요**.

    (ㄴ) (얼마나 줄까요?) 많이**요**.

    (ㄷ) 어제 밥을 많이 먹어서**요** (배탈이 났어요.)

제18항 다음과 같은 용언들은 어미가 바뀔 경우, 그 어간이나 어미가 원칙에 벗어나면 벗어나는 대로 적는다.

1. 어간의 끝 'ㄹ'이 줄어질 적

갈다 :	가니	간	갑니다	가시다	가오
놀다 :	노니	논	놉니다	노시다	노오
불다 :	부니	분	붑니다	부시다	부오
둥글다 :	둥그니	둥근	둥급니다	둥그시다	둥그오
어질다 :	어지니	어진	어집니다	어지시다	어지오

[붙임] 다음과 같은 말에서도 'ㄹ'이 준 대로 적는다.

마지못하다	마지않다
(하)다마다	(하)자마자
(하)지 마라	(하)지 마(아)

2. 어간의 끝 'ㅅ'이 줄어질 적

긋다 :	그어	그으니	그었다
낫다 :	나아	나으니	나았다
잇다 :	이어	이으니	이었다
짓다 :	지어	지으니	지었다

3. 어간의 끝 'ㅎ'이 줄어질 적

그렇다 :	그러니	그럴	그러면	그럽니다	그러오
까맣다 :	까마니	까말	까마면	까맙니다	까마오
동그랗다 :	동그라니	동그랄	동그라면	동그랍니다	동그라오
퍼렇다 :	퍼러니	퍼럴	퍼러면	퍼럽니다	퍼러오
하얗다 :	하야니	하얄	하야면	하얍니다	하야오

4. 어간의 끝 'ㅜ, ㅡ'가 줄어질 적

푸다 :	퍼	펐다
뜨다 :	떠	떴다
끄다 :	꺼	껐다
크다 :	커	컸다
담그다 :	담가	담갔다
고프다 :	고파	고팠다
따르다 :	따라	따랐다
바쁘다 :	바빠	바빴다

5. 어간의 끝 'ㄷ'이 'ㄹ'로 바뀔 적

걷다[步] :	걸어	걸으니	걸었다
듣다[聽] :	들어	들으니	들었다
묻다[問] :	물어	물으니	물었다
싣다[載] :	실어	실으니	실었다

6. 어간의 끝 'ㅂ'이 'ㅜ'로 바뀔 적

깁다 :	기워	기우니	기웠다
굽다[炙] :	구워	구우니	구웠다
가깝다 :	가까워	가까우니	가까웠다
괴롭다 :	괴로워	괴로우니	괴로웠다
맵다 :	매워	매우니	매웠다
무겁다 :	무거워	무거우니	무거웠다
밉다 :	미워	미우니	미웠다 ·
쉽다 :	쉬워	쉬우니	쉬웠다

다만, '돕-, 곱-'과 같은 단음절 어간에 어미 '-아'가 결합되어 '와'로 소리 나는 것은 '-와'로 적는다.

돕다[助] : 곱다[麗] :	도와 고와	도와서 고와서	도와도 고와도	도왔다 고왔다

7. '하다'의 활용에서 어미 '-아'가 '-여'로 바뀔 적

하다 :	하여	하여서	하여도	하여라	하였다

8. 어간의 끝 음절 '르' 뒤에 오는 어미 '-어'가 '-러'로 바뀔 적

이르다[至] :	이르러	이르렀다
노르다 :	노르러	노르렀다
누르다 :	누르러	누르렀다
푸르다 :	푸르러	푸르렀다

9. 어간의 끝 음절 '르'의 '—'가 줄고, 그 뒤에 오는 어미 '-아/-어'가 '-라/-러'로 바뀔 적

가르다 :	갈라	갈랐다
부르다 :	불러	불렀다
거르다 :	걸러	걸렀다
오르다 :	올라	올랐다
구르다 :	굴러	굴렀다
이르다 :	일러	일렀다
벼르다 :	별러	별렀다
지르다 :	질러	질렀다

용언의 활용의 체계에는 다음과 같은 원칙이 있다.

    (1) 어간의 모양은 바뀌지 않고, 어미만이 교체된다(변화한다).
    (2) 어미는 모든 어간에 공통되는 형식으로 결합한다.

'원칙에 벗어나면'이란 이상의 이 두 가지 원칙에 벗어남을 뜻하는 것이다. 이와 같은 원칙에 벗어나는 용언을 '불규칙 용언'이라고 한다. 불규칙 용언은 다음과 같이 세 가지 유형으로 나뉜다.

① 어간이 불규칙적으로 활용하는 것
② 어미가 불규칙적으로 활용하는 것
③ 어간과 어미가 불규칙적으로 활용하는 것

제18항 1~6은 어간이 불규칙적으로 활용하는 용언의 표기에 관한 규정이고, 제18항 7과 8은 어미가 불규칙적으로 활용하는 용언의 표기에 관한 규정이며, 제18항 9는 어간과 어미가 불규칙적으로 활용하는 용언의 표기에 관한 규정이다.

1. 어간 끝 받침 'ㄹ'이 어미의 첫소리 'ㄴ', 'ㅂ', 'ㅅ' 및 '-(으)오', '-(으)ㄹ' 앞에서 줄어지는 경우 준 대로 적는다. 이와 같은 용언을 'ㄹ' 불규칙 용언이라고 한다.

살다— (살네) 사네	(살세) 사세	(살으오) 사오
(살을수록) 살수록		
빌다— (빌네) 비네	(빌세) 비세	(빌으오) 비오
(빌읍시다) 빕시다	(빌을뿐더러) 빌뿐더러	

어간 끝 받침이 'ㄹ'인 용언은 모두 이것에 해당한다.

[붙임] 어간의 끝 받침 'ㄹ'은 'ㄷ', 'ㅈ', '아' 앞에서 줄지 않는 것이 원칙인데, 관용상 'ㄹ'이 줄어진 형태가 굳어져 쓰이는 것은 준 대로 적는다.

(-다 말다) -다마다	(말지 못하다) 마지못하다
(멀지 않아) 머지않아	(-자 말자) -자마자
(-지 말아) -지 마(아)	(-지 말아라) -지 마라

'(-지 말아라 →) -지 마라'의 경우는 어간 '말-'의 끝 받침 'ㄹ'과 어미 '-아'가 함께 줄어지는 형태이다. 그런데 문어체(文語體) 명령형이나 간접 인용법의 형식에서는 '말라'가 사용된다.

(가지 말아라) 가지 말라. 읽지 말라고 하였다.

2. 어간 끝 받침 'ㅅ'이 모음으로 시작하는 어미 앞에서 줄어지는 경우 준 대로

적는다. 어간 끝에 'ㅅ' 받침을 가진 용언 중에서 '긋다', '낫다', '붓다', '잇다', '잣다', '젓다', '짓다' 등이 이에 해당된다. 이것들을 'ㅅ' 불규칙 용언이라고 일컫는다. 규칙 용언인 '벗다', '빗다', '빼앗다', '솟다', '씻다', '웃다' 등은 'ㅅ' 받침이 줄어지지 않는다.

> 짓다 ― (짓으니) 지으니, (짓어도) 지어도, (짓었다) 지었다
> 벗다 ― 벗으니, 벗어도, 벗었다

3. 형용사의 어간 끝 받침 'ㅎ'이 어미 '-네'나 모음 앞에서 줄어지는 경우 준대로 적는다. 이와 같은 용언을 'ㅎ' 불규칙 형용사라고 한다. 어간 끝에 'ㅎ'받침을 가진 형용사 가운데 '좋다' 이외의 단어는 모두 이에 해당된다.

> 빨갛다 ―   (빨갛네) 빨가네   (빨갛은) 빨간
>   (빨갛으니) 빨가니

4. 어간이 모음 'ㅜ'로 끝나는 동사 '푸다'와, 어간이 모음 'ㅡ'로 끝나는 용언 가운데 8, 9에 해당하는 단어 이외의 단어들은 뒤에 어미 '-어'가 결합하면 'ㅜ', 'ㅡ'가 줄어진다.

> 푸다―   (푸어) 퍼   (푸어서) 퍼서   (푸었다) 펐다
> 바쁘다― (바쁘어) 바빠   (바쁘어도) 바빠도   (바쁘었다) 바빴다

'ㅜ'가 줄어지는 단어는 '푸다' 하나뿐이다. 이와 같은 용언을 'ㅜ' 불규칙 용언이라고 한다. 'ㅡ'가 줄어지는 단어로는 '가쁘다', '고프다', '기쁘다', '끄다', '나쁘다', '담그다', '들뜨다', '따르다', '뜨다', '미쁘다', '바쁘다', '슬프다', '쓰다', '아프다', '예쁘다', '잠그다', '치르다', '크다' '트다' 등이 있다. 이와 같은 용언을 'ㅡ' 불규칙 용언이라고 한다.

5. 어간의 끝 받침 'ㄷ'이 모음 앞에서 'ㄹ'로 바뀌어 나타나는 경우 바뀐 대로

적는다.

　　　일컫다 ― (일컫으면) 일컬으면 (일컫어서) 일컬어서 (일컫었다) 일컬었다

　어간 끝에 'ㄷ' 받침을 가진 용언 중에서 '걷다[步]', '긷다', '깨닫다', '눋다'[22], '닫다'[23], '듣다', '묻다'[24], '붇다'[25], '싣다', '일컫다' 등이 이에 해당된다. 이와 같이 어간 끝 받침 'ㄷ'이 모음 앞에서 'ㄹ'로 바뀌는 용언을 'ㄷ' 불규칙 용언이라고 한다.

　6. 어간 끝 받침 'ㅂ'이 모음 앞에서 '우'로 바뀌어 나타나는 경우 바뀐 대로 적는다.

　　　눕다 ― 　　(눕으니) 누우니 　　(눕어) 누워 　　(눕었다) 누웠다
　　　덥다 ― 　　(덥으면) 더우면 　　(덥어) 더워 　　(덥었다) 더웠다

　어간 끝에 'ㅂ' 받침을 가진 용언 중에서 동사인 '굽다'[26], '깁다', '눕다', '줍다' 등과 형용사인 '가깝다', '가볍다', '간지럽다', '괴롭다', '그립다', '노엽다', '더럽다', '덥다', '맵다', '메스껍다', '무겁다', '미덥다', '밉다', '사납다', '서럽다', '쉽다', '아깝다', '아니꼽다', '어둡다', '역겹다', '즐겁다', '지겹다', '차갑다', '춥다' 등과 파생 접미사인 '-답다', '-롭다', '-스럽다' 등이 결합하여 형성된 형용사들이 이에 해당된다. 이와 같은 용언을 'ㅂ' 불규칙 용언이라고 한다.
　다만. 종전에는 모음 조화의 규칙성에 따라 'ㅏ', 'ㅗ'에 붙은 'ㅂ' 받침 뒤에 어미 '-아'가 결합할 경우에는 '와'로 적었으나, 이번 개정에서는 현실적인 발음 형태를 취하여 '곱다', '돕다'와 같이 모음이 'ㅗ'인 한 개의 음절로 이루어진 어간 뒤에 결합하는 '-아'의 경우만 '와'로 적고, 그 밖의 경우는 모두 '워'로 적기로 하였다.

---

22) 눋다: 누른빛이 나도록 조금 타다.
23) 닫다: 빨리 뛰어가다.
24) 묻다: 무엇을 밝히거나 알아내기 위하여 상대편의 대답이나 설명을 요구하는 내용으로 말하다.
25) 붇다: 물체가 물기를 흡수하여 부피가 커지다.
26) 굽다: 불에 익히다.

'와'형

돕다 — 도**와**, 도**와**서, 도**와**도, 도**와**야, 도**왔**다

곱다 — 고**와**, 고**와**서, 고**와**도, 고**와**야, 고**왔**다

'워'형

아름답다 — 아름다**워**, 아름다**워**서, 아름다**워**도, 아름다**웠**다

외롭다 — 외로**워**, 외로**워**서, 외로**워**도, 외로**웠**다

7. 제16항 규정을 적용한다면 어간 '하–' 뒤에는 어미 '–아'가 결합되어야 한다. 그런데 '하–' 뒤에서는 분명히 [여]로 발음되기 때문에 예외적인 형태인 '여'로 적는 것이다. 이와 같은 용언을 '여' 불규칙 용언이라고 한다.

(하아) 하여   (하아라) 하여라   (하아도) 하여도   (하았다) 하였다

8. 제16항 규정을 적용한다면 '이르–', '노르–' 뒤에는 어미 '–어'가 결합되어야 한다. 그런데 '이르다(至), 누르다, 푸르다' 따위의 경우는 [러]로 발음되기 때문에 예외적인 형태인 '러'로 적는다. 이와 같은 용언을 '러' 불규칙 용언이라고 한다.

(푸르어) 푸르러   (푸르어서) 푸르러서

(푸르었다) 푸르렀다   (푸르어지다) 푸르러지다

9. 어간의 끝 음절 '르'의 뒤에 어미 '–어'가 결합할 때 어간 모음 '—'가 줄면서 'ㄹ'이 앞 음절 받침으로 올라붙고, 어미 '–어'가 '–라/–러'로 나타나는 경우 바뀐 대로 적는다. 이와 같은 용언을 '르' 불규칙 용언이라고 한다.

나르다 —   (나르어) 날라   (나르어서) 날라서   (나르었다) 날랐다

누르다 —   (누르어) 눌러   (누르어도) 눌러도   (누르었다) 눌렀다

제3절 접미사가 붙어서 된 말

제19항 어간에 '-이'나 '-음/-ㅁ'이 붙어서 명사로 된 것과 '-이'나 '-히'가 붙어서 부사로 된 것은 그 어간의 원형을 밝히어 적는다.

1. '-이'가 붙어서 명사로 된 것

길이	깊이	높이
다듬이	땀받이	달맞이
길이	깊이	높이
다듬이	땀받이	달맞이
먹이	미닫이	벌이
벼훑이	살림살이	쇠붙이

2. '-음/-ㅁ'이 붙어서 명사로 된 것

걸음	묶음	믿음
얼음	엮음	울음
웃음	졸음	죽음
앎	만듦	

3. '-이'가 붙어서 부사로 된 것

같이	굳이	길이	높이
많이	실없이	좋이	짓궂이

4. '-히'가 붙어서 부사로 된 것

밝히	익히	작히

다만, 어간에 '-이'나 '-음'이 붙어서 명사로 바뀐 것이라도 그 어간의 뜻과 멀어진 것은 원형을 밝히어 적지 아니한다.

굽도리	다리[髢]	목거리(목병)	무녀리
코끼리	거름(비료)	고름[膿]	노름(도박)

[붙임] 어간에 '-이'나 '-음' 이외의 모음으로 시작된 접미사가 붙어서 다른 품사로 바뀐 것은 그 어간의 원형을 밝히어 적지 아니한다.

(1) 명사로 바뀐 것

귀머거리	까마귀	너머	뜨더귀

마감	마개	마중	무덤
비렁뱅이	쓰레기	올가미	주검

(2) 부사로 바뀐 것

거뭇거뭇	너무	도로	뜨덤뜨덤
바투	불긋불긋	비로소	오긋오긋
자주	차마		

(3) 조사로 바뀌어 뜻이 달라진 것

나마	부터	조차

명사화 접미사인 '-이'와 '-음/-ㅁ'27)은 비교적 여러 어근에 결합하며, 또 본디 어근의 뜻이 그대로 유지된다.

(1) 용언의 어근에 명사화 접미사인 '-이'가 붙어서 명사가 된 것

　　굽다→굽이　　　　넓다→넓이　　　　놀다→놀이

　　더듬다→더듬이　　맞다→맞이

(2) 용언의 어근에 명사화 접미사인 '-음/-ㅁ'이 결합하여 명사가 된 것.

　　만들다→만듦　　　베풀다→베풂　　　삶다→삶

　　알다→앎　　　　　기쁘다→기쁨　　　묶다→묶음

　　솎다→솎음　　　　수줍다 →수줍음　　웃다→웃음

다만. 명사화 접미사 '-이', -음/-ㅁ'이 결합하여 된 단어라도 그 어간의 본뜻

---

27) '-음/-ㅁ'은 원래 명사형 전성 어미인데, 명사화 접미사로 기능을 할 때가 있다. '-음/-ㅁ'이 결합한 형태가 관형어의 수식을 받으면 '-음/-ㅁ'은 명사화 접미사로 쓰인 것이며, 부사어의 수식을 받으면 '-음/-ㅁ"은 명사형 전성 어미로 쓰인 것이다.

　[보기] (ㄱ) 크나큰 기쁨이 밀려온다. (ㄴ) 여러 사람 앞에서 크게 웃음은 교양이 없음을 보이는 것이다.

　(ㄱ)의 '기쁨'에 쓰인 '-ㅁ'은 명사화 접미사인데, (ㄴ)의 '웃음'에 쓰인 '-음'은 명사형 전성 어미이다. '없음'에 쓰인 '-음'도 명사형 전성 어미이다.

과 멀어진 것은 원형(原形)을 밝힐 필요가 없으므로 소리 나는 대로 적는다. '무너리'는 원래 명사인 '문'에 동사 '열다'의 어간인 '열-'과 명사화 접미사 '-이'가 결합되어 형성된 단어로, '한 태에 낳은 여러 마리 새끼 가운데 가장 먼저 나온 새끼'를 뜻한다. 이 단어는 어간의 본뜻과 멀어진 것이기 때문에 원형을 밝히어 적지 않고 소리 나는 대로 적기로 한 것이다.

[붙임] 비교적 여러 어간에 결합하는 '-이', '-음'과는 달리 불규칙적으로 결합하는, 모음으로 시작된 접미사가 붙어서 다른 품사로 바뀐 것은 그 원형을 밝히지 않고 소리 나는 대로 적는다.

(1) 명사로 된 것

(꾸짖웅) 꾸중	(남어지) 나머지	(눋웅지) 누룽지
(늙으막) 늘그막	(돌앙) 도랑	(돌으래) 도르래
(동글아미) 동그라미	(붉엉이) 불겅이	(뻗으렁) 뻐드렁니
(옭아미) 올가미	(짚앙이) 지팡이	

(2) 부사로 된 것

(늘우) 느루[28]	(돋우) 도두[29]	(돌오) 도로	(맞우) 마주
(비뚤오) 비뚜로	(밟암) 발밤발밤	(잡암)자밤자밤[30]	(줏엄) 주섬주섬

(3) 조사로 된 것

조사인 '나마', '부터', '조차' 등은 동사인 '남다', '붙다', '좇다' 등의 부사형 '남아', '붙어', '좇아'가 허사화(虛辭化)한 것이다. 이것들은 형식 형태소인 조사이므로 소리 나는 대로 적는다.

---

28) 느루: 한꺼번에 몰아치지 아니하고 오래도록.
29) 도두: 위로 높게.
30) 자밤자밤: 나물이나 양념 따위를 손가락 끝으로 집을 만한 정도의 분량만큼 잇달아 집는 모양.

제20항 명사 뒤에 '-이'가 붙어서 된 말은 그 명사의 원형을 밝히어 적는다.

1. 부사로 된 것

곳곳이	낱낱이	몫몫이
샅샅이	앞앞이	집집이

2. 명사로 된 것

곰배팔이	바둑이	삼발이
애꾸눈이	육손이	절뚝발이/절름발이

[붙임] '-이' 이외의 모음으로 시작된 접미사가 붙어서 된 말은 그 명사의 원형을 밝히어 적지 아니한다.

꼬락서니	끄트머리	모가치
바가지	바깥	사타구니
싸라기	이파리	지붕
지푸라기	짜개	

명사에 접미사 '-이'가 결합하여 다른 품사로 바뀌거나 뜻만 달라지는 경우에도 명사의 본 모양을 밝히어 적는다. 이 경우의 '-이'는 용언의 어간에 붙는 '-이'처럼 규칙적으로 널리 결합하는 것은 아니지만, 1의 예와 같이 명사가 중복되면서 '-이'가 결합하여 부사화하는 형식은 꽤 널리 적용된다.

간간이	겹겹이	길길이
눈눈이	땀땀이	번번이
사람사람이	옆옆이	줄줄이
참참이	철철이	첩첩이
틈틈이	나날이	다달이
골골샅샅이	구구절절이	사사건건이

품사는 달라지지 않으면서 뜻만 달라지는 것으로는 다음과 같은 것들이 있다.

각설-이[31]	검정-이	고리눈-이[32]
네눈-이	딸깍발-이	맹문-이[33]
생손-이	왕눈-이	외톨-이
외팔-이	우걱뿔-이[34]	퉁방울-이[35]

[붙임] 명사 뒤에 '-이' 이외의 모음으로 시작되는 접미사가 결합하여 형성된 단어는 그것이 규칙적으로 널리 결합하는 형식이 아니므로 명사의 원형을 밝히어 적지 아니한다.

(골앙) 고랑	(굴엉) 구렁	(끝으러기) 끄트러기
(목아지) 모가지	(삵애) 사태-고기	(속아지) 소가지[36]
(솥앵) 소댕[37]	(올아기) 오라기	(털억) 터럭

'모가치'[38]는 '몫'에 접미사 '-아치'가 붙어서 된 단어이다. '-아치'는 '-이' 이외의 모음으로 시작하는 접미사이고, 사람들이 그 어원적인 형태를 인식하지 못하며, 또 발음 형태도 [모가치]로 굳어져 있기 때문에 관용에 따라 '모가치'로 적는다.

제20항 [붙임] 규정을 적용하면 '값어치'는 '가버치'로, '벼슬아치'는 '벼스라치'로 적어야 하지만 이것들은 '값어치'와 '벼슬아치'로 적는다. 그 이유는 어근인 '값'과 '벼슬'의 의미를 분명히 인식할 수 있기 때문이다.

---

31) 각설이(却說-): '장타령꾼'을 낮잡아 이르는 말. '장타령꾼'은 예전에 장이나 길거리로 돌아다니면서 장타령을 부르던 동냥아치를 뜻하는 단어이다.
32) 고리눈이: 고리눈을 가진 사람이나 짐승. '고리눈'은 눈동자의 둘레에 흰 테가 둘린 눈 혹은 동그랗게 생긴 눈을 뜻하는 단어이다.
33) 맹문이: 일의 옳고 그름이나 경위도 모르는 사람을 낮잡아 이르는 말.
34) 우걱뿔이: 뿔이 안으로 굽은 소.
35) 퉁방울이: 눈이 퉁방울처럼 불거진 사람.
36) 소가지: '본디부터 타고난 마음씨'를 속되게 이르는 말.
37) 소댕: 솥을 덮는 뚜껑. 솥뚜껑.
38) 모가치: 몫으로 돌아오는 물건.

제21항 명사나 혹은 용언의 어간 뒤에 자음으로 시작된 접미사가 붙어서 된 말은 그 명사나 어간의 원형을 밝히어 적는다.

1. 명사 뒤에 자음으로 시작된 접미사가 붙어서 된 것

값지다	홑지다	넋두리
빛깔	옆댕이	잎사귀

2. 어간 뒤에 자음으로 시작된 접미사가 붙어서 된 것

낚시	늙정이39)	덮개	뜯게질
갉작갉작하다	갉작거리다	뜯적거리다	뜯적뜯적하다
굵다랗다	굵직하다	깊숙하다	넓적하다
높다랗다	늙수그레하다	얽죽얽죽하다	

다만, 다음과 같은 말은 소리대로 적는다.

(1) 겹받침의 끝소리가 드러나지 아니하는 것

할짝거리다	널따랗다	널찍하다
말끔하다	말쑥하다	말짱하다
실쭉하다	실큼하다	얄따랗다
얄팍하다	짤따랗다	짤막하다
실컷		

(2) 어원이 분명하지 아니하거나 본뜻에서 멀어진 것

넙치	올무	골막하다	납작하다

다만. (1) 겹받침의 끝소리가 드러나지 아니하거나, (2) 어원이 분명하지 아니하거나 본뜻에서 멀어진 말은 소리대로 적는다.

(1) 겹받침의 끝소리가 드러나지 않는 것
할짝거리다 → 할짝거리다, 넓다랗다 → 널따랗다, 맑숙하다 → 말쑥하다

(2) 어원이 분명하지 않거나 본뜻에서 멀어진 것
넙치, 올무40), 골막하다, 납작하다

---

39) 늙정이: '늙은이'를 속되게 이르는 말.

40) 올무: 새나 짐승을 잡는 올가미,

제22항 용언의 어간에 다음과 같은 접미사들이 붙어서 이루어진 말들은 그 어간을 밝히어 적는다.

1. '-기-, -리-, -이-, -히, -구-, -우-, -추-, -으키-, -이키-, -애-'가 붙는 것

맡기다	옮기다	웃기다	쫓기다
뚫리다	울리다	낚이다	쌓이다
핥이다	굳히다	굽히다	넓히다
앉히다	얽히다	잡히다	돋구다
솟구다	돋우다	갖추다	곧추다
맞추다	일으키다	돌이키다	없애다

다만, '-이-, -히-, -우-'가 붙어서 된 말이라도 본뜻에서 멀어진 것은 소리대로 적는다.

도리다(칼로~)	드리다(용돈을~)	고치다	바치다(세금을~)
부치다(편지를~)	거두다	미루다	이루다

2. '-치-, -뜨리-, -트리-'가 붙는 것

놓치다	덮치다	떠받치다
받치다	발치다	부딪치다
뻗치다	엎치다	부딪뜨리다/부딪트리다
쏟뜨리다/쏟트리다	젖뜨리다/젖트리다	찢뜨리다/찢트리다
흩뜨리다/흩트리다		

[붙임] '-업-, -읍-, -브-'가 붙어서 된 말은 소리대로 적는다.

미덥다	우습다	미쁘다

1. 접미사인 '-기-', '-리-', '-이-', '-히-' 등은 피동 접미사와 사동 접미사로 쓰인다. 접미사인 '-구-', '-우-', '-추-', '-으키-', '-이키-', '-애-' 등은 사동 접미사이다. 이 접미사들은 피동, 사동 등의 의미와 기능을 표시하는 요소이므로 실질 형태소인 어근과는 분명하게 구별된다. 그래서 어근인 본디 어간의 형태를 밝히어 적음으로써 그 의미가 쉽게 파악되도록 하는 것이다.

다만, 용언의 어근에 접미사 '-이-, -히-, -우-'가 결합하여 형성된 단어이더라도 본뜻에서 멀어져 피동이나 사동의 형태로 인식되지 않는 것은 소리 나는

대로 적는다. 예시어 '도리다', '드리다', '부치다' ; '고치다', '바치다', ; '거두다', '미루다', '이루다' 등은 '돌이다', '들이다', '붙이다' ; '곧히다', '받히다' ; '걷우다', '밀우다', '일우다' 등과 같은 사동사로 간주할 수 없는 것이다.

2. 1988년 '한글 맞춤법'을 개정하기 전에는 용언의 어근에 '강조'의 의미를 첨가하는 접미사인 '-뜨리-'와 '-트리-' 중에서 '-뜨리-'만을 표준어로 간주하였다. 그런데 1988년 표준어 사정 원칙(제26항)에서는 '-뜨리-'와 '-트리-'를 모두 표준어로 인정하였다. 용언의 어근에 접미사인 '-치-', '-뜨리-', '-트리-' 등이 결합하여 이루어진 단어는 '놓치다', '떨어뜨리다', '떨어트리다' 등과 같이 그 어근을 밝히어 적는다.

[붙임] '미덥다'는 '믿-' + '-업-' + '-다'로, '우습다'는 '웃-' + '-읍-' + '-다'로, '믿브다'는 '믿-' + '-브-' + '-다'로 분석된다. '-업-', '-읍-', '-브-' 등은 접미사이다. 이와 같은 접미사가 결합되어 형성된 단어는 소리 나는 대로 '미덥다'[41], '우습다', '미쁘다'[42] 등으로 적는다.

제23항 '-하다'나 '-거리다'가 붙는 어근에 '-이'가 붙어서 명사가 된 것은 그 원형을 밝히어 적는다. (ㄱ을 취하고, ㄴ을 버림.)

ㄱ	ㄴ	ㄱ	ㄴ
깔쭉이[43]	깔쭈기	살살이[45]	살사리
꿀꿀이	꿀꾸리	쌕쌕이[46]	쌕쌔기
눈깜짝이	눈깜짜기	오뚝이[47]	오뚜기
더펄이[44]	더퍼리	코납작이	코납자기
배불뚝이	배불뚜기	푸석이[48]	푸서기
삐죽이	삐주기	홀쭉이[49]	홀쭈기

[붙임] '-하다'나 '-거리다'가 붙을 수 없는 어근에 '-이'나 또는 다른 모음으로 시작되는 접미사가 붙어서 명사가 된 것은 그 원형을 밝히어 적지 아니한다.

---

41) 미덥다: 믿음성이 있다.
42) 미쁘다: 믿음성이 있다.
43) 깔쭉이: 가장자리를 톱니처럼 파 깔쭉깔쭉하게 만든 주화(鑄貨)를 속되게 이르는 말.
44) 더펄이: 성미가 침착하지 못하고 덜렁대는 사람.

개구리	귀뚜라미	기러기	깍두기
꽹과리	날라리	누더기	동그라미
두드러기	딱따구리	매미	부스러기
뻐꾸기	얼루기50)	칼싹두기	

어근(語根)은 단어를 구성하는 요소 가운데 가장 기본이 되는 형태소이다. 이것은 단어의 기본 의미를 나타내는 핵(核)이다. 접미사 '-하다'나 '-거리다'가 붙는 어근은 일반적으로 소리나 짓을 시늉함을 나타내는 것이다. 제23항은 제19항 및 제24항과 연관되는 규정인데, 예컨대 '깜짝깜짝-깜짝하다, 깜짝거리다, 깜짝이다, (눈)깜짝이'와 같이 나타나는 형식에서 실질 형태소인 어근 '깜짝-'의 형태를 고정시켜 표기함으로써 그 의미가 쉽게 파악되도록 한 것이다.

제24항 '-거리다'가 붙을 수 있는 시늉말 어근에 '-이다'가 붙어서 된 용언은 그 어근을 밝히어 적는다. (ㄱ을 취하고, ㄴ을 버림.)

ㄱ	ㄴ	ㄱ	ㄴ
깜짝이다	깜짜기다	속삭이다	속사기다
꾸벅이다	꾸버기다	숙덕이다	숙더기다
끄덕이다	끄더기다	울먹이다	울머기다
뒤척이다	뒤처기다	움직이다	움지기다
들먹이다	들머기다	지껄이다	지꺼리다
망설이다	망서리다	퍼덕이다	퍼더기다
번득이다	번드기다	허덕이다	허더기다
번쩍이다	번쩌기다	헐떡이다	헐떠기다

---

45) 살살이: 간사스럽게 알랑거리는 사람.

46) 쌕쌕이: '제트기'를 속되게 이르는 말.

47) 오뚝이: 밑을 무겁게 하여 아무렇게나 굴려도 오뚝오뚝 일어서는 어린아이들의 장난감. '오똑이'는 비표준어이다.

48) 푸석이: ①거칠고 단단하지 못하여 부스러지기 쉬운 물건.
　　　②옹골차지 못하고 아주 무르게 생긴 사람을 놀림조로 이르는 말.

49) 홀쭉이: 몸이 가냘프거나 볼에 살이 없이 여윈 사람.

50) 얼루기: 얼룩얼룩한 무늬나 점. 또는 얼룩얼룩한 점이 있는 짐승이나 물건.

시늉말이란 사람이나 사물의 소리, 모양, 동작 등을 흉내 내는 말이다. 이것을 흉내말이라고 일컫기도 한다. '딸랑딸랑', '졸졸', '속닥속닥', '숙덕숙덕' 등과 같이 소리를 흉내 낸 말을 의성어(擬聲語)라 하고, '꾸벅', '번쩍', '아장아장' 등과 같이 짓을 흉내 낸 말을 의태어(擬態語)라고 한다.

제24항의 예시어들에서 보듯이 접미사인 '-이다'는 여러 어근에 결합된다. '꾸벅하다', '꾸벅거리다', '꾸벅이다' 등처럼 나타나는 형식에서 실질 형태소인 '꾸벅'의 형태가 고정되지 않으면, 의태어인 '꾸벅꾸벅'과의 연관성이 이해되기 어렵다. 그리하여 어근과 접미사인 '-이다'를 구별하여 적기로 한 것이다.

제25항 '-하다'가 붙는 어근에 '-히'나 '-이'가 붙어서 부사가 되거나, 부사에 '-이'가 붙어서 뜻을 더하는 경우에는 그 어근이나 부사의 원형을 밝히어 적는다.

1. '-하다'가 붙는 어근에 '-히'나 '-이'가 붙는 경우

급히	꾸준히	도저히
딱히	어렴풋이	깨끗이

[붙임] '-하다'가 붙지 않는 경우에는 소리대로 적는다.

갑자기	반드시(꼭)	슬며시

2. 부사에 '-이'가 붙어서 역시 부사가 되는 경우

곰곰이	더욱이	생긋이
오뚝이	일찍이	해죽이

---

1. '-이'나 '-히'는 규칙적으로 여러 어근에 결합하는 부사화 접미사이다('한글 맞춤법' 제51항 참조). 그리하여 명사화 접미사 '-이'나 동사화 접미사와 형용사화 접미사인 '-하다', '-이다' 등의 경우와 마찬가지로 그것이 결합하는 어근의 형태를 밝히어 적는다.

(극진하다) 극진히   (깨끗하다) 깨끗이
(따뜻하다) 따뜻이   (반듯하다) 반듯이
(솔직하다) 솔직히   (엄격하다) 엄격히

2. 부사에 '-이'가 붙어서 뜻을 더하는 경우란 품사는 바뀌지 않으면서 의미를 더하기 위하여 독립적인 부사 형태에 '-이'가 결합하는 경우를 말한다. 이와 같은 경우는 그 부사의 본 모양을 밝히어 적기로 한 것이다.

[보기] '곰곰' + '-이' → 곰곰이, '일찍' + '-이' → 일찍이[51)]
'더욱' + '-이' → 더욱이[52)], '오뚝' + '-이' → 오뚝이

제26항 '-하다'나 '-없다'가 붙어서 된 용언은 그 '-하다'나 '-없다'를 밝히어 적는다.
1. '-하다'가 붙어서 용언이 된 것

딱하다	숱하다	착하다
텁텁하다	푹하다	

2. '-없다'가 붙어서 용언이 된 것

부질없다	상없다	시름없다
열없다	하염없다	

1. '딱하다', '숱하다', '착하다', '텁텁하다', '푹하다' 등은 '딱', '숱', '착', '텁텁', '푹' 등에 '-하다'가 결합되어 형성된 단어이다. 이것들을 소리 나는 대로 표기하면 의미를 파악하기가 어렵기 때문에 각각의 형태소의 형태를 밝히어 적는다.
2. 단어의 의미를 쉽게 파악할 수 있도록 하기 위하여 선행어에 '-없다'가 결합하여 이루어진 단어도 각각 형태를 밝히어 적는다.

제4절 합성어 및 접두사가 붙은 말

제27항 둘 이상의 단어가 어울리거나 접두사가 붙어서 이루어진 말은 각각 그 원형을 밝히어 적는다.

---

51) 1988년 '한글 맞춤법' 개정 이전에는 '일찍이'를 '일찌기'로 표기하여 왔다. 북한에서는 종래대로 '일찌기'로 표기한다.
52) 1988년 '한글 맞춤법' 개정 이전에는 '더욱이'를 '더우기'로 표기하여 왔다. 북한에서는 종래대로 '더우기'로 표기한다.

국말이	꺾꽂이	꽃잎	끝장	물난리
밑천	부엌일	싫증	옷안	웃옷
젖몸살	첫아들	칼날	팥알	헛웃음
홀아비	홑몸	흙내		
값없다	겉늙다	굶주리다	낮잡다	맞먹다
받내다	벋놓다	빗나가다	빛나다	새파랗다
샛노랗다	시꺼멓다	싯누렇다	엇나가다	엎누르다
엿듣다	옻오르다	짓이기다	헛되다	

[붙임 1] 어원은 분명하나 소리만 특이하게 변한 것은 변한 대로 적는다.

할아버지	할아범

[붙임 2] 어원이 분명하지 아니한 것은 원형을 밝히어 적지 아니한다.

골병	골탕	끌탕	며칠
아재비	오라비	업신여기다	부리나케

[붙임 3] '이[齒, 虱]'가 합성어나 이에 준하는 말에서 '니' 또는 '리'로 소리 날 때에는 '니'로 적는다.

간니	덧니	사랑니	송곳니
앞니	어금니	윗니	젖니
톱니	틀니	가랑니	머릿니

제27항은 합성어나 접두사가 어근에 결합되어 형성된 파생어는 각 형태소의 원형을 밝히어 적음을 원칙으로 한다는 것이다.

합성어란 둘 이상의 어근이나 단어가 결합하여 이루어진 단어이다. 합성어의 보기를 들어 보면 다음의 (1)과 같다.

(1) 국 + 말이 → 국말이, 꺾- + 꽂이 → 꺾꽂이[53], 꽃 + 잎 → 꽃잎, 끝 + 장(場) → 끝장, 물 + 난리(亂離) → 물난리[54], 밑 + 천[←전(錢)] → 밑천, 부엌 + 일 →

---

53) 꺾꽂이: 식물의 가지, 줄기, 잎 따위를 자르거나 꺾어 흙 속에 꽂아 뿌리 내리게 하는 일.
54) 물난리(-亂離): ①큰물이나 그 밖의 원인으로 많은 물이 넘쳐서 일어난 혼란. ②가뭄 따위로 말미암아 물이 모자라거나 없어서 일어난 혼란.

부엌일, 싫 + 증(症) → 싫증, 옷 + 안 → 옷안, 젖 + 몸살 → 젖몸살, 칼 + 날 → 칼날, 팥 + 알 → 팥알, 흙 + 내 → 흙내, 값 + 없다 → 값없다, 겉 + 늙다 → 겉늙다, 굶- + 주리다 → 굶주리다, 낮- + 잡다 → 낮잡다, 받- + 내다 → 받내다[55], 벋- + 놓다 → 벋놓다[56], 빛 + 나다 → 빛나다, 엎- + 누르다 → 엎누르다[57], 옷 + 오르다 → 옻오르다

접두사가 어근에 결합되어 형성된 파생어의 보기를 들어 보면 다음의 (2)와 같다.

(2) 웃- + 옷 → 웃옷, 헛- + 웃음 → 헛웃음, 홀- + 아비 → 홀아비, 홑- + 몸 → 홑몸, 맞- + 먹다 → 맞먹다, 빗- + 나가다 → 빗나가다, 새- + 파랗다 → 새파랗다, 샛- + 노랗다 → 샛노랗다, 시- + 꺼멓다 → 시꺼멓다, 싯- + 누렇다 → 싯누렇다, 엇- + 나가다 → 엇나가다, 엿- + 듣다 → 엿듣다, 짓- + 이기다 → 짓이기다, 헛- + 되다 → 헛되다

[붙임 1] '할아버지'는 '한아버지'가, '할아범'은 '한아범'이 변한 것이다. 곧 옛말에서 '큰'이란 뜻을 표시하는 '한'이 '아버지', '아범'에 결합한 형태가 바뀐 것이다. 이 규정은 다음과 같이 해석된다.

① 어원은 분명하나,
 한-아버지   한-아범
② 소리만 특이하게 변한 것은 변한 대로 적는다.
 한 → 할
③ 다만, 실질 형태소의 기본 형태를 밝히어 적는다.
 (할)아버지   (할)아범

[붙임 2] '골병'의 어원은 '골(골수)-병(病), 골(골수)-탕(湯)'인지, '곯-병(病), 곯-탕(湯)'인지, 혹은 '골병(骨病)', '골탕(骨湯)'인지 분명하지 않다.

---

55) 받내다: 몸을 움직이지 못하는 사람의 대소변 따위를 받아 처리하다.
56) 벋놓다: ①다잡아 기르거나 가르치지 아니하고, 제멋대로 올바른 길에서 벗어나게 내버려 두다. ②잠을 자야 할 때에 자지 아니하고 그대로 지나가다.
57) 엎누르다: ①위에서 억지로 내리눌러 일어나지 못하게 하다. ②덮어놓고 억누르다.

또한 '골탕58)', '끌탕59)', '며칠60)', '아재비61)', '오라비62)', '업신여기다', '부리나케63)' 등도 어원이 불분명한 어휘이다. 이와 같이 어원이 분명하지 않은 것은 원형을 밝히어 적지 않는다.

'며칠'은 '몇-일(日)'로 분석하기 어려운 것이다. 이것이 실질 형태소인 '몇'과 '일(日)'이 결합한 형태라면 [(면닐→)면닐]로 발음되어야 하는데, 형식 형태소인 접미사나 어미, 조사가 결합하는 형식에서와 마찬가지로 'ㅊ' 받침이 내리 이어져 [며칠]로 발음된다. '이틀(二日)'도 어원이 분명하지 않은 단어다. 이 단어를 '인흘'이나 '잇흘'로 적는다면, '흘'은 '사흘', '나흘' 등의 '흘'과 공통되는 것으로 볼 수 있지만, '인', '잇' 등은 무슨 뜻의 형태소인지 알 수가 없다. 한자어 '이(二)'와 결부시키기도 어려운 것이다.

'아재비'는 그 옛 형태가 '아자비'이었으므로, '아ᅀᆞ(弟)-아비 → (앗아비)아ᅀᅡ비 → 아자비 → 아재비'처럼 해석될 수 있지만, 현대어 '아재비'를 '앗애비'로 분석하여 적을 수는 없는 것이다. '오라비'도 접두사 '올-'과 '아비'로 분석되지 않는다.

'업신여기다64)'는 '없이 여기다'에서 온 것으로 생각되지만, 'ㄴ'음이 첨가될 환경(조건)이 아니라는 점에서 '없이 여기다 → [업:씬녀기다]'로 해석할 수 없다.

'부리나케'는 '화급(火急)하게'와 대응되는 말이므로 '불이 나게'가 바뀌어 된 것으로 볼 수도 있으나, 발음 형태 [부리나케]로 볼 때는 '불이 낳게'와 결부되는 것이다. 이와 같이 어원이 불분명한 단어들은 소리 나는 대로 적는 것이다.

[붙임 3] 합성어나 이에 준하는 구조의 단어에서 실질 형태소는 본 모양을 밝히어 적는 것이 원칙이지만, '이[치(齒)]65), 이슬(虱)]66)'의 경우는 예외로 다룬 것이다.

---

58) 골탕: 한꺼번에 되게 당하는 손해나 곤란.

59) 끌탕: 속을 태우는 걱정.

60) 며칠: ①그달의 몇째 되는 날. ②몇 날.

61) 아재비: ①'아저씨'의 낮춤말. ②'아주버니'의 낮춤말. 지역 방언인 '아재비'는 '작은아버지' 혹은 '이모부', '고모부' 등을 뜻하는 말이다.

62) 오라비: ①'오라버니'의 낮춤말. ②여자가 남에게 자기의 남동생을 이르는 말. ③여자의 남자 형제를 두루 이르는 말.

63) 부리나케: 서둘러서 아주 급하게.

64) 업신여기다: 교만한 마음에서 남을 낮추어 보거나 하찮게 여기다.

제28항 끝소리가 'ㄹ'인 말과 딴 말이 어울릴 적에 'ㄹ' 소리가 나지 아니하는 것은 아니 나는 대로 적는다.

다달이(달-달-이)	따님(딸-님)	마되(말-되)
마소(말-소)	무자위(물-자위)	바느질(바늘-질)
부나비(불-나비)	부삽(불-삽)	부손(불-손)
소나무(솔-나무)	싸전(쌀-전)	여닫이(열-닫이)
우짖다(울-짖다)	화살(활-살)	

제28항은 합성어나 '따-님', '바느-질'과 같이 어근에 접미사가 결합하여 이루어진 파생어에서 앞 단어의 'ㄹ' 받침이 발음되지 않는 것은 발음되지 않는 형태로 적기로 규정한 것이다. 이것은 합성어나, 자음으로 시작된 접미사가 결합하여 형성된 파생어의 경우는 실질 형태소의 본 모양을 밝히어 적는다는 원칙에 벗어나는 규정이지만, 전통성을 중시하여 종성인 'ㄹ'이 발음되지 않는 것은 발음되지 않는 대로 표기하기로 한 것이다.

나날이(←날 + 날 + 이), 아드님(아들 + -님), 차돌(찰 + 돌)

제29항 끝소리가 'ㄹ'인 말과 딴 말이 어울릴 적에 'ㄹ' 소리가 'ㄷ' 소리로 나는 것은 'ㄷ'으로 적는다.

반짇고리(바느질~)	사흗날(사흘~)	삼짇날(삼질~)
섣달(설~)	숟가락(술 ~)	이튿날(이틀 ~)
잗주름(잘~)	푿소(풀~)	섣부르다(설~)
잗다듬다(잘~)	잗다랗다(잘~)	

제29항은 'ㄹ' 받침을 가진 단어(나 어간)가 다른 단어(나 접미사)와 결합할 때, 'ㄹ'이 [ㄷ]으로 바뀌어 발음되는 것은 'ㄷ'으로 적는다. 이 규정은 합성어나,

---

65) 이[齒]: 척추동물의 입 안에 있으며 무엇을 물거나 음식물을 씹는 역할을 하는 기관. '이[齒]'의 고어는 '니'이다.

66) 이[虱]: 사람이나 가축에 붙어사는 흡혈 기생충.

자음으로 시작된 접미사가 결합하여 된 파생어는 실질 형태소의 본 모양을 밝히어 적는다는 원칙에 벗어나는 규정이지만, 역사적 현상으로서 'ㄷ'으로 바뀌어 굳어져 있는 단어는 어원적인 형태를 밝히어 적지 않는다.

'ㄹ' 받침이 'ㄷ'으로 바뀐 단어로는 다음과 같은 것이 있다.

(나흘날) 나흗날   (잘갈다) 잗갈다[67]   (잘갈리다) 잗갈리다
(잘널다) 잗널다[68]   (잘다랗다) 잗달다[69]   (잘타다) 잗타다[70]

제30항 사이시옷은 다음과 같은 경우에 받치어 적는다.

1. 순 우리말로 된 합성어로서 앞말이 모음으로 끝난 경우

   (1) 뒷말의 첫소리가 된소리로 나는 것

고랫재	귓밥	나룻배	나뭇가지	냇가
댓가지	뒷갈망	맷돌	머릿기름	모깃불
못자리	바닷가	뱃길	볏가리	부싯돌
선짓국	쇳조각	아랫집	우렁잇속	잇자국
잿더미	조갯살	찻집	쳇바퀴	킷값
핏대	햇볕	혓바늘		

   (2) 뒷말의 첫소리 'ㄴ, ㅁ' 앞에서 'ㄴ' 소리가 덧나는 것

멧나물	아랫니	텃마당
아랫마을	뒷머리	잇몸
깻묵	냇물	빗물

   (3) 뒷말의 첫소리 모음 앞에서 'ㄴㄴ' 소리가 덧나는 것

도리깻열	뒷윷	두렛일	뒷일	뒷입맛
베갯잇	욧잇	깻잎	나뭇잎	댓잎

---

67) 잗갈다: 잘고 곱게 갈다.
68) 잗널다: 음식을 이로 깨물어 잘게 만들다.
69) 잗달다: 하는 짓이 잘고 인색하다.
70) 잗타다: 팥이나 녹두 따위를 잘게 부서뜨리다.

2. 순 우리말과 한자어로 된 합성어로서 앞말이 모음으로 끝난 경우

(1) 뒷말의 첫소리가 된소리로 나는 것

귓병	머릿방	뱃병	봇둑	사잣밥
샛강	아랫방	자릿세	전셋집	찻잔
찻종	촛국	콧병	탯줄	텃세
핏기	햇수	횟가루	횟배	

(2) 뒷말의 첫소리 'ㄴ, ㅁ' 앞에서 'ㄴ' 소리가 덧나는 것

곗날	제삿날	훗날	툇마루	양칫물

(3) 뒷말의 첫소리 모음 앞에서 'ㄴㄴ' 소리가 덧나는 것

가욋일	사삿일	예삿일	훗일

3. 두 음절로 된 다음 한자어

곳간(庫間)	셋방(貰房)	숫자(數字)	찻간(車間)
툇간(退間)	횟수(回數)		

제30항은 사이시옷의 표기에 관한 규정이다. 사이시옷은 합성어에서 앞말이 모음으로 끝나고 ⑴뒷말의 첫소리가 된소리로 발음되거나, ⑵뒷말의 첫소리 'ㄴ', 'ㅁ' 앞에서 'ㄴ' 소리가 덧나거나, ⑶뒷말의 첫소리 모음 앞에서 'ㄴㄴ' 소리가 덧나는 경우 앞말의 끝 음절에 붙여 적거나, ⑷두 음절로 형성된 한자어(漢字語) 중에서 앞 음절의 모음 뒤에서 뒤 음절의 첫소리가 된소리로 발음되는 경우 앞 음절에 붙여 적기로 한 것이다[71].

(1) 뒷말의 첫소리가 된소리로 발음되는 것

①고유어끼리 결합하여 형성된 합성어

나루 + 배 → 나룻배[나루빼/나룯빼]

나무 + 가지 → 나뭇가지[나무까지/나묻까지]

②고유어와 한자어가 결합하여 형성된 합성어

---

71) 북한에서는 '사이시옷'을 '사이표'라고 일컫는데, 사이표를 표기하지 않는다.

귀 + 병(病) → 귓병[귀뼝/귇뼝]

새 + 강(江) → 샛강[새ː깡/샏ː깡]

차 + 잔(盞) → 찻잔[차짠/찯짠]

(2) 뒷말의 첫소리 'ㄴ', 'ㅁ' 앞에서 'ㄴ' 소리가 덧나는 것

① 고유어끼리 결합하여 형성된 합성어

메 + 나물 → 멧나물[멘나물]

아래 + 마을 → 아랫마을[아랜마을]

② 한자어와 고유어가 결합하여 형성된 합성어

수도(水道) + 물 → 수돗물[수돈물]

후(後) + 날 → 훗날[훈ː날]

(3) 뒷말의 첫소리 모음 앞에서 'ㄴㄴ' 소리가 덧나는 것

① 고유어끼리 결합하여 형성된 합성어

뒤 + 일 → 뒷일[뒨닐]

베개 + 잇 → 베갯잇[베갠닏]

② 한자어와 고유어가 결합하여 형성된 합성어

가외(加外) + 일 → 가욋일[가왼닐/가웬닐],

사사(私私) + 일 → 사삿일[사산닐],

예사(例事) + 일 → 예삿일[예ː산닐]

후(後) + 일 → 훗일[훈ː닐]

(4) 두 음절로 형성된 한자어(漢字語) 중에서 앞 음절의 모음 뒤에서 뒤 음절의 첫소리가 된소리로 발음되는 것. 이 경우에 해당하는 한자어는 다음 여섯 개다. 이것들 이외의 2음절 한자어에는 사이시옷을 붙여 적어선 안 된다.

고(庫) + 간(間) → 곳간[고깐/곧깐][72]

세(貰) + 방(房) → 셋방[세ː빵/섿ː빵][73]

수(數) + 자(字) → 숫자[수ː짜/숟ː짜]

---

72) 곳간(庫間): 물건을 간직하여 두는 곳.
73) 셋방(貰房): 세를 내고 빌려 쓰는 방.

차(車) + 간(間) → 찻간[차깐/찬깐]74),

퇴(退) + 간(間) → 툇간[퇴ː깐/퉫ː깐/퉤ː깐/퉫ː깐]75)

회(回) + 수(數) → 횟수[회쑤/휃쑤/훼쑤/훹쑤]76)

제31항 두 말이 어울릴 적에 'ㅂ' 소리나 'ㅎ' 소리가 덧나는 것은 소리대로 적는다.

1. 'ㅂ' 소리가 덧나는 것

댑싸리(대ㅂ싸리)	멥쌀(메ㅂ쌀)	볍씨(벼ㅂ씨)
입때(이ㅂ때)	입쌀(이ㅂ쌀)	접때(저ㅂ때)
좁쌀(조ㅂ쌀)	햅쌀(해ㅂ쌀)	

2. 'ㅎ' 소리가 덧나는 것

머리카락(머리ㅎ가락)	살코기(살ㅎ고기)	수캐(수ㅎ개)
수컷(수ㅎ것)	수탉(수ㅎ닭)	안팎(안ㅎ밖)
암캐(암ㅎ개)	암컷(암ㅎ것)	암탉(암ㅎ닭)

1. '싸리'의 고어는 'ᄡ리'이고, '쌀'의 고어는 'ᄡᆞᆯ'이며, '씨(種)'의 고어는 'ᄡᆞ'이고, '때(時)'의 고어는 'ᄢᆡ'이다. 이와 같이 '싸리', '쌀', '씨', '때' 등은 단어의 첫머리에 'ㅂ'음을 가지고 있었던 단어다. 이 단어들이 다른 단어 또는 접두사와 결합하는 경우, 두 형태소 사이에서 [ㅂ] 음이 발음되기도 한다. 그런데 이런 구조의 합성어나 파생어는 뒤의 단어가 핵어가 되기 때문에 '싸리', '쌀', '씨', '때' 따위의 형태를 고정시키고, 첨가되는 'ㅂ'을 앞 형태소의 받침으로 붙여 적는다.

2. 고어에서 'ㅎ' 종성 체언이었던 '머리(頭)', '살(肌)', '수(雄)', '암(雌)', '안(內)' 등에 다른 단어가 결합하여 이루어진 합성어 중에서 [ㅎ]음이 첨가되어 발음되는 단어는 소리 나는 대로—뒤 단어의 첫소리를 거센소리로— 적는다.

---

74) 찻간(車間): 차에 사람을 태우거나 짐을 싣기 위하여 만든 칸.

75) 툇간(退間): 안둘렛간 밖에다 딴 기둥을 세워 만든 칸살.

76) 횟수(回數): 돌아오는 차례의 수효.

제5절 준말

제32항 단어의 끝 모음이 줄어지고 자음만 남은 것은 그 앞의 음절에 받침으로 적는다.

(본말)	(준말)	(본말)	(준말)
기러기야	기럭아	가지고, 가지지	갖고, 갖지
어제그저께	엊그저께	디디고, 디디지	딛고, 딛지
어제저녁	엊저녁		

단어 또는 어간의 끝 음절 모음이 줄어지고 자음만 남는 경우 그 자음을 앞 음절의 받침으로 올려 붙여 적는다. '기러기야'는 명사인 '기러기'에 호격 조사인 '야'가 결합된 형태이다. '기럭아'에서 '기럭'은 끝 음절 '기'의 모음인 'ㅣ'가 줄고 자음 'ㄱ'이 앞 음절 '러'의 받침으로 올려 적은 것이다. '아'는 호격 조사이다. 그런데 줄어지는 음절의 첫소리 자음이 올라붙지 않고 받침소리가 올라붙는 것도 있다.

바둑-장기→박장기   어긋-매끼다→엇매끼다
바깥-벽→밭벽   바깥-사돈→밭사돈

제32항의 규정을 적용하면 '아기야'에서 '아기'의 'ㅣ'가 줄면 '악아'가 된다. 그러나 일반적으로 "아가, 이리 오너라."처럼 표현하는 형식에서의 '아가'는 '아가야'에서의 '야'가 줄어진 형태이다.

제33항 체언과 조사가 어울려 줄어지는 경우에는 준 대로 적는다.

(본말)	(준말)	(본말)	(준말)
그것은	그건	너는	넌
그것이	그게	너를	널
그것으로	그걸로	무엇을	뭣을/무얼/뭘
나는	난	무엇이	뭣이/무에
나를	날		

체언과 조사가 결합할 때 어떤 음이 줄어지거나 음절의 수가 줄어지는 것은, 그 본 모양을 밝히지 않고 준 대로 적는다.

대명사 '그것' + 조사 '은' →그건, 대명사 '나' + 조사 '를' →날,
대명사 '너' + 조사 '는' →넌, 대명사 '무엇' + 조사 '을' →뭣을/무얼/뭘

제34항 모음 'ㅏ, ㅓ'로 끝난 어간에 '-아/-어, -았-/-었-'이 어울릴 적에는 준 대로 적는다.

(본말)	(준말)	(본말)	(준말)
가아	가	가았다	갔다
나아	나	나았다	났다
타아	타	타았다	탔다
서어	서	서었다	섰다

[붙임 1] 'ㅐ, ㅔ' 뒤에 '-어, -었-'이 어울려 줄 적에는 준 대로 적는다.

(본말)	(준말)	(본말)	(준말)
개어	개	개었다	갰다
내어	내	내었다	냈다
베어	베	베었다	벴다
세어	세	세었다	셌다

[붙임 1] 'ㅐ, ㅔ' 뒤에 '-어, -었-'이 어울려 줄 적에는 준 대로 적는다.

(본말)	(준말)	(본말)	(준말)
개어	개	개었다	갰다
내어	내	내었다	냈다
베어	베	베었다	벴다
세어	세	세었다	셌다

[붙임 2] '하여'가 한 음절로 줄어서 '해'로 될 적에는 준 대로 적는다.

(본말)	(준말)	(본말)	(준말)
하여	해	하였다	했다
더하여	더해	더하였다	더했다
흔하여	흔해	흔하였다	흔했다

모음 'ㅏ, ㅓ'로 끝나는 어간에 어미 '-아/-어'가 붙는 형식에서는 '아/어'가 줄어지며, 선어말어미 '-았/-/-었-'이 붙는 형식에서는 '아/어'가 줄어지고 'ㅆ'만 남는다.

따아→따   따아서→따서   따아도→따도
따았다→땄다   건너어→건너   건너어서→건너서
건너어도→건너도   건너었다→건넜다

[붙임 1] 어간 끝 모음 'ㅐ, ㅔ' 뒤에 '-어', '-었-'이 붙을 때 '어'가 줄어지기도 한다.

매어→매   매어라→매라   매었다→맸다   매어 두다→매 두다
떼어→떼   떼어라→떼라   떼었다→뗐다   떼어 놓다→떼 놓다

다만, 어간 모음 'ㅏ' 뒤에 접미사 '-이'가 결합하여 'ㅐ'로 줄어지는 경우는, '어'가 줄어지지 않는 것이 원칙이다.

빈틈없이 (짜이어→)째어 있다
우묵우묵 (파이어→)패어 있다

[붙임 2] '하다'는 '여' 불규칙 용언이므로, '하아'로 되지 않고 '하여'로 된다. 이 '하여'가 한 음절로 줄어진 형태는 '해'로 적는다.

하여→해   하여라→해라
하여서→해서   하였다→했다

제35항 모음 'ㅗ, ㅜ'로 끝난 어간에 '-아/-어, -았-/-었-'이 어울려 'ㅘ/ㅝ, ㅘㅆ/ ㅝㅆ'으로 될 적에는 준 대로 적는다.

(본말)	(준말)	(본말)	(준말)
꼬아	꽈	꼬았다	꽜다
보아	봐	보았다	봤다

쏘아	쏴	쏘았다	쐈다
두어	둬	두었다	뒀다
쑤어	쒀	쑤었다	쒔다
주어	줘	주었다	줬다

[붙임 1] '놓아'가 '놔'로 줄 적에는 준 대로 적는다.

[붙임 2] 'ㅚ' 뒤에 '-어, -었-'이 어울려 'ㅙ, ㅙㅆ'으로 될 적에도 준 대로 적는다.

(본말)	(준말)	(본말)	(준말)
괴어	괘	괴었다	괬다
되어	돼	되었다	됐다
뵈어	봬	뵈었다	뵀다
쇠어	쇄	쇠었다	쇘다
쐬어	쐐	쐬었다	쐤다

모음 'ㅗ', 'ㅜ'로 끝난 어간에 어미 '-아/-어'가 붙어서 'ㅘ/ㅝ'로 줄어지는 것은 'ㅘ/ㅝ'로 적는다.

오아 → 와　　오아도 → 와도　　오아서 → 와서　　오았다 → 왔다
추어 → 춰　　추어서 → 춰서　　추어야 → 춰야　　추었다 → 췄다

[붙임 1] 동사 '놓다'는 '놓아 → (노아→)놔, 놓아라 → (노아라→)놔라, 놓았다 → (노았다 →)놨다' 등처럼 어간 받침 'ㅎ'이 줄면서 두 음절이 하나로 줄어진다.

[붙임 2] 어간의 모음 'ㅚ' 뒤에 '-어'가 붙어서 'ㅙ'로 줄어지는 것은 'ㅙ'로 적는다.

되다 — 일이 뜻대로 (되어→)**돼** 간다.
만나게 (되어서→)**돼서** 기쁘다.
일이 잘 (되어야→)**돼야** 한다.
나도 가게 (되었다→)**됐다**.

제36항 '｜' 뒤에 '-어'가 와서 'ㅕ'로 줄 적에는 준 대로 적는다.

(본말)	(준말)	(본말)	(준말)
가지어	가져	가지었다	가졌다
견디어	견뎌	견디었다	견뎠다
다니어	다녀	다니었다	다녔다
막히어	막혀	막히었다	막혔다
버티어	버텨	버티었다	버텼다
치이어	치여	치이었다	치였다

　파생 접미사인 '-이-, -히-, -기-, -리, -으키-, -이키-' 뒤에 어미 '-어'가 붙어 'ㅕ'로 줄 적에는 준 대로 표기한다.

녹이어 → 녹여	먹이어서 → 먹여서
숙이었다 → 숙였다	업히어 → 업혀
입히어서 → 입혀서	잡히었다 → 잡혔다
옮기었다 → 옮겼다	돌리었다 → 돌렸다
굶기어 → 굶겨	남기어야 → 남겨야
굴리어 → 굴려	날리어야 → 날려야
일으키어 → 일으켜	돌이키어 → 돌이켜

제37항 'ㅏ, ㅕ, ㅗ, ㅜ, ㅡ'로 끝난 어간에 '-이-'가 와서 각각 'ㅐ, ㅖ, ㅚ, ㅟ, ㅢ'로 줄 적에는 준 대로 적는다.

(본말)	(준말)	(본말)	(준말)
싸이다	쌔다	누이다	뉘다
펴이다	폐다	뜨이다	띄다
보이다	뵈다	쓰이다	씌다

　용언의 어간 끝 모음 'ㅏ', 'ㅕ', 'ㅗ', 'ㅜ', 'ㅡ' 등의 뒤에 파생 접미사인 '-이-'가 결합하여 'ㅐ', 'ㅖ', 'ㅚ', 'ㅟ', 'ㅢ' 등으로 줄어지는 것은 'ㅐ', 'ㅖ', 'ㅚ', 'ㅟ', 'ㅢ' 등으로 적는다.

까이다 → 깨다[77] 켜이다 → 켸다[78]

쏘이다 → 쐬다 꾸이다 → 뀌다[79]

트이다 → 틔다

'놓이다'가 '뇌다'로 줄어지는 경우도 '뇌다'로 적는다.

제38항 'ㅏ, ㅗ, ㅜ, ㅡ' 뒤에 '-이어'가 어울려 줄어질 적에는 준 대로 적는다.

(본말)	(준말)		(본말)	(준말)	
싸이어	쌔어	싸여	뜨이어[80]	띄어	
보이어	뵈어	보여	쓰이어	씌어	쓰여
쏘이어	쐬어	쏘여	트이어	틔어	트여
누이어	뉘어	누여			

용언의 어근 끝 모음 'ㅏ', 'ㅗ', 'ㅜ', 'ㅡ' 등 뒤에 피동 접미사 '-이-'와 어미 '어'가 결합하여 줄어질 적에는 파생 접미사 '-이-'가 앞 음절에 올라붙으면서 줄어지기도 하고, 뒤 음절 '-어'에 이어지면서 줄어지기도 한다.

까이어 → 깨어/까여 꼬이어 → 꾀어/꼬여

누이어 → 뉘어/누여 뜨이어 → 띄어/(눈이)뜨여

쓰이어 → 씌어/쓰여 트이어 → 틔어/트여

제39항 어미 '-지' 뒤에 '않-'이 어울려 '-잖-'이 될 적과 '-하지' 뒤에 '않-'이 어울려 '-찮-'이 될 적에는 준 대로 적는다.

(본말)	(준말)	(본말)	(준말)
그렇지 않은	그렇잖은	만만하지 않다	만만찮다
적지 않은	적잖은	변변하지 않다	변변찮다

---

77) 깨다: 술기운 따위가 사라지고 온전한 정신 상태로 돌아오다.

78) 켸다: '켜다'의 피동사.

79) 뀌다: 꿈에 나타나다. 나중에 돌려받기로 하고 돈이나 물건 따위를 빌려주다.

80) 뜨이어: 피동사 '뜨이다'의 활용형이다.

제39항은 줄어진 형태가 하나의 단어처럼 다루어지는 경우에는 구태여 그 원형과 결부시켜 준 과정의 형태를 밝힐 필요가 없이 소리 나는 대로 적는다.

'그렇잖은', '변변찮다' 등은 두 단어가 줄어진 형태이다.

'만만찮다'와 '적잖은'은 한 단어로 굳어진 합성어이다. 이와 같은 예는 다음과 같다.

<table>
<tr><td>당찮다(←당하지 않다)</td><td>시답잖다(←시답지 않다)</td></tr>
<tr><td>오죽잖다(←오죽하지 않다)</td><td>편찮다(←편하지 않다)</td></tr>
</table>

제40항 어간의 끝 음절 '하'의 'ㅏ'가 줄고 'ㅎ'이 다음 음절의 첫소리와 어울려 거센소리로 될 적에는 거센소리로 적는다.

(본말)	(준말)	(본말)	(준말)
간편하게	간편케	다정하다	다정타
연구하도록	연구토록	정결하다	정결타
가하다	가타	흔하다	흔타

[붙임 1] 'ㅎ'이 어간의 끝소리로 굳어진 것은 받침으로 적는다.

않다	않고	않지	않든지
그렇다	그렇고	그렇지	그렇든지
아무렇다	아무렇고	아무렇지	아무렇든지
어떻다	어떻고	어떻지	어떻든지
이렇다	이렇고	이렇지	이렇든지
저렇다	저렇고	저렇지	저렇든지

[붙임 2] 어간의 끝 음절 '하'가 아주 줄 적에는 준 대로 적는다.

(본말)	(준말)	(본말)	(준말)
거북하지	거북지	넉넉하지 않다	넉넉지 않다
생각하건대	생각건대	못하지 않다	못지않다
생각하다 못해	생각다 못해	섭섭하지 않다	섭섭지 않다
깨끗하지 않다	깨끗지 않다	익숙하지 않다	익숙지 않다

[붙임 3] 다음과 같은 부사는 소리대로 적는다.

결단코	결코	기필코
무심코	아무튼	요컨대
정녕코	필연코	하마터면
하여튼	한사코	

제40항은 '하다'류 용언의 어간의 끝 음절인 '하'의 'ㅏ'가 줄고, 'ㅎ'이 다음 음절의 첫소리와 어울려 거센소리인 'ㅋ', 'ㅌ' 등으로 발음될 경우에는 거센소리로 표기하도록 규정한 것이다.

간편하게 → 간편케　　　　다정하다 → 다정타
연구하도록 → 연구토록　　정결하다 → 정결타

[붙임 1] 준말에서 'ㅎ'이 어간의 끝소리로 굳어져 있는 것은 받침으로 붙여 적는다. 이 경우 한 개 단어로 다루어지는 준말의 기준은 관용에 따르는데, '이러하다', '그러하다', '저러하다', '어떠하다', '아무러하다', '아니하다' 등이 줄어진 형태가 이에 해당된다.

(이러하다 →) 이렇다, 이렇게, 이렇고, 이렇지, 이렇거나, …
(아니하다 →) 않다, 않게, 않고, 않지, 않든지, 않도록, …

[붙임 2] 어간의 끝 음절 '하'가 아주 줄 적에는 줄어진 대로 적는 것은 관용되고 있는 것이다. 이것은 대체로 안울림소리(무성음) 'ㄱ', 'ㅂ', 'ㅅ' 받침 뒤에서 나타난다.

생각하건대 → 생각건대, 갑갑하지 않다 → 갑갑지 않다 → 갑갑잖다,
깨끗하지 않다 → 깨끗지 않다 → 깨끗잖다, 못하지 않다 → 못지않다(→ 못잖다)

[붙임 3] 어원적으로 용언의 활용형으로 볼 수 있더라도 부사로 전성된 단어는 그 원형을 밝히지 않고 소리 나는 대로 적는다. 그런데 용언의 활용형인 '이렇든',

'그렇든', '저렇든' 등은 '이러튼', '그러튼', '저러튼' 등으로 적지 않는다.

제5장 띄어쓰기

제1절 조사

제41항 조사는 그 앞말에 붙여 쓴다.			
꽃이	꽃마저	꽃밖에	꽃에서부터
꽃으로만	꽃이나마	꽃이다	꽃입니다
꽃처럼	어디까지나	거기도	멀리는
웃고만			

조사(助詞)는 주로 체언—명사·대명사·수사—에 연결되어 그 체언이 문장 내의 다른 단어와 맺는 관계를 나타내거나, 체언의 뜻을 한정하거나, 체언과 체언을 이어 주는 기능을 하는 단어들이다.

조사는 그 기능에 따라 격 조사(格助詞), 보조사(補助詞), 접속 조사(接續助詞) 등으로 나뉜다.

격 조사는 주로 체언에 연결되어 격을 나타내는 조사이다. 격 조사에는 주격 조사·보격 조사·목적격 조사·관형격 조사·부사격 조사·호격 조사[81]·서술격 조사 등이 있다. 학교 문법에서는 지정사인 '이다'를 서술격 조사로 다루기 때문에 '한글 맞춤법'에서도 '이다'를 조사로 간주하고 있다. 격 조사의 목록은 다음의 [표 1]과 같다.

[표 1] 격 조사의 목록

구분	목록	용례
주격 조사	이, 가, 께서	(1) 바람이 분다. (2) 아기가 웃는다. (3) 할머니께서 주무신다.

---

81) '호격 조사'를 '독립격 조사'라고 일컫기도 한다.

보격 조사	이, 가	(1) 영희가 반장이 되었다. (2) 그는 지도자가 아니다.
목적격 조사	을, 를	(1) 숙희가 빵을 먹는다. (2) 영희가 노트를 샀다.
관형격 조사	의	영호의 집은 매우 크다.
부사격 조사	에, 에서, (으)로서, (으)로써, 와/과, 에게, 께	(1)그는 광천에 산다. (2) 그는 미국에서 왔다. (3) 그는 교사로서 책무를 다하였다. (4) 이것은 금으로써 만든 것이다. (5) 나는 영주와 탁구를 쳤다. (6) 나는 영주에게 선물을 주었다. (7) 나는 선생님께 편지를 보내 드렸다.
호격 조사	아, 야	(1) 동혁아, 빨리 와. (2) 영희야, 잘 있어.
서술격 조사	이다	(1) 저것이 가장 높은 빌딩이다. (2) 미끄러운 길이니 조심해 가거라.

보조사는 체언이나 그 외의 단어에 연결되어 어떤 의미를 첨가하여 주는 조사이다. 보조사의 목록은 다음의 [표 2]와 같다.

[표 2] 보조사의 목록

목록	용례
은, 는	(1) 인생은 짧고 예술은 길다. (2) 그는 대통령이 되었다. (3) 나는 소고기는 먹지 못해. (4) 지금 가지는 말아라.
도	나는 사과도 먹었다.
부터	너부터 시작해.
까지	그이까지 이민을 갔다.
마저	너마저 떠나면 안 돼.
조차	너조차 나를 미워하는구나.
(이)나, (이)나마	(1) 할 일이 없으면 잠이나 자자. (2) 돈이 없으면 몸이나마 건강해야지.
(이)든지	그는 고기든지 채소든지 잘 먹는다.

(이)라도	너라도 그를 위로해 주어야 한다.
마다	그는 만나는 사람마다 반갑게 인사를 했다.
만	나는 너만 사랑한다.
(은/는)커녕	나는 오징어는커녕 새우 한 마리도 못 잡았다.
요	(1) 잘 가요. (2) 저는요 승마를 좋아해요.
(이)야, (이)야말로	(1) 그는 놀아도 밥이야 먹겠지. (2) 용서야말로 소중한 가치 덕목이다.
그려	경치가 참 아름답네그려.

접속 조사란 두 단어를 동등한 자격으로 이어 주는 기능을 하는 조사이다.

    (1) ㄱ. 나는 산과 바다를 모두 좋아한다.

       ㄴ. 너와 나는 앞서가는 누리꾼이다.

조사는 그것이 결합되는 선행어의 문법적 기능을 표시하므로 그 선행어에 붙이어 쓰는 것이다. 조사가 둘 이상 겹쳐지거나, 조사가 어미 뒤에 붙는 경우에도 붙이어 쓴다.

      집**에서처럼**   학교**에서만이라도**   여기**서부터**입니다

      어디**까지**입니까   나가면서**까지도**   들어가기**는커녕**

제2절 의존 명사, 단위를 나타내는 명사 및 열거하는 말 등

제42항 의존 명사는 띄어 쓴다.	
아는 것이 힘이다.	나도 할 수 있다.
먹을 만큼 먹어라.	아는 이를 만났다.
네가 뜻한 바를 알겠다.	그가 떠난 지가 오래다.

의존 명사는 자립성이 없어서 그 앞에 꾸며 주는 말이 있어야만 문장에서 쓰일 수 있는 명사이다.

의존 명사로는 '간(間)', '것', '겨를', '결', '겸(兼)', '김', '나름', '나위', '녀석', '녘', '노릇', '대로', '데', '듯', '둥', '들', '등(等)', '등등(等等)', '등속('等屬)', '등지(等地)', '따름', '따위', '딴', '때문', '리(理)', '만', '만큼', '무렵', '바', '바람', '밖', '법(法)', '뻔', '뿐', '섟'82), '셈', '손', '수', '양(樣)', '외(外)', '이'83), '이래(以來)', '자(者)', '적', '족족', '줄', '즈음', '지', '지경(地境)', '차(次)', '채', '체', '축', '터', '턱', '통', '편(便)', '품', '해'84) 등이 있다.

동일한 형태가 경우에 따라 다르게 쓰이는 예를 들어 보면 다음과 같다.

(1) '들'이 '남자**들**, 학생**들**'처럼 하나의 단어에 결합하여 복수를 나타내는 경우는 접미사로 다루어 붙여 쓰지만, "쌀, 보리, 콩, 조, 기장 **들**을 오곡(五穀)이라 한다."에서와 같이 두 개 이상의 사물을 열거하는 구조에서 '그런 따위'란 뜻을 나타내는 경우는 의존 명사이므로 띄어 쓴다.

(2) '뿐'이 '남자**뿐**이다, 셋**뿐**이다'처럼 체언 뒤에 붙어서 한정의 뜻을 나타내는 경우는 접미사로 다루어 붙여 쓰지만, "웃을 **뿐**이다." "만졌을 **뿐**이다."와 같이 용언의 관형사형 전성 어미 '-(으)ㄹ' 뒤에서 '따름'이란 뜻을 나타내는 경우는 의존 명사이므로 띄어 쓴다.

(3) '대로'가 '법**대로**, 약속**대로**'처럼 체언 뒤에 붙어서 '앞에 오는 말에 근거하거나 달라짐이 없음'85)이나 '따로따로 구별됨'86)을 나타내는 경우는 보조사이므로 붙여 쓴다. 그런데 "그는 아는 **대로** 말한다." "나는 약속한 **대로** 이행한다."와 같이 용언의 관형사형 뒤에서 '그와 같이'란 뜻을 나타내는 경우는 의존 명사이므로 띄어 쓴다.

---

82) 섟: 마땅히 그러하지는 못할망정 도리어. [보기] 그는 용서를 구하여야 할 섟에 큰소리를 친다.

83) 이: 사람. [보기] 나는 악한 이를 싫어한다.

84) 해: 인칭대명사 뒤에 쓰여 '사람'을 뜻하는 의존 명사임. [보기] 저것은 내 해다.

85) 보조사 '대로'가 '앞에 오는 말에 근거하거나 달라짐이 없음'을 뜻하는 보기를 들어 보면 다음과 같다.
    [보기] 교칙대로 처벌하세요.

86) 보조사 '대로'가 '따로따로 구별됨'을 뜻하는 보기를 들면 다음과 같다.
    [보기] 무거운 것은 무거운 것대로 가벼운 것은 가벼운 것대로 나누어 놓으세요.

(4) '만큼'이 "여자도 남자**만큼** 일한다. 키가 전봇대**만큼** 크다."처럼 체언 뒤에 붙어서 '그런 정도로'라는 뜻을 나타내는 경우는 보조사이므로 붙여 쓴다. 그런데 "나는 경치를 구경할 **만큼** 하였다."에서와 같이 '만큼'이 용언의 관형사형 뒤에서 '앞의 내용에 상당하는 수량이나 정도임'을 나타낼 경우나, "길이 매우 험한 **만큼** 각별히 조심해 오너라."에서 처럼 '만큼'이 '뒤에 나오는 내용의 원인이나 근거가 됨'을 나타내는 경우는 의존 명사이므로 띄어 쓴다.

(5) '만'이 "하나**만** 알고, 둘은 모른다. 이것은 그것**만** 못하다."에서와 같이 체언에 붙어서 '다른 것으로부터 제한하여 어느 것을 한정함'을 나타내는 경우는 보조사이므로 '만'을 앞말에 붙여 쓴다. 그런데 "떠난 지 사흘 **만**에 돌아왔다." "온 지 1년 **만**에 떠나갔다." 등에서와 같이 '만'이 '동안이 얼마간 계속되었음'을 나타내는 경우는 의존 명사이므로 띄어 쓴다.

(6) "집이 큰**지** 작은**지** 모르겠다."에 쓰인 '-지'는 어미의 일부이므로 붙여 쓴다. 그런데 "그가 미국으로 이민을 간 **지** 1년이 지났다." "그를 본 **지** 10년이 지났다." 등에서와 같이 용언의 관형사형 전성 어미 뒤에서 '어떤 일이 있었던 때로부터 지금까지의 동안'을 나타내는 경우는 의존 명사이므로 띄어 쓴다.

(7) '차(次)'가 "그는 어학 연수**차**(研修次) 미국에 간다."에 쓰인 '연수차'처럼 명사 뒤에 붙어서 '목적'이라는 뜻을 나타내는 경우는 접미사이기 때문에 붙여 쓴다. 그런데 "지난달 나는 고향에 갔던 **차**에 선을 보았다."와 같이 용언의 관형사형 전성 어미 뒤에서 '어떠한 일을 하던 기회나 순간'이라는 뜻을 나타내는 경우는 의존 명사이므로 띄어 쓴다.

제43항 단위를 나타내는 명사는 띄어 쓴다.

한 개	차 한 대	금 서 돈
소 한 마리	옷 한 벌	열 살
조기 한 손	연필 한 자루	버선 한 죽
집 한 채	신 두 켤레	북어 한 쾌

다만, 순서를 나타내는 경우나 숫자와 어울리어 쓰이는 경우에는 붙여 쓸 수 있다.

두시 삼십분 오초	제일과
삼학년	육층
1446년 10월 9일	2대대
16동 502호	제1실습실
80원	10개
7미터	

단위를 나타내는 명사를 '단위 명사'라고 일컫는다. 단위 명사로는 '개', '근', '그루', '냥', '돈', '마리', '마지기', '말', '미터(m)', '킬로미터(km)', '채', '포기' 등을 들 수 있다. 단위 명사는 그 앞의 수관형사[87]와 띄어 쓴다.

나무 한 **그루**	고기 두 **근**	열 **길** 물 속
은 넉 **냥**(-쭝)	바느질 실 한 **님**	엽전 두 **닢**
금 서 **돈**(-쭝)	토끼 두 **마리**	논 두 **마지기**
쌀 서 **말**	물 한 **모금**	실 한 **바람**
장작 한 **바리**	열 **바퀴**	새끼 두 **발**
국수 한 **사리**	벼 석 **섬**	밥 한 **술**
흙 한 **줌**	집 세 **채**	밤 한 **톨**
김 네 **톳**	풀 한 **포기**	

다만. 수관형사 뒤에 단위 명사가 붙어서 순서를 나타내는 경우나, 단위 명사가 아라비아 숫자 뒤에 붙는 경우는 붙여 쓸 수 있도록 허용하였다.

제오(第五) 장(章) → 제오장(第五章)   제일(第一) 절(節) → 제일절(第一節)
2연대, 500원, 9개, 10근, 1000km

그런데 '개년, 개월, 일(간), 시간' 등은 수관형사와 붙여 쓰지 않는다.

나는 미국의 워싱턴에서 **육 (개)년 오 개월 이십 일(간)** 체류하였다.

---

87) '한 그루', '두 그루' 등에 쓰인 '한'과 '두'를 수사로 간주하는 문법학자도 있다. 학교 문법에서는 이것을 '관형사'로 처리한다.

제44항 수를 적을 적에는 '만(萬)' 단위로 띄어 쓴다.

십이억 삼천사백오십육만 칠천팔백구십팔	12억 3456만 7898

1988년 십진법(十進法)에 따라 띄어 쓰던 것[88]을 '만' 단위로 개정하였다. 그래서 '만(萬)', '억(億)', '조(兆)', '경(京), 해(垓), 자(秭)' 단위로 띄어 쓰는 것이다.

삼천이백사십삼조 칠천팔백육십칠억 팔천구백이십칠만 육천삼백오십사
3243조 7867억 8927만 6354

제45항 두 말을 이어 주거나 열거할 적에 쓰이는 다음의 말들은 띄어 쓴다.

국장 겸 과장	열 내지 스물
청군 대 백군	책상, 걸상 등이 있다
이사장 및 이사들	사과, 배, 귤 등등
사과, 배 등속	부산, 광주 등지

(1) '겸(兼)'은 한 가지 일 밖에 또 다른 일을 아울러 함을 뜻하는 의존 명사이다. 따라서 '겸(兼)'은 앞말과 띄어 쓴다.

㉠ 그는 교육부 장관 **겸** 부총리이다.
㉡ 나는 친구도 만날 **겸** 구경도 할 **겸** 서울에 다녀왔다.

(2) '대(對)'는 '대비'나 '대립'을 뜻하는 의존 명사이다. 그래서 '대'는 앞말과 띄어 쓴다.

10 **대(對)** 6,   한국 **대(對)** 중국,   청군 **대(對)** 백군

그런데 "대(對)를 이룬다."에 쓰인 '대(對)'는 '같은 종류로 이루어진 짝이나 상대'를 뜻하는 자립 명사이다. '대미(對美) 수출', '대일(對日) 무역'과 같이 고유

---

88) '한글 마춤법 통일안(1933)'에서는 수의 한글 표기를 십진법 단위로 띄어 쓰도록 규정하였다.

명사를 포함하는 대다수 명사 앞에 붙어 '그것을 상대로 한' 또는 '그것에 대항하는'의 뜻을 더하는 '대(對)'는 접두사이다.

(3) '내지(乃至)'는 '그렇지 않으면' 혹은 '수량을 나타내는 말들 사이에 쓰이어 얼마에서 얼마까지'라는 뜻을 나타내는 접속 부사이므로 띄어 쓴다.

　　홍성 **내지** 광천, 둘 내지 여섯

(4) '및'은 '그리고', '그 밖에', '또'의 뜻을 나타내는 접속 부사이므로 띄어 쓴다.

　　사장 **및** 부장　　　　　　　사과, 배, 감 **및** 복숭아

(5) '등(等)'은 명사나 관형사형 전성 어미 '−는' 뒤에 쓰이어 그 밖에도 같은 종류의 것이 더 있음을 나타내거나, 명사 뒤에 쓰이어 두 개 이상의 대상을 열거함을 나타내거나, 열거한 대상을 한정함을 나타내는 의존 명사이다.

　　㉠ 어제 나는 사과, 밤, 감 **등**을 많이 먹었다.
　　㉡ 겨울 방학에 나는 여행을 하거나 교양 서적을 읽는 **등** 재미있게 보냈다.

'등등(等等)'은 명사나 관형사형 전성 어미 '−는' 뒤에 쓰이어 '둘 이상의 대상을 나열한 뒤 보기가 앞에 든 것 외에도 더 있음을 강조하여 이르는 의존 명사이다.

　　㉠ 어제 나는 사과, 밤, 감 **등등**을 많이 먹었다.
　　㉡ 지난 10월에 나는 여행을 하거나 교양 서적을 읽는 **등등** 재미있게 보냈다.

'등속(等屬)'은 명사나 관형사형 전성 어미 '−는' 뒤에 쓰이어 나열한 사물과 같은 종류의 것들을 몰아서 이르는 의존 명사이다.

　　㉠ 나는 그녀에게 금비녀, 금반지, 금팔찌, 금목걸이 **등속**을 주었다.
　　㉡ 그는 유학생에게 한국어를 잘하느냐, 생활에 불편함이 없느냐, 학업에 열중
　　　　하느냐 하는 등속의 질문을 하였다.

'등지(等地)'는 지명 뒤에 쓰이어 '그곳을 포함한 여러 곳'의 뜻을 나타내는 의존 명사이다.

나는 그동안 광주, 부산, 광천, 홍성, 서천 **등지**를 여행하였다.

제46항 단음절로 된 단어가 연이어 나타날 적에는 붙여 쓸 수 있다.			
그때 그곳	좀더 큰것	이말 저말	한잎 두잎

단음절(單音節)이란 음절의 수가 하나인 음절을 뜻한다. '강', '산', '돌' 등과 같이 단음절로 이루어진 단어'를 '단음절어(單音節語)'라고 일컫는다.

제46항은 단음절어인 관형사와 명사, 부사와 부사가 연결되는 경우와 같이 '수식어 + 피수식어' 구조 즉 자연스럽게 의미적으로 한 덩이를 이룰 수 있는 구조에 적용되는 것이다.

     (ㄱ) 좀 더 큰 것→좀더 큰것
     (ㄴ) 이 말 저 말→이말 저말

이상의 (ㄱ)에서 '좀'과 '더'는 부사이고, '큰'은 관형어이고 '것'은 명사이다. '좀'은 수식어이고 '더'는 피수식어이다. '큰'은 수식어이고 '것'은 피수식어이다. (ㄴ)에서 '이'와 '저'는 관형사이고, '말'은 명사이다. '이'와 '저'는 수식어이고, '말'은 피수식어이다.

단음절어는 무조건 붙여 쓸 수 있는 것이 아니다.

     잘 안 자(○)/잘안 자(×), 안 가(○)/안가(×)

제3절 보조 용언

제47항 보조 용언은 띄어 씀을 원칙으로 하되, 경우에 따라 붙여 씀도 허용한다. (ㄱ을 원칙으로 하고, ㄴ을 허용함.)

ㄱ	ㄴ
불이 꺼져 간다.	불이 꺼져간다.
내 힘으로 막아 낸다.	내 힘으로 막아낸다.
어머니를 도와 드린다[89].	어머니를 도와드린다.
그릇을 깨뜨려 버렸다.	그릇을 깨뜨려버렸다.
비가 올 듯하다.	비가 올듯하다.
그 일은 할 만하다.	그 일은 할만하다.
일이 될 법하다.	일이 될법하다.
비가 올 성싶다.	비가 올성싶다.
잘 아는 척한다.	잘 아는척한다.

다만, 앞 말에 조사가 붙거나 앞말이 합성 동사인 경우, 그리고 중간에 조사가 들어갈 적에는 그 뒤에 오는 보조 용언은 띄어 쓴다.

잘도 놀아만 나는구나!	책을 읽어도 보고…….
네가 덤벼들어 보아라.	강물에 떠내려가 버렸다.
그가 올 듯도 하다.	잘난 체를 한다.

　　보조 용언이란 본용언 뒤에 놓여서 본용언을 도와주는 기능을 하는 용언이다. 보조 용언은 대체로 본용언의 어간에 보조적 연결 어미 '-아/-어/-여', '-게', '-고', '-지' 등이 결합된 형태 뒤에 오는데 여기서 규정한 보조 용언은 (1) 보조적 연결 어미 '-아/-어/-여' 뒤에 연결되는 보조 용언, (2) 의존 명사에 '-하다'나 '-싶다'가 붙어서 된 보조 용언에 한정한다.

　　제47항은 보조 용언도 별개의 단어이므로 본용언과 띄어 쓰는 것이 원칙인데, 경우에 따라 본용언에 붙여 씀도 허용한 것이다.

---

89) '도와 드린다'를 국립국어원의 『표준국어대사전』에서는 합성어로 간주하여 붙여 쓴다.

보조 용언	원칙	허용
가다(진행)	늙어 간다, 되어 간다	늙어간다, 되어간다
가지다(보유)	알아 가지고 간다	알아가지고 간다
나다(종결)	겪어 났다, 견뎌 났다	겪어났다, 견뎌났다
내다(종결)	이겨 낸다, 참아 냈다	이겨낸다, 참아냈다
놓다(보유)	열어 놓다, 적어 놓다	열어놓다, 적어놓다
대다(강세)	떠들어 댄다	떠들어댄다
두다(보유)	알아 둔다, 기억해 둔다	알아둔다, 기억해둔다
드리다(봉사)	읽어 드린다	읽어드린다
버리다(종결)	놓쳐 버렸다	놓쳐버렸다
보다(시행)	뛰어 본다, 써 본다	뛰어본다, 써본다
쌓다(강세)	울어 쌓는다	울어쌓는다
오다(진행)	참아 온다, 견뎌 온다	참아온다, 견뎌온다
지다(피동)	이루어진다, 써진다, 예뻐진다	

그러나 어미 '-아/-어' 뒤에 '서'가 줄어진 형식에서는 뒤의 단어가 보조 용언이 아니므로 붙여 쓰는 것이 허용되지 않는다.

> (시험삼아) 고기를 잡아 본다→ 잡아본다. (허용)
> 고기를 잡아(서) 본다(×잡아본다).
> (그분의) 사과를 깎아 드린다→ 깎아드린다. (허용)
> 사과를 깎아(서) 드린다(×깎아드린다).

한편 의존 명사인 '양', '척', '체', '만', '법', '듯' 등에 '-하다'나 '-싶다'가 결합하여 된 보조 용언(으로 다루어지는 것)의 경우도 앞 말에 붙여 쓸 수 있다.

보조 용언	원칙	허용
양하다	학자인 양한다.	학자인양한다.
체하다	모르는 체한다.	모르는체한다.
듯싶다	올 듯싶다.	올듯싶다.
뻔하다	놓칠 뻔하였다.	놓칠뻔하였다.

다만 의존 명사 뒤에 조사가 붙거나, 앞 단어가 합성 동사인 경우는 보조 용언을 붙여 쓰지 않는다. 조사가 개입되는 경우는, 두 단어(본용언과 의존 명사) 사이의 의미적·기능적 구분이 분명하게 드러날 뿐 아니라 제42항 규정과도 연관되므로 붙여 쓰지 않도록 한 것이다. 또 본용언이 합성어인 경우는 '덤벼들어보아라', '떠내려가버렸다' 등과 같이 길어져 의미를 파악하기가 어렵기 때문에 띄어 쓰도록 한 것이다.

> 아는 체를 한다(×아는체를한다).
> 비가 올 듯도 한다(×올듯도한다).
> 값을 물어만 보고(×물어만보고).
> 믿을 만은 하다(×믿을만은하다).
> 밀어내 버렸다(×밀어내버렸다).
> 잡아매 둔다(×잡아매둔다).
> 매달아 놓는다(×매달아놓는다).
> 집어넣어 둔다(×집어넣어둔다).

그런데 합성 동사 뒤에 연결되는 보조 용언을 붙여 쓰지 않도록 한 것은 그 표기 단위가 길어져 의미 파악이 어려워짐을 피하려는 것이다. 다음과 같이 단음절로 된 어근이 결합하여 이루어진 합성어의 뒤에 연결되는 보조 용언은 붙여 쓸 수 있다.

> 나-가 버렸다 → 나가버렸다.

그리고 다음의 (ㄱ)과 같이 보조 용언이 거듭되는 경우는 (ㄴ)과 같이 앞의 보조 용언만을 본용언에 붙여 쓸 수 있다.

> (ㄱ) 기억해 **둘 만하다**
>   읽어 **볼 만하다**
>   되어 **갈 법하다**
>   되어 **가는 듯하다**

(ㄴ)　기억해둘 만하다
　　　읽어볼 만하다
　　　되어갈 법하다
　　　되어가는 듯하다

제4절 고유 명사 및 전문 용어

제48항 성과 이름, 성과 호 등은 붙여 쓰고, 이에 덧붙는 호칭어, 관직명 등은 띄어 쓴다.

김양수(金良洙)	서화담(徐花潭)	채영신 씨
최치원 선생	박동식 박사	충무공 이순신 장군

다만, 성과 이름, 성과 호를 분명히 구분할 필요가 있을 경우에는 띄어 쓸 수 있다.

남궁억/남궁 억	독고준/독고 준	황보지봉(皇甫芝峰)/황보 지봉

　　성명에서 성과 이름은 별개 단어의 성격을 지니고 있다. 곧 성은 혈통을 표시하며, 이름은 특정한 개인에게만 부여된 식별 부호(識別符號)이므로 순수한 고유 명사의 성격을 지니는 것이다. 그리하여 성과 이름을 띄어 쓰는 것이 합리적이긴 한데, 한자 문화권에 속하는 나라들에서는 성명을 붙여 쓰는 것이 통례이다. 더구나 한민족(韓民族)의 성(姓)은 거의 한 글자(음절)로 되어 있어서 보통 하나의 단어로 인식되지 않는다. 그리하여 성과 이름은 붙여 쓰기로 한 것이다. 이름과 마찬가지 성격을 지닌 호(號)[90]나 자(字)[91]가 성에 붙는 형식도 이에 준한다.

　　최학수(崔學洙)　　　　　　김영애(金榮愛)　　　　　　유버들(柳-)
　　정송강(鄭松江) ('송강'은 호)　이태백(李太白) ('태백'은 자)

---

90) 호(號): 본명이나 자(字) 이외에 쓰는 이름. 호는 허물없이 쓰기 위하여 지은 이름이다.

91) 자(字): 본이름 외에 부르는 이름. 예전에, 이름을 소중히 여겨 함부로 부르지 않았던 관습이 있어서 흔히 관례(冠禮) 뒤에 본이름 대신으로 불렀다. 주로 친구 사이에 서로 부르는 이름임.

다만, '남궁수'와 같은 성명의 경우 '남(南) 궁수'인지, '남궁(南宮) 수'인지 혼동될 염려가 있거나, '황보영'과 같은 성명의 경우 '황(黃) 보영'인지 '황보(皇甫) 영'인지 혼동될 염려가 있으므로 성과 이름을 분명하게 밝힐 필요가 있을 때에는 성과 이름을 띄어 쓸 수 있도록 허용한 것이다.

한편 성명 또는 성이나 이름 뒤에 붙는 호칭어[92]나 관직명(官職名)[93] 등은 고유 명사와 별개의 단위이므로 띄어 쓴다. 호나 자 등이 성명 앞에 놓이는 경우도 띄어 쓴다.

이동혁 씨	이 선생	동혁 군(君)
총장 홍길동 박사	백범 김구 선생	율곡 이이
장 사장(張社長)	김 여사(金女史)	박 대리(朴代理)
선주 양(孃)	이 팀장	퇴계 이황

제49항 성명 이외의 고유 명사는 단어별로 띄어 씀을 원칙으로 하되, 단위별로 띄어 쓸 수 있다. (ㄱ을 원칙으로 하고, ㄴ을 허용함.)

ㄱ	ㄴ
대한 중학교	대한중학교
한국 대학교 사범 대학	한국대학교 사범대학

'한국 대학교 사범 대학'처럼 단어별로 띄어 쓰면, '한국', '대학교', '사범', '대학' 등의 네 개 단어가 각각 지니고 있는 뜻은 분명하게 이해되는데, 그것이 하나의 대상으로 파악되지 않는 단점도 있다. 그리하여 둘 이상의 단어가 결합하여 이루어진 고유 명사는 단어별로 띄어 쓰는 것을 원칙으로 하되, '한국대학교 사범대학'처럼 단위별로 붙여 쓸 수 있도록 허용한 것이다.

여기서 말하는 '단위'란 그 고유 명사로 일컬어지는 대상물의 구성 단위를 뜻한다. 즉 이것은 어떤 체계를 가지는 구조물에서 각각 하나의 독립적인 지시 대

---

92) 호칭어(呼稱語): 사람이나 사물을 부르는 말.
93) 관직명(官職名): 관직 이름. 또는 벼슬 이름.

상물로서 파악되는 것을 이른다. 예컨대 '한국 대학교 사범 대학 국어교육학과'는
'한국 대학교 / 사범 대학 / 국어교육학과'의 세 개 단위로 나누어진다.

　　(원칙) 서울 대공원 관리 사무소 관리부 동물 관리과
　　(허용) 서울대공원관리사업소 관리부 동물관리과
　　(원칙) 한국 방송 공사 경영 기획 본부 경영 평가실 경영 평가 분석부
　　(허용) 한국방송공사 경영기획본부 경영평가실 경영평가분석부

　'부설(附設)', '부속(附屬)', '직속(直屬)', '산하(傘下)' 따위는 고유 명사로 일컬
어지는 대상물이 아니라, 그 대상물의 존재 관계(형식)를 나타내는 말이므로 원
칙적으로 앞뒤의 말과 띄어 쓴다.

　　(원칙) 보건 복지부 산하 국립 의료원
　　(허용) 보건복지부 산하 국립의료원
　　(원칙) 대통령 직속 국가 안전 보장 회의
　　(허용) 대통령 직속 국가안전보장회의

제50항 전문 용어는 단어별로 띄어 씀을 원칙으로 하되, 붙여 쓸 수 있다. (ㄱ을 원칙으로 하고, ㄴ을 허용함.)	
ㄱ	ㄴ
만성 골수성 백혈병	만성골수성백혈병
중거리 탄도 유도탄	중거리탄도유도탄

　전문 용어(專門用語)란 특정한 학술 용어나 기술 용어와 같이 전문적인 영역
에서 쓰이는 말이다. 이것은 대개 둘 이상의 단어가 결합하여 이루어진 합성어의
성격을 띠고 있다. 따라서 그 의미를 파악하기 쉽도록 하기 위해서 띄어 쓰는
것을 원칙으로 하고, 편의상 붙여 쓸 수 있도록 허용하였다.

원칙	허용
국제 음성 기호 (萬國音聲記號)	국제음성기호
모음 조화 (母音調和)	모음조화
긴급 재정 처분 (緊急財政處分)	긴급재정처분
무한 책임 사원 (無限責任社員)	무한책임사원
배당 준비 적립금 (配當準備積立金)	배당준비적립금
손해 배상 청구 (損害賠償請求)	손해배상청구
관상 동맥 경화증 (冠狀動脈硬化症)	관상동맥경화증
급성 복막염 (急性腹膜炎)	급성복막염
지구 중심설 (地球中心說)	지구중심설
탄소 동화 작용 (炭素同化作用)	탄소동화작용
해양성 기후 (海洋性氣候)	해양성기후
두 팔 들어 가슴 벌리기	두팔들어가슴벌리기
무릎 대어 돌리기	무릎대어돌리기
여름 채소 가꾸기	여름채소가꾸기

다만 명사가 용언의 관형사형으로 된 관형어의 수식을 받거나, 두 개 이상의 체언이 접속 조사로 연결되는 구조일 때는 붙여 쓰지 않는다.

간단한 도면 그리기   쓸모 있는 주머니 만들기
아름다운 노래 부르기   바닷말과 물고기 기르기

저서명, 작품명 등이 구(句)와 문장 형식인 경우 단어별로 띄어 쓴다.

죽이는 말 살리는 말(저서명)   누구를 위하여 종은 울리나(작품명)

제6장 그 밖의 것

제51항 부사의 끝 음절이 분명히 '이'로만 나는 것은 '-이'로 적고, '히'로만 나거나 '이'나 '히'로 나는 것은 '-히'로 적는다.

1. '이'로만 나는 것

가붓이[94]	깨끗이	나붓이[95]	느긋이
둥긋이	따뜻이	반듯이	버젓이
산뜻이	의젓이	가까이	고이
날카로이	대수로이	번거로이	많이
적이	헛되이	겹겹이	번번이
일일이	집집이	틈틈이	

2. '히'로만 나는 것

극히	급히	딱히	속히
작히	족히	특히	엄격히
정확히			

3. '이, 히'로 나는 것

솔직히	가만히	간편히	나른히
무단히	각별히	소홀히	쓸쓸히
정결히	과감히	꼼꼼히	심히
열심히	급급히	답답히	섭섭히
공평히	능히	당당히	분명히
상당히	조용히	간소히	고요히
도저히			

제51항은 부사의 끝 음절이 분명히 [이]로만 발음되는 것은 '-이'로 적고, [히]로만 발음되거나 [이]나 [히]로 발음되는 것은 '-히'로 적기로 규정한 것이다.

이 규정의 해석에는 다음과 같은 규칙성이 제시될 수 있다.

(1) '이'로 적는 것

① (첩어 또는 준첩어인) 명사 뒤

간간이   겹겹이   골골샅샅이   곳곳이
길길이   나날이   다달이   땀땀이

---

94) 가붓이: 조금 가볍게.
95) 나붓이: 조금 넓고 평평하게.

| 몫몫이 | 번번이 | 샅샅이 | 알알이 |
| 앞앞이 | 줄줄이 | 짬짬이 | 철철이 |

② 'ㅅ' 받침 뒤

| 기웃이 | 나긋나긋이 | 남짓이 | 뜨뜻이 |
| 버젓이 | 번듯이 | 빠듯이 | 지긋이 |

③ 'ㅂ'불규칙 용언의 어간 뒤

가벼이	괴로이	기꺼이
너그러이	부드러이	새로이
쉬이	외로이	즐거이
−스러이

④ '−하다'가 붙지 않는 용언 어간 뒤

같이	굳이	길이
깊이	높이	많이
실없이	적이	헛되이

⑤ 부사 뒤 (제25항 2 참조.)

| 곰곰이 | 더욱이 | 생긋이 |
| 오뚝이 | 일찍이 | 히죽이 |

(2) '히'로 적는 것

① '−하다'가 붙는 어근 뒤 (단, 'ㅅ'받침 제외)

극히	급히	딱히	속히
족히	엄격히	정확히	간편히
고요히	공평히	과감히	급급히
꼼꼼히	나른히	능히	답답히

② '−하다'가 붙는 어근에 '−히'가 결합하여 된 부사가 줄어진 형태

익숙히 → 익히 특별히 → 특히

③ 어원적으로는 '-하다'가 붙지 않는 어근에 부사화 접미사가 결합한 형태로 분석되더라도 그 어근 형태소의 본뜻이 유지되고 있지 않은 단어의 경우는 익어진 발음 형태대로 '히'로 적는다.

　　작히96)

제52항 한자어에서 본음으로도 나고 속음으로도 나는 것은 각각 그 소리에 따라 적는다.

원음으로 나는 것	속음으로 나는 것
승낙(承諾)	수락(受諾), 쾌락(快諾), 허락(許諾)
만난(萬難)	곤란(困難), 논란(論難)
안녕(安寧)	의령(宜寧), 회령(會寧)
분노(忿怒)	대로(大怒), 희로애락(喜怒哀樂)
토론(討論)	의논(議論)
오륙십(五六十)	오뉴월, 유월(六月)
목재(木材)	모과(木瓜)
십일(十日)	시방정토(十方淨土), 시왕(十王), 시월(十月)
팔일(八日)	초파일(初八日)

속음(俗音)은 본음과 달리 일반 사회에서 널리 사용하는 소리이다. 그래서 속음으로 된 발음 형태를 표준어로 삼아 맞춤법에서도 속음에 따라 적도록 한 것이다. 다음과 같은 단어는 속음으로 적는다.

　　본댁(本宅), 시댁(媤宅), 댁내 (宅內)/자택 (自宅)
　　모란(牧丹)/단풍(丹楓), 단심(丹心), 통찰(洞察)/동굴(洞窟), 동장(洞長)
　　사탕(砂糖), 설탕(雪糖), 탕수육(糖水肉)/당분(糖分), 혈당(血糖)
　　보리(菩提)/제공(提供), 도량(道場)97)/ 도장(道場)98)
　　보시(布施)/공포(公布)

---

96) 작히: 어찌 조금만큼만. 얼마나.

97) 도량(道場): 부처나 보살이 도를 얻는 곳. 또는 도를 얻으려고 수행하는 곳. 불도를 수행하는 절이나 승려들이 모인 곳.

98) 도장(道場): 무예를 익히는 곳,

제53항 다음과 같은 어미는 예사소리로 적는다. (ㄱ을 취하고, ㄴ을 버림.)

ㄱ	ㄴ	ㄱ	ㄴ
-(으)ㄹ거나	-(으)ㄹ꺼나	-(으)ㄹ지니라	-(으)ㄹ찌니라
-(으)ㄹ걸	-(으)ㄹ껄	-(으)ㄹ지라도	-(으)ㄹ찌라도
-(으)ㄹ게	-(으)ㄹ께	-(으)ㄹ지어다	-(으)ㄹ찌어다
-(으)ㄹ세	-(으)ㄹ쎄	-(으)ㄹ지언정	-(으)ㄹ찌언정
-(으)ㄹ세라	-(으)ㄹ쎄라	-(으)ㄹ진대	-(으)ㄹ찐대
-(으)ㄹ수록	-(으)ㄹ쑤록	-(으)ㄹ진저	-(으)ㄹ찐저
-(으)ㄹ시	-(으)ㄹ씨	-올시다	-올씨다
-(으)ㄹ지	-(으)ㄹ찌		

다만, 의문을 나타내는 다음 어미들은 된소리로 적는다.

-(으)ㄹ까?	-(으)ㄹ꼬?	-(스)ㅂ니까?
-(으)리까?	-(으)ㄹ쏘냐?	

예사소리(例事-)란 구강 내부의 기압 및 발음 기관의 긴장도가 낮아 약하게 파열되는 소리로, 'ㄱ', 'ㄷ', 'ㅂ', 'ㅅ', 'ㅈ' 등을 일컫는다. 'ㄹ'을 첫소리로 가지는 어미는 'ㄹ' 뒤의 예사소리가 반드시 된소리로 발음된다. 이와 같이 'ㄹ' 뒤의 예사소리가 반드시 된소리로 발음되더라도 예사소리로 적는다. 그리하여 '-ㄹ게'가 [ㄹ께]로 발음되더라도 예사소리로 적는다.

다만, 의문형 종결 어미인 '-(으)ㄹ까', '-(으)ㄹ꼬', '-(으)ㄹ쏘냐', '(-나이까 -더이까 -리까 -ㅂ니까/-습니까 -ㅂ디까/-습디까)' 등은 된소리로 적는다. 이것은 1957년 6월 30일 한글학회 총회에서 결정한, '한글 맞춤법 통일안' 보유(補遺)에서 그렇게 정해져서 이미 널리 익어져 있는 형식이기 때문에 관용을 따른 것이다.

제54항 다음과 같은 접미사는 된소리로 적는다. (ㄱ을 취하고, ㄴ을 버림.)

ㄱ	ㄴ	ㄱ	ㄴ
심부름꾼 익살꾼	심부름군 익살군	귀때기 볼때기	귓대기 볼대기

일꾼	일군	판자때기	판잣대기
장꾼	장군	뒤꿈치	뒷굼치
장난꾼	장난군	팔꿈치	팔굼치
지게꾼	지겟군	이마빼기	이맛배기
때깔	땟갈	코빼기	콧배기
빛깔	빛갈	객쩍다	객적다
성깔	성갈	겸연쩍다	겸연적다

(1) 접미사 '-군/-꾼'은 '꾼'99)으로 통일하여 적는다.

개평꾼	거간꾼	곁꾼	구경꾼
나무꾼	낚시꾼	난봉꾼	내왕꾼
노름꾼	농사꾼	도망꾼	땅꾼
막벌이꾼	만석꾼	말썽꾼	목도꾼
몰이꾼	봉죽꾼	사기꾼	사냥꾼
소리꾼	술꾼	씨름꾼	장타령꾼
정탐꾼	주정꾼	짐꾼	투전꾼
헤살꾼	협잡꾼	훼방꾼	흥정꾼

(2) 접미사 '-갈/-깔'은 '깔'100)로 통일하여 적는다.

맛깔   태깔(態-)

(3) 접미사 '-대기/-때기'는 '때기'101)로 적는다.

거적때기	나무때기	등때기	배때기
송판때기 (松板-)	-판때기(널-)	팔때기	

---

99) -꾼: ①일부 명사 뒤에 붙어 '어떤 일을 전문적으로 하는 사람' 또는 '어떤 일을 잘하는 사람'의 뜻을 더하는 접미사. ②'어떤 일을 습관적으로 하는 사람' 또는 '어떤 일을 즐겨 하는 사람'의 뜻을 더하는 접미사. ③'어떤 일 때문에 모인 사람'의 뜻을 더하는 접미사.

100) -깔: 일부 명사 뒤에 붙어 '상태' 또는 '바탕'의 뜻을 더하는 접미사.

101) -때기: 일부 명사 뒤에 붙어 '업신여겨 낮춤'의 뜻을 더하는 접미사.

(4) '-굼치/-꿈치'는 '꿈치'로 적는다.

　　발꿈치　　　　　　　발뒤꿈치

(5) '-배기[102]/-빼기[103]'가 혼동될 수 있는 단어는 다음과 같이 적는다.
첫째, [배기]로 발음되는 경우는 '배기'로 적는다.

　　귀퉁배기　　　　　나이배기　　　　　대짜배기
　　육자배기 (六字-)　주정배기 (酒酊-)　포배기
　　혀짤배기

　둘째, 한 형태소의 'ㄱ, ㅂ' 받침 뒤에서 [빼기]로 발음되는 경우는 '배기'로 적
는다(제5항 다만 참조.),

　　뚝배기　　　　　　학배기[蜻幼蟲][104]

　셋째, 다른 형태소 뒤에서 [빼기]로 발음되는 것은 모두 '빼기'로 적는다.

　　고들빼기　　　　　그루빼기　　　　　대갈빼기
　　머리빼기　　　　　재빼기(嶺頂)　　　곱빼기
　　과녁빼기　　　　　언덕빼기　　　　　밥빼기
　　악착빼기　　　　　앍둑빼기　　　　　앍작빼기
　　억척빼기　　　　　얽둑빼기　　　　　얽빼기
　　얽적빼기

(6) '-적다[105] / -쩍다[106]'가 혼동될 수 있는 단어는 다음과 같이 표기한다.

---

102) -배기: 어린아이의 나이를 나타내는 명사구 뒤에 붙어)) '그 나이를 먹은 아이'의 뜻을 더하는
　　접미사. ②일부 명사 뒤에 붙어 '그것이 들어 있거나 차 있음'의 뜻을 더하는 접미사. ③일부
　　명사 뒤에 붙어 '그런 물건'의 뜻을 더하는 접미사.
103) -빼기: 일부 명사 뒤에 붙어 ①'그런 특성이 있는 사람이나 물건'의 뜻을 더하는 접미사. ②'업
　　신여겨 낮춤'의 뜻을 나타내는 접미사.
104) 학배기: 잠자리의 애벌레.

첫째, [적다]로 발음되는 경우는 '적다'로 표기한다.

　　　괘다리적다107)　　　　괘달머리적다108)
　　　딴기적다109)　　　　　열퉁적다110)

둘째, '적다'의 뜻이 유지되고 있는 합성어의 경우는 '적다'로 적는다.

　　　맛적다111)

셋째, '적다'의 뜻이 없이 [쩍다]로 발음되는 경우는 '쩍다'로 적는다.

　　　맥**쩍**다　　　　　　멋**쩍**다
　　　해망**쩍**다112)　　　　행망**쩍**다113)

제55항 두 가지로 구별하여 적던 다음 말들은 한 가지로 적는다. (ㄱ을 취하고, ㄴ을 버림.)

ㄱ	ㄴ
맞추다(입을 맞춘다. 양복을 맞춘다.)	마추다
뻗치다(다리를 뻗친다. 멀리 뻗친다.)	뻐치다

'주문(注文)하다'란 뜻의 단어는 '마추다'로, '맞게 하다'란 뜻의 단어는 '맞추다'

---

105) -적다: 일부 명사 뒤에 붙어 '그런 것을 느끼게 하는 데가 있음'의 뜻을 더하고 형용사를 만드는 접미사.
106) -쩍다: 일부 명사 뒤에 붙어 '그런 것을 느끼게 하는 데가 있음'의 뜻을 더하고 형용사를 만드는 접미사.
107) 괘다리적다: 사람됨이 멋없고 거칠다.
108) 괘달머리적다: '괘다리적다'를 속되게 이르는 말.
109) 딴기적다: 기력이 약하여 힘차게 앞질러 나서는 기운이 없다.
110) 열퉁적다: 말이나 행동이 조심성이 없고 거칠며 미련스럽다.
111) 맛적다: 맛이 적어 싱겁다.
112) 해망쩍다: 영리하지 못하고 아둔하다.
113) 행망쩍다: 주의력이 없고 아둔하다.

로 쓰던 것을, 두 가지 경우에 마찬가지로 '맞추다'로 적는다.

양복을 **맞춘다**.　　　구두를 **맞춘다**.　　　**맞춤** 와이셔츠
입을 맞춘다.　　　나사를 맞춘다.　　　차례를 맞춘다.

　그리고 '이 끝에서 저 끝까지 닿다.' 또는 '멀리 연하다'란 뜻일 때는 '뻗치다'를 쓰고, '뻗다', '뻗지르다'의 강세어로 '뻗치다'를 쓰던 것을, 구별 없이 '뻗치다'로 적는다.

세력이 남극까지 **뻗**친다.　　　　다리를 뻗친다.

제56항 '-더라, -던'과 '-든지'는 다음과 같이 적는다.

1. 지난 일을 나타내는 어미는 '-더라, -던'으로 적는다. (ㄱ을 취하고, ㄴ을 버림.)

ㄱ	ㄴ
지난 겨울은 몹시 춥더라.	지난 겨울은 몹시 춥드라.
깊던 물이 얕아졌다.	깊든 물이 얕아졌다.
그렇게 좋던가?	그렇게 좋든가?
그 사람 말 잘하던데!	그 사람 말 잘하든데!
얼마나 놀랐던지 몰라.	얼마나 놀랐든지 몰라.

2. 물건이나 일의 내용을 가리지 아니하는 뜻을 나타내는 조사와 어미는 '(-)든지'로 적는다. (ㄱ을 취하고, ㄴ을 버림.)

ㄱ	ㄴ
배든지 사과든지 마음대로 먹어라.	배던지 사과던지 마음대로 먹어라.
가든지 오든지 마음대로 해라.	가던지 오던지 마음대로 해라.

---

　1. 지난 일을 말하는 형식에는 선어말 어미 '-더-'가 결합한 형태를 쓴다.

　그런 형태로는 '-더구나', '-더구려', '-더구먼', '-더군(←더구나, 더구먼)', '-더냐', '-더니', '-더니라', '-더니만(←더니마는)', '-더라', '-더라도' '-더라면', '-던', '-던가', '-던걸', '-던고', ' -던데', '-던들', '-던지' 등이 있다.

2. '-던'은 지난 일을 나타내는 '-더-'에 관형사형 전성 어미 '-ㄴ'이 붙어서
   된 형태이며, '-든'은 '무엇이나 가리지 않음'을 뜻하는 연결 어미 '-든지'가
   줄어진 형태이다.

   어렸을 때 놀**던** 곳
   아침에 먹**던** 밥
   그 집이 크**던지** 작**던지** 생각이 안 난다.
   그가 집에 있었**던지** 없었**던지** 알 수 없다.
   가**든**(지) 말**든**(지) 마음대로 하렴.
   많**든**(지) 적**든**(지) 관계없다.

제57항 다음 말들은 각각 구별하여 적는다.	
가름 갈음	둘로 가름. 새 책상으로 갈음하였다.
거름 걸음	풀을 썩인 거름. 빠른 걸음.
거치다 걷히다	영월을 거쳐 왔다. 외상값이 잘 걷힌다.
걷잡다 겉잡다	걷잡을 수 없는 상태. 겉잡아서 이틀 걸릴 일.
그러므로(그러니까) 그럼으로(써) (그렇게 하는 것으로)	그는 부지런하다. 그러므로 잘 산다. 그는 열심히 공부한다. 그럼으로(써) 은혜에 보답한다.
그러므로(그러니까) 그럼으로(써) (그렇게 하는 것으로)	그는 부지런하다. 그러므로 잘 산다. 그는 열심히 공부한다. 그럼으로(써) 은혜에 보답한다.
노름 놀음(놀이)	노름판이 벌어졌다. 즐거운 놀음.
느리다 늘이다 늘리다	진도가 너무 느리다. 고무줄을 늘인다. 수출량을 더 늘린다.
다리다 달이다	옷을 다린다. 약을 달인다.

다치다 닫히다 닫치다	부주의로 손을 다쳤다. 문이 저절로 닫혔다. 문을 힘껏 닫쳤다.
목거리 목걸이	목거리가 덧났다. 금 목걸이, 은 목걸이
바치다 받치다	나라를 위해 목숨을 바쳤다. 우산을 받치고 간다. 책받침을 받친다.
받히다 밭치다	쇠뿔에 받혔다. 술을 체에 밭친다.
반드시 반듯이	약속은 반드시 지켜라. 고개를 반듯이 들어라.
부딪치다 부딪히다	차와 차가 마주 부딪쳤다. 승용차가 화물차에 부딪혔다.
부치다	힘이 부치는 일이다. 편지를 부친다. 논밭을 부친다. 빈대떡을 부친다. 식목일에 부치는 글. 회의에 부치는 안건. 인쇄에 부치는 원고. 삼촌 집에 숙식을 부친다.
붙이다	우표를 붙인다. 책상을 벽에 붙였다. 흥정을 붙인다. 불을 붙인다. 감시원을 붙인다. 조건을 붙인다. 취미를 붙인다. 별명을 붙인다.
시키다 식히다	일을 시킨다. 끓인 물을 식힌다.
아름 알음 앎	세 아름 되는 둘레. 전부터 알음이 있는 사이. 앎이 힘이다.
안치다 앉히다	밥을 안친다. 윗자리에 앉힌다.

어름 얼음	경계선 어름에서 일어난 현상. 얼음이 얼었다.
이따가 있다가	이따가 오너라. 돈은 있다가도 없다.
저리다 절이다	다친 다리가 저린다. 김장 배추를 절인다.
조리다 졸이다	생선을 조린다. 통조림, 병조림 마음을 졸인다.
주리다 줄이다	여러 날을 주렸다. 비용을 줄인다.
하노라고 하느라고	하노라고 한 것이 이 모양이다. 공부하느라고 밤을 새웠다.
– 느니보다(어미) – 는 이보다(의존 명사)	나를 찾아오느니보다 집에 있거라. 오는 이가 가는 이보다 많다.
– (으)리만큼(어미) – (으)ㄹ 이만큼(의존 명사)	그가 나를 미워하리만큼 내가 그에게 잘못한 일이 없다. 찬성할 이도 반대할 이만큼이나 많을 것이다.
– (으)러(목적) – (으)려(의도)	공부하러 간다. 서울 가려 한다.
– (으)로서(자격) – (으)로써(수단)	사람으로서 그럴 수는 없다. 닭으로써 꿩을 대신했다.
– (으)므로(어미) (– ㅁ, – 음)으로(써)(조사)	그가 나를 믿으므로 나도 그를 믿는다. 그는 믿음으로(써) 산 보람을 느꼈다.

제57항은 발음 형태는 같거나 비슷하면서 뜻이 다른 단어를 구별하여 적는 것에 대해서 규정한 것이다.

'**가름**'은 '가르다'의 어간에 명사형 전성 어미 '–ㅁ'이 붙은 형태이며, '**갈음**'은 '이미 있는 사물을 다른 것으로 바꾸다'라는 뜻을 나타내는 '갈다'의 어간인 '갈–'에 명사형 전성 어미 '–음'이 결합된 형태이다. '가름'은 '쪼개거나 나누어 따로따로 되게 하는 일'을 뜻하고, '갈음'은 '다른 것으로 바꾸어 대신함'을 뜻한다.

가름 　예 둘로 **가름**. 편을 **가름**. 판**가름**
갈음 　예 연하장으로 세배를 **갈음**한다.
　　　　예 가족 인사로 약혼식을 **갈음**한다.

거름	풀을 썩인 **거름**.
걸음	빠른 **걸음**.

'**거름**'은 '(땅이) 걸다'의 어간 '걸-'에 명사형 전성 어미 '-음'이 붙은 형태이고, '**걸음**'은 '걷다'의 어간 '걷-'에 명사형 전성 어미 '-음'이 붙은 형태이다. '거름'은 '(땅이) 건 것'을 뜻하는 것이 아니라 '비료'를 뜻하므로 본뜻에서 멀어진 것으로 다루어진다. 그리하여 소리 나는 대로 '거름'으로 적어서 시각적으로 '걸음'과 구별하는 것이다(제19항 참조).

거름	예 밭에 **거름**을 준다.	예 밑**거름**, **거름**기	
걸음	예 **걸음**이 빠르다.	예 걸이, **걸음**마	

거치다	영월을 **거쳐** 왔다.
걷히다	월세가 잘 **걷힌다**.

'**거치다**'는 '오가는 도중에 어디를 지나거나 들르다' 혹은 '어떤 과정이나 단계를 겪거나 밟다'라는 뜻을 나타내며, '**걷히다**'는 '걷다'의 피동사이다.

거치다	예 대전을 **거쳐서** 논산으로 간다.	예 서류전형을 **거쳤다**.	
걷히다	예 안개가 **걷힌다**.	예 세금이 잘 **걷힌다**.	

걷잡다	**걷잡을** 수 없는 상태.
겉잡다	**겉잡아서** 이틀 걸릴 일.

'**걷잡다**'는 '잘못되어 가는 형세를 거두어 바로잡다' 혹은 '마음을 진정하거나 억제하다'라는 뜻을 나타내고, '**겉잡다**'는 '겉으로 보고 대강 짐작하여 헤아리다'라는 뜻을 나타낸다.

걷잡다	예 **걷잡을** 수 없게 악화한다.
	예 **걷잡지** 못할 사태가 발생한다.
겉잡다	예 **겉잡아서** 50만 명 정도는 되겠다.

그러므로(그러니까)	그는 부지런하다. **그러므로** 잘 산다.
그럼으로(써)	그는 열심히 공부한다. **그럼으로**(써)
(그렇게 하는 것으로)	은혜에 보답한다.

'**그러므로**'는 '그러하기 때문에' 혹은 '그렇게 하기 때문에'라는 뜻을 나타내며, 앞의 내용이 뒤의 내용의 이유나 원인, 근거가 될 때 쓰는 접속 부사이다.

'**그럼으로**(써)'는 대개 '그렇게 하는 것으로(써)'란 뜻을 나타낸다. 곧 '그러므로'는 '(그러하다→)그렇다'의 어간 '그렇→그러('ㅎ' 불규칙 용언)'에 까닭을 나타내는 연결 어미 '-므로'가 붙은 형태, 또는 '(그렇게 하다→)그러다'의 어간 '그러-'에 까닭을 나타내는 연결 어미 '-므로'가 결합한 형태이며, '그럼으로'는 '(그렇게 하다→)그러다'의 명사형 '그럼'에 조사 '으로(써)'가 붙은 형태이다.

그러므로 예 (그러하기 때문에) 규정이 **그러므로**, 이를 어길 수 없다.
예 (그리 하기 때문에) 그가 스스로 **그러므로**, 만류하기가 어렵다.
예 (그렇기 때문에) 그는 훌륭한 학자다. **그러므로** 존경을 받는다.
그럼으로(써) 예 (그렇게 하는 것으로써) 그는 열심히 일한다. **그럼으로써** 삶의
보람을 느낀다.

노름	**노름판**이 벌어졌다.
놀음(놀이)	즐거운 **놀음**.

'**노름**[도박]'도 어원적인 형태는 '놀-'에 명사형 전성 어미 '-음'이 붙어서 된 것인데, 그 어간의 본뜻에서 멀어진 것이므로 소리 나는 대로 적는다(제19항 붙임1 참조). 그리고 '**놀음**'은 '놀다'의 '놀-'에 어미 '-음'이 붙은 형태인데, 어간의 본뜻이 유지되는 것이므로 그 형태를 밝히어 적는다(제19항 2참조).

노름 예 노름꾼, 노름빚, 노름판 (도박판)
놀음 예 **놀음**놀이, **놀음**판 (←놀음놀이판)

느리다	진도가 너무 **느리다**.
늘이다	고무줄을 **늘인다**.
늘리다	수출량을 더 **늘린다**.

'**느리다**'는 '어떤 동작을 하는 데 걸리는 시간이 길다', '어떤 일이 이루어지는 과정이나 기간이 길다.', '성질이 누그러져 야무지지 못하다' 등의 의미를 나타낸다. '**늘이다**'는 '본디보다 더 길게 하다', '아래로 처지게 하다'라는 뜻을, '늘리다'는 '늘다'의 사동사로 '크게 하거나 많게 하거나 나아지게 하다'라는 뜻을 나타낸다.

느리다	예 걸음이 **느리다**.	느리광이
늘이다	예 바지 길이를 **늘인다**.	(지붕 위에서 아래로) 밧줄을 늘여 놓는다.
늘리다	예 마당을 **늘린다**.	수효를 **늘린다**.

다리다	옷을 **다린다**.
달이다	약을 **달인다**.

'**다리다**'는 '옷이나 천 따위의 주름이나 구김을 펴고 줄을 세우기 위하여 다리미나 인두로 문지르다'라는 뜻을 나타낸다. '**달이다**'는 '액체 따위를 끓여서 진하게 만들다', '약재 따위에 물을 부어 우러나도록 끓이다' 등의 뜻을 나타낸다.

다리다	예 양복을 **다린다**.	다리미질
달이다	예 간장을 **달인다**.	한약을 **달인다**.

다치다	부주의로 손을 **다쳤다**.
닫히다	문이 저절로 **닫혔다**.
닫치다	문을 힘껏 **닫쳤다**.

'**다치다**'는 '부딪치거나 맞거나 하여 신체에 상처를 입다. 또는 입히게 하다', '남의 마음이나 체면, 명예에 손상을 끼치다. 또는 끼치게 하다', '남의 재산에 손해를 끼치다. 또는 끼치게 하다' 등의 뜻을 나타낸다.

'**닫히다**'는 '열린 문짝, 뚜껑, 서랍 따위를 도로 제자리로 가게 하여 막다', '회의 나 모임 따위를 끝내다' 등을 뜻하는 '닫다'의 피동사이다. '닫치다'는 '닫다'의 강세 어로 '열린 문짝, 뚜껑, 서랍 따위를 꼭꼭 또는 세게 닫다'라는 뜻을 나타낸다.

다치다 　　예 발을 **다쳤다**.
닫히다 　　예 바람에 문이 **닫힌다**.
닫치다 　　예 문을 **닫친다**.

마치다	벌써 일을 **마쳤다**.
맞히다	여러 문제를 더 **맞혔다**.

'**마치다**'는 '어떤 일이나 과정, 절차 따위가 끝나다. 또는 그렇게 하다'라는 뜻을 나타낸다.

'**맞히다**'는 '맞다'의 사동사로 '표적(標的)에 맞게 하다', '침이나 주사 따위를 맞 게 하다', '눈·비·서리 따위를 맞게 하다'라는 뜻을 나타낸다.

마치다 　　예 일과 (日課)를 **마치다**.　　끝**마치다**.
맞히다 　　예 활로 과녁을 **맞힌다**.　　답을 (알아)**맞힌다**.
　　　　　예 침을 **맞힌다**.　　　　　비를 **맞힌다**.

목거리	**목거리**가 덧났다.
목걸이	금 **목걸이**, 은 **목걸이**.

'**목거리**'는 '목이 붓고 아픈 병'을 뜻하고, '**목걸이**'는 '목에 거는 물건' 혹은 '금 속이나 보석 따위로 된 목에 거는 장신구' 등을 뜻한다.

목거리 　　예 **목거리**가 잘 낫지 않는다.
목걸이 　　예 그 여인은 늘 금 **목걸이**를 걸고 다닌다.

바치다	그는 나라를 위해 목숨을 **바쳤다.**
받치다	영희가 우산을 **받치고** 간다.　　　**책받침을 받친다.**
받히다	철수가 쇠뿔에 **받혔다.**
밭치다	그가 술을 체에 **밭친다.**

'**바치다**'는 '신이나 웃어른에게 정중하게 드리다', '반드시 내거나 물어야 할 돈을 가져다주다', '도매상에서 소매상에게 단골로 물품을 대어 주다', '무엇을 위하여 모든 것을 아낌없이 내놓거나 쓰다' 등의 의미를 나타낸다.

'**받치다**'는 '어떤 물건의 밑에 다른 물체를 올리거나 대다', '겉옷의 안에 다른 옷을 입다', '옷의 색깔이나 모양이 조화를 이루도록 함께 하다', '모음 글자 밑에 자음 글자를 붙여 적다' 등의 뜻을 나타낸다.

'**받히다**'는 '세게 밀어 부딪치다'를 뜻하는 '받다'의 피동사이다.

'**밭치다**'는 '건더기와 액체가 섞인 것을 체나 거르기 장치에 따라서 액체만을 따로 받아 내다'를 뜻하는 '밭다'의 강세어이다.

바치다	예 재물을 **바친다.** 정성을 **바친다.** 목숨을 **바친다.** 세금을 **바친다.**
받치다	예 기둥 밑을 돌로 **받친다.** '소' 아래 'ㄴ'을 **받쳐** '손'이라 쓴다.
	예 우산을 **받친다.**
받히다	예 소에게 **받히었다.**
밭치다	예 체로 **밭친다.** 술을 **밭친다.**

반드시	약속은 **반드시** 지켜라.
반듯이	고개를 **반듯이** 들어라.

'**반드시**'는 '틀림없이 꼭'을 뜻을 하고, '**반듯이**'는 '작은 물체, 또는 생각이나 행동 따위가 비뚤어지거나 기울거나 굽지 아니하고 바르게', '생김새가 아담하고 말끔하게' 등의 의미를 나타낸다.

반드시	그는 **반드시** 온다.　　성(盛)한 사람은 **반드시** 쇠할 때가 있다.
반듯이	**반듯이** 서라.　　　　선을 **반듯이** 긋다.

부딪치다	차와 차가 마주 **부딪쳤다.**
부딪히다	마차가 화물차에 **부딪혔다.**

'**부딪치다**'는 '부딪다'[114]의 강세어이고, '**부딪히다**'는 '부딪다'의 피동사이다.

부딪다	뒤의 차가 앞 차에 **부딪었다.**　몸을 벽에 **부딪는다.**
부딪치다[115]	자동차에 **부딪친다.**
부딪히다[116]	자전거에 **부딪혔다.**
부딪치이다[117]	자동차에 **부딪치이었다.**

부치다	힘이 **부치는** 일이다.
	편지를 **부친다.**
	논밭을 **부친다.**
	빈대떡을 **부친다.**
	식목일에 **부치는** 글.
	회의에 **부치는** 안건.
	인쇄에 **부치는** 원고.
	삼촌 집에 숙식을 **부친다.**
붙이다	우표를 **붙인다.**
	책상을 벽에 **붙였다.**
	흥정을 **붙인다.**
	불을 **붙인다.**
	감시원을 **붙인다.**
	조건을 **붙인다.**
	취미를 **붙인다.**
	별명을 **붙인다.**

---

114) 부딪다: ①무엇과 무엇이 힘 있게 마주 닿거나 마주 대다. 또는 닿거나 대게 하다.
　　②예상치 못한 일이나 상황 따위에 직면하다.
115) 부딪치다: 세게 부딪다.
116) 부딪히다: 부딪음을 당하다.
117) 부딪치이다: 부딪침을 당하다.

'부치다'는 다음과 같은 뜻을 나타내는 단어이다.

① 힘이 미치지 못하다.
② 부채 같은 것을 흔들어서 바람을 일으키다.
③ 편지 또는 물건을 보내다.
④ 논밭을 다루어서 농사를 짓다.
⑤ 번철에 기름을 바르고 누름적, 저냐 따위를 익혀 만든다.
⑥ 어떤 문제를 의논 대상으로 내놓다.
⑦ 원고를 인쇄에 넘기다.
⑧ 몸이나 식사 따위를 의탁하다.

'붙이다'는 다음과 같은 뜻을 나타낸다.

① 붙게 하다.
② 서로 맞닿게 하다.
③ 두 편의 관계를 맺게 하다.
④ 암컷과 수컷을 교합(交合)시키다.
⑤ 불이 옮아서 타게 하다.
⑥ 노름이나 싸움 따위를 어울리게 만들다.
⑦ 딸려 붙게 하다.
⑧ 습관이나 취미 등이 익어지게 하다.
⑨ 이름을 가지게 하다.
⑩ 뺨이나 볼기를 손으로 때리다.

[예]

부치다 ─

힘에 **부치는** 일.
편지를 **부친다.**
남의 논을 **부친다.**
그 문제를 토의에 **부친다.**
당숙 댁에 몸을 **부치고** 있다.

부채로 **부친다.**
책을 소포로 **부친다.**
저냐118)를 **부친다.**
원고를 인쇄에 **부친다.**

---

118) 저냐: 얇게 저민 고기나 생선 따위에 밀가루를 묻히고 달걀 푼 것을 씌워 기름에 지진 음식

	포스터를 **붙인다**.	찬장을 벽에 **붙인다**.
붙이다 –	홍정을 **붙인다**.	접을 **붙인다**.
	불을 **붙인다**.	싸움을 **붙인다**.
	경호원을 **붙인다**.	단서(但書)를 **붙인다**.
	습관을 **붙인다**.	이름(호, 별명)을 **붙인다**.

부치이다[119] –   바람에 **부치인다**.   부채로 **부치인다**.

시키다	일을 **시킨다**.
식히다	끓인 물을 **식힌다**.

'**시키다**'는 '하게 하다'라는 뜻을 나타내고, '**식히다**'는 '식다'의 사동사로 '더운 기가 없어지게 하다', '어떤 일에 대한 열의나 생각을 줄이거나 가라앉게 하다'를 뜻한다.

시키다   예 공부를 시킨다. 청소를 **시킨다**.

다만 '공부-시키다, 청소-시키다'처럼 쓰일 경우는 '시키다'를 사동 접미사로 다루어 붙여 쓴다.

식히다   예 뜨거운 국물을 **식힌다**. 열을 **식힌다**.

아름	세 **아름** 되는 둘레.
알음	전부터 **알음**이 있는 사이.
앎	**앎**이 힘이다.

'**아름**'은 '두 팔을 벌려서 껴안은 둘레의 길이'를 뜻한다. '**알음**'은 '사람끼리 서로 아는 일', '지식이나 지혜가 있음', '신의 보호나 신이 보호하여 준 보람', '어떤 사정이나 수고에 대하여 알아주는 것' 등을 뜻한다. '알음'은 '알다'의 어간 '알–'에 명사형

---

119) 부치이다: '부치다'의 피동사.

전성 어미 '-음'이 결합한 형태인데, 그것이 한 음절로 줄어지면 '앎'이 된다.

아름　　　예 둘레가 한 **아름** 되는 나무.

'아름'은 밤, 상수리 따위가 저절로 충분히 익은 상태를 이르는 '아람'과 구별된다.

알음　　　예 서로 **알음**이 있는 사이.

앎　　　예 바로 **앎**이 중요하다.
　　　　예 **앎**의 힘으로 문화를 창조한다.

안치다	밥을 **안친다**.
앉히다	윗자리에 **앉힌다**.

'**안치다**'는 '밥, 떡, 구이, 찌개 따위를 만들기 위하여 그 재료를 솥이나 냄비 따위에 넣고 불 위에 올리다'라는 뜻을 나타낸다.

'**앉히다**'는 '앉다'의 사동사로 '앉게 하다', '올려 놓다', '버릇을 가르치다' 등의 의미를 나타낸다.

안치다　　　예 밥을 **안친다**.　　떡을 **안친다**.
앉히다　　　예자리에 **앉힌다**.

어름	두 물건의 **어름**에서 일어난 현상.
얼음	**얼음**이 얼었다.

'**어름**'은 '두 사물의 끝이 맞닿은 자리', '물건과 물건 사이의 한가운데', '구역과 구역의 경계점' 등을 뜻한다.

'**얼음**'은 '물이 얼어서 굳어진 물질', '몸의 한 부분이 얼어서 신경이 마비된 것'을 뜻한다. '얼음'은 '얼다'의 어간 '얼-'에 명사형 전성 어미 '-음'이 결합한 형태이므로 어간의 본 모양을 밝히어 적는다(제19항 2 참조).

어름	예 바다와 하늘이 닿은 **어름**이 수평선이다.
	왼쪽 산과 오른쪽 산 **어름**에 숯막[120]들이 있었다.
얼음	예 **얼음**이 얼다.

이따가	**이따가** 오너라.
있다가	돈은 **있다가**도 없다.

'**이따가**'는 '조금 지난 뒤에'란 뜻을 나타내는 부사이다. '**있다가**'는 '있다'의 어간 '있-'에 '어떤 동작이나 상태 따위가 중단되고 다른 동작이나 상태로 바뀜'을 나타내는 연결 어미인 '-다가'가 붙은 형태이다. '이따가'도 어원적인 형태는 '있다가'로 분석되는 것이지만, 그 어간의 본뜻에서 멀어진 것이므로 소리 나는 대로 적는다.

이따가	예 **이따가** 가겠다.	**이따가** 만나자.
있다가	예 여기에 **있다가** 갔다.	며칠 더 **있다가** 가마.

저리다	다친 다리가 **저린다**.
절이다	김장 배추를 **절인다**.

'**저리다**'는 '뼈마디나 몸의 일부가 오래 눌려서 피가 잘 통하지 못하여 감각이 둔하고 아리다'라는 의미를 나타내는 형용사이다.

'**절이다**'는 '푸성귀나 생선 따위에 소금기나 식초, 설탕 따위가 배어들다'라는 뜻을 나타내는 '절다'의 사동사이다.

저리다	예 발이 **저리다**.	손이 **저리다**.
절이다	예 배추를 **절인다**.	생선을 **절인다**.

---

120) 숯막(-幕): 숯을 굽는 곳에 지은 움막.

조리다	생선을 **조린다**.
졸이다	마음을 **졸인다**.

'**조리다**'는 '고기나 생선, 채소 따위를 양념하여 국물이 거의 없게 바짝 끓이다' 라는 뜻을 나타낸다. '**졸이다**'는 '속을 태우다시피 조바심하다'라는 뜻을 나타내거 나, '찌개, 국, 한약 따위의 물이 증발하여 분량이 적어지다'라는 뜻을 나타내는 '졸다'의 사동사로 쓰인다.

조리다	예	생선을 **조린다**.	장조림, 통조림
졸이다	예	마음을 **졸인다**.	

주리다	여러 날을 **주렸다**.
줄이다	비용을 **줄인다**.

'**주리다**'는 '제대로 먹지 못하여 배를 곯다'라는 뜻을 나타내며, '**줄이다**'는 '물 체의 길이나 넓이, 부피 따위가 본디보다 작아지다', '수나 분량이 본디보다 적어 지다'라는 뜻을 나타내는 '줄다'의 사동사이다.

주리다	예	오래 **주리며** 살았다.	
	예	**주리어** 죽을지언정, 고사리를 캐 먹는단 말인가?	
줄이다	예	양을 **줄인다**.	예 수효를 **줄인다**.

하노라고	**하노라고** 한 것이 이 모양이다.
하느라고	공부**하느라고** 밤을 새웠다.

'**-노라고**'는 화자가 자신의 행동에 대한 의도나 목적을 나타내는 연결 어미이 고, '**-느라고**'는 '하는 일로 말미암아'라는 뜻을 나타내는 연결 어미이다.

-노라고	예 **하노라고** 하였다.	예 **쓰노라고** 쓴 게 이 모양이다.	
-느라고	예 소설을 **읽느라고** 밤을 새웠다.	예 **자느라고** 못 들었다.	

> **-느니보다** 나를 찾아오**느니보다** 집에 있거라.
> **-는 이보다** 오는 이가 가**는 이보다** 많다.

'**-느니보다**'는 앞 절을 선택하기보다는 뒤 절의 사태를 선택함을 나타내는 연결 어미인 '-느니'에 조사인 '보다'가 연결된 형태이다. '**-는 이보다**'는 관형사형 전성 어미인 '-는' 뒤에 의존 명사인 '이'가 오고, 의존 명사 '이'에 조사 '보다'가 연결된 형태이다.

-느니보다 예 마지못해 하**느니보다** 안 하는 게 낫다.
　　　　　예 당치 않게 떠드**느니보다** 잠자코 있어라.
-는 이보다 예 아**는 이보다** 모르는 이가 더 많다.
　　　　　예 바른말을 하**는 이보다** 아첨하는 이를 가까이 한다.

> **-(으)리만큼** 나를 미워하**리만큼** 그에게 잘못한 일이 없다.
> **-(으)ㄹ 이만큼** 찬성할 이도 반대**할 이만큼**이나 많을 것이다.

'**-(으)리만큼**'은 '-ㄹ 정도로'의 뜻을 나타내는 연결 어미이다. '**-(으)ㄹ 이만큼**'은 관형사형 전성 어미인 '-(으)ㄹ' 뒤에 의존 명사인 '이'가 오고, 의존 명사 '이'에 조사 '만큼'이 연결된 형태로 '-(으)ㄹ 사람만큼'이라는 뜻을 나타낸다.

-(으)리만큼 예 싫증이 나**리만큼** 잔소리를 들었다.
　　　　　예 배가 터지**리만큼** 많이 먹었다.
-(으)ㄹ 이만큼 예 반대할 이는 찬성**할 이만큼** 많지 않을 것이다.

> **-(으)러** 공부하**러** 간다.
> **-(으)려(고)** 서울 가**려** 한다.

'**-(으)러**'는 어떤 동작의 목적을 나타내는 연결 어미이고, '**-(으)려(고)**'는 어떤 행동을 할 의도나 욕망을 가지고 있음을 나타내는 연결 어미이다.

-(으)러   예 친구를 만나**러** 간다.

-(으)려(고)   예 책을 읽**으려(고)** 한다.

-(으)로서	사람**으로서** 그럴 수는 없다.
-(으)로써	닭**으로써** 꿩을 대신했다.

'-(으)로서'는 지위나 신분 또는 자격을 나타내는 격 조사이고, '-(으)로써'는 어떤 물건의 재료나 원료를 나타내거나 어떤 일의 수단이나 도구를 나타내는 격 조사이다.

-(으)로서   ① (…가 되어서) 교육자**로서**, 그런 짓을 할 수 있나?
            사람의 자식**으로서**, 인륜을 어길 수는 없다.
            정치인**으로서**의 책임과 학자**로서**의 임무
          ② (…의 입장에서) 사장**으로서** 하는 말이다.
            친구**로서**, 가만히 있을 수가 없다.
            피해자**로서** 항의한다.
          ③ (…의 자격으로) 주민 대표**로서** 참석하였다.
            위원의 한 사람**으로서** 발언한다.
          ④ (…로 인정하고) 그를 친구**로서** 대하였다.
            그 분을 선배**로서** 예우(禮遇)하였다.

-(으)로써   ① (…를 가지고) 톱**으로(써)** 나무를 자른다.
            괴로(써) 이긴다.
            동지애**로(써)** 결속(結束)한다.
          ② (… 때문에) 병**으로(써)** 결근하였다.

-(으)므로	너는 착한 사람이**므로** 사랑을 한다.
-(-ㅁ, -음)으로써	그는 절약**함으로써** 부자가 되었다.

'-(으)므로'는 까닭이나 근거를 나타내는 연결 어미이며, '-(으)ㅁ**으로써**'는 명사형 전성 어미인 '-(으)ㅁ'에 조사 '-으로써'가 붙은 형태이다. 이 경우의 '으로써'는 '어떤 일의 이유'를 나타낸다. 연결 어미 '-(으)므로'에 '써'가 결합하지 못한다.

-(으)므로	예 날씨가 차므로 나다니는 사람이 적다.
	예 비가 오므로 외출하지 않았다.
	예 책이 없으므로 공부를 못 한다.
-(으)ㅁ으로(써)-	예 그는 늘 웃음으로(써) 행복하게 살 수 있었다.
	예 책을 읽음으로(써) 시름을 잊는다.
	예 나는 담배를 끊음으로써 건강해졌다.

3.3 문장 부호[121]

문장 부호는 글에서 문장의 구조를 드러내거나 글쓴이의 의도를 전달하기 위하여 사용하는 부호이다. 문장 부호의 이름과 사용법은 다음과 같이 정한다.

1. 마침표(.)

(1) 서술, 명령, 청유 등을 나타내는 문장의 끝에 쓴다.

예 젊은이는 나라의 기둥입니다. 예 제 손을 꼭 잡으세요.
예 집으로 돌아갑시다. 예 가는 말이 고와야 오는 말이 곱다.

[해설] 문장은 의미에 따라 크게 평서문, 의문문, 명령문, 청유문, 감탄문 등으로 나뉜다. 이것들 가운데 평서문, 명령문, 청유문 등에는 마침표를 쓰는 것이 원칙이다. 의문문에는 물음표(?)를 쓰고, 감탄문에는 느낌표(!)를 쓴다.

ㄱ. 착한 사람이 복을 받는다. (평서문)
ㄴ. 열심히 공부해라. (명령문)
ㄷ. 연습을 열심히 하자. (청유문)
ㄹ. 저 사람이 착한 사람이냐? (의문문)

---

121) 문화체육관광부에서는 문장 부호를 2014년 12월 5일 개정하여, 2015년 1월 1일부터 시행하기로 하였다.

ㅁ. 경치가 매우 아름답구나! (감탄문)

[붙임 1] 직접 인용한 문장의 끝에는 쓰는 것을 원칙으로 하되, 쓰지 않는 것을 허용한다. (ㄱ을 원칙으로 하고, ㄴ을 허용함.)

> 예 ㄱ. 그는 "지금 바로 떠나자."라고 말하며 서둘러 짐을 챙겼다.
> ㄴ. 그는 "지금 바로 떠나자"라고 말하며 서둘러 짐을 챙겼다.

[해설] 다음의 예문 ㄱ과 같이 직접 인용한 문장의 끝에도 마침표를 쓰는 것이 원칙이다. 그런데 큰따옴표로 직접 인용한 문장의 경계를 알 수 있으므로 다음의 예문 ㄴ과 같이 마침표를 쓰지 않는 것도 허용한다.

> 예 ㄱ. 맹자는 "측은지심(惻隱之心)이 없으면 사람이 아니다."라고 말하였다.
> ㄴ. 맹자는 "측은지심(惻隱之心)이 없으면 사람이 아니다"라고 말하였다.

[붙임 2] 용언의 명사형이나 명사로 끝나는 문장에는 쓰는 것을 원칙으로 하되, 쓰지 않는 것을 허용한다.

> 예 ㄱ. 목적을 이루기 위하여 몸과 마음을 다하여 애를 씀.
> ㄴ. 목적을 이루기 위하여 몸과 마음을 다하여 애를 씀

> 예 ㄱ. 결과에 연연하지 않고 끝까지 최선을 다하기.
> ㄴ. 결과에 연연하지 않고 끝까지 최선을 다하기

> 예 ㄱ. 신입 사원 모집을 위한 기업 설명회 개최.
> ㄴ. 신입 사원 모집을 위한 기업 설명회 개최

> 예 ㄱ. 내일 오전까지 보고서를 제출할 것.
> ㄴ. 내일 오전까지 보고서를 제출할 것

[해설] 용언의 명사형으로 끝나는 문장은 명사형 전성 어미인 '-ㅁ/-음', '-기'로 끝나는 문장을 뜻한다.

다만, 제목이나 표어에는 쓰지 않음을 원칙으로 한다.

> 예 압록강은 흐른다   예 꺼진 불도 다시 보자

예 건강한 몸 만들기

[해설] 문장 형식으로 된 제목이나 표어에는 마침표를 쓰지 않는 것이 원칙이다. 그런데 제목이나 표어에서 마침표를 쓸 필요가 있을 경우에는 마침표를 사용할 수 있다.

(2) 아라비아 숫자만으로 연월일을 표시할 때 쓴다.

예 1919. 3. 1.   예 10.1. ~ 10. 12.

[해설] 년, 월, 일 대신에 마침표로써 년, 월, 일을 나타낼 수 있다.

(3) 특정한 의미가 있는 날을 표시할 때 월과 일을 나타내는 아라비아 숫자 사이에 쓴다.

예 3. 1 운동   예 8. 15 광복

[붙임] 이 때는 마침표 대신 가운뎃점을 쓸 수 있다.

예 3·1 운동   예 8·15 광복

[해설] 특정한 의미가 있는 날을 표시할 때 월과 일을 나타내는 아라비아 숫자 사이에 마침표를 쓰는 것이 원칙인데, 가운뎃점을 쓰는 것도 허용한다. 종전 규정에는 특정한 의미가 있는 날을 표시할 때는 가운뎃점만 쓰도록 하였다.

(4) 장, 절, 항 등을 표시하는 문자나 숫자 다음에 쓴다.

예 가. 인명   예 ㄱ. 머리말
예 1. 서론   예 1. 연구 목적

[해설] 저서나 논문의 장, 절, 항 등을 표시하는 문자나 숫자 다음에 마침표를 사용한다.

[붙임] '마침표' 대신 '온점' 이라는 용어를 쓸 수 있다.

[해설] 종전(1988년) 규정에서는 온점, 물음표, 느낌표 등을 아울러 이르는 용어이던 '마침표'가 부호 ' . '만을 이르는 용어로 변경되었다.

■ **마침표의 띄어쓰기**: 마침표는 앞말에 붙여 쓴다.

2. 물음표(?)

(1) 의문문이나 의문을 나타내는 어구의 끝에 쓴다.

> 예 점심 먹었어?
> 예 이번에 가시면 언제 돌아오세요?
> 예 제가 부모님 말씀을 따르지 않을 리가 있겠습니까?
> 예 남북이 통일되면 얼마나 좋을까?
> 예 다섯 살짜리 꼬마가 이 멀고 험한 곳까지 혼자 왔다?
> 예 지금?
> 예 뭐라고?
> 예 네?

[해설] 의문문이란 말하는 사람이 듣는 사람에게 질문하여 대답을 요구하는 문장이다. 의문문에는 물음표를 쓰는 것이 원칙이다. 다음의 예와 같이 문장 형식을 갖추지 않은 어구라도 의문을 나타낼 경우에는 물음표를 쓴다.

> ㄱ. 뭐?
> ㄴ. 언제?

[붙임 1] 한 문장 안에 몇 개의 선택적인 물음이 이어질 때는 맨 끝의 물음에만 쓰고, 각 물음이 독립적일 때는 각 물음의 뒤에 쓴다.

> 예 너는 중학생이냐, 고등학생이냐?
> 예 너는 여기에 언제 왔니? 어디서 왔니? 무엇 하러 왔니?

[해설] 한 문장 안에서 몇 개의 선택적인 물음이 이어질 때 앞에 오는 물음의 끝에는 쉼표를 쓰고, 물음표는 맨 끝의 물음에 한 번만 쓴다. 각 물음이 독립

적일 경우에는 각 물음의 끝마다 물음표를 쓰기로 한 것은 그 물음들이 결국 별개의 의문문이기 때문이다.

ㄱ. 너는 이것을 살래, 저것을 살래?
ㄴ. 네 이름이 뭐니? 어디서 왔니?

[붙임 2] 의문의 정도가 약할 때는 물음표 대신 마침표를 쓸 수 있다.

예 도대체 이 일을 어쩐단 말이냐.
예 이것이 과연 내가 찾던 행복일까.

[해설] 이 규정은 의문의 정도가 약할 때는 물음표 대신에 마침표를 사용할 수 있음을 허용한 것이다.

다만, 제목이나 표어에는 쓰지 않음을 원칙으로 한다.

예 역사란 무엇인가
예 아직도 담배를 피우십니까

[해설] 의문문 형식의 제목이나 표어에는 물음표를 쓰지 않는 것이 원칙이다. 그런데 특별한 효과를 거두기 위해 물음표를 쓸 수 있다.

■ **물음표의 띄어쓰기**: 물음표는 앞말에 붙여 쓴다.

3. 느낌표(!)

(1) 감탄문이나 감탄사의 끝에 쓴다.

예 이거 정말 큰일이 났구나!
예 어머!

[해설] 감탄문에는 느낌표를 쓰는 것이 원칙이다. 감탄사란 말하는 이의 감정이나 태도, 듣는 사람에 대한 요구 등을 나타내는 단어들이다. '하하, 아이고, 아서, 예/네, 응, 그래, 글쎄, 천만에' 등이 감탄사에 속한다. 감탄사만으로 감정을 나타내는 경우에도 그 끝에 느낌표를 쓴다.

ㄱ. 넌 정말 아름답구나!

ㄴ. 어머머!

[붙임] 감탄의 정도가 약할 때는 느낌표 대신 쉼표나 마침표를 쓸 수 있다.

예 어, 벌써 끝났네.

예 날씨가 참 좋군.

(2) 특별히 강한 느낌을 나타내는 어구, 평서문, 명령문, 청유문에 쓴다.

예 청춘! 이는 듣기만 하여도 가슴이 설레는 말이다.

예 이야, 정말 재밌다!

예 지금 즉시 대답해!

예 앞만 보고 달리자!

[해설] 감탄문이나 감탄사가 아니더라도 강한 느낌을 나타내고자 할 때는 쉼표나 마침표 대신 느낌표를 쓸 수 있다.

ㄱ. 종합 우승! 이것이야말로 우리의 간절한 소망이다.

ㄴ. 열심히 노력하자!

ㄷ. 일찍 일어나!

(3) 물음의 말로 놀람이나 항의의 뜻을 나타내는 경우에 쓴다.

예 이게 누구야!

예 내가 왜 나빠!

[해설] 형식은 의문문이지만 대답을 요구하는 것이 아니라 놀람, 항의, 반가움, 꾸중 등의 강한 감정 상태를 표현하는 문장에는 물음표 대신 느낌표를 쓸 수 있다.

(4) 감정을 넣어 대답하거나 다른 사람을 부를 때 쓴다.

예 네!   예 네, 선생님!

예 흥부야!　　예 언니!

■ **느낌표의 띄어쓰기**: 느낌표는 앞말에 붙여 쓴다.

4. 쉼표(,)

(1) 같은 자격의 어구를 열거할 때 그 사이에 쓴다.

예 근면, 검소, 협동은 우리 겨레의 미덕이다.
예 충청도의 계룡산, 전라도의 내장산, 강원도의 설악산은 모두 국립 공원이다.
예 집을 보러 가면 그 집이 내가 원하는 조건에 맞는지, 살기에 편한지, 망가진 곳은 없는지 확인해야 한다.
예 5보다 작은 자연수는 1, 2, 3, 4이다.

다만, (가) 쉼표 없이도 열거되는 사항임이 쉽게 드러날 때는 쓰지 않을 수 있다.

예 아버지 어머니께서 함께 오셨어요.
예 네 돈 내 돈 다 합쳐 보아야 만 원도 안 되겠다.

(나) 열거할 어구들을 생략할 때 사용하는 줄임표 앞에는 쉼표를 쓰지 않는다.

예 광역시: 광주, 대구, 대전……

[해설] 문장에서 같은 자격의 어구가 연이어 쓰일 경우에는 각 어구들 사이에 쉼표를 쓴다. 쉼표로 연결되는 어구에는 단어도 있을 수 있고, 구나 절 형식도 있을 수 있다. 쉼표는 각 어구들을 구분하는 기능을 하며, 읽을 때에 호흡을 조절하는 데에도 도움을 준다.

(2) 짝을 지어 구별할 때 쓴다.

예 닭과 지네, 개와 고양이는 상극이다.

(3) 이웃하는 수를 개략적으로 나타낼 때 쓴다.

예 5, 6세기

예 6, 7, 8개

[해설] '이웃하는 수'란 바로 다음에 이어지는 수를 가리킨다.

(4) 열거의 순서를 나타내는 어구 다음에 쓴다.

예 첫째, 몸이 튼튼해야 한다.

예 마지막으로, 무엇보다 마음이 편해야 한다.

[해설] 여러 가지 내용을 열거할 때 사용하는 '첫째, 둘째, 셋째……', '먼저, 다음으로, 마지막으로……' 등과 같은 어구 다음에는 쉼표를 쓴다.

(5) 문장의 연결 관계를 분명히 하고자 할 때 절과 절 사이에 쓴다.

예 콩 심은 데 콩 나고, 팥 심은 데 팥 난다.

예 저는 신뢰와 정직을 생명과 같이 여기고 살아온바, 이번 비리 사건과는 무관하다는 점을 분명히 밝힙니다.

예 떡국은 설날의 대표적인 음식인데, 이걸 먹어야 비로소 나이도 한 살 더 먹는다고 한다.

[해설] 한 문장에서 다음의 ㄱ과 같이 절과 절 사이에 쓰는 쉼표와 여러 어구를 열거할 때 쓰는 쉼표가 동시에 쓰이는 경우가 있다. 그런데 이런 경우에는 ㄴ처럼 절과 절 사이에 쓰는 쉼표를 생략하는 것이 일반적이다.

ㄱ. A팀, B팀, C팀은 준결승전에 진출하고, D팀, E팀, F팀은 준결승전에 진출하지 못했다.

ㄴ. A팀, B팀, C팀은 준결승전에 진출하고 D팀, E팀, F팀은 준결승전에 진출하지 못했다.

(6) 같은 말이 되풀이되는 것을 피하기 위하여 일정한 부분을 줄여서 열거할 때 쓴다.

예 여름에는 바다에서, 겨울에는 산에서 휴가를 즐겼다.

(7) 부르거나 대답하는 말 뒤에 쓴다.

　　예 지은아, 이리 좀 와 봐.
　　예 네, 지금 가겠습니다.

[해설] 부르거나 대답하는 말은 독립 성분이다. '지은아'는 호칭어이고, '네'는 대답하는 말이다. 이런 말 뒤에는 쉼표를 씀으로써 다른 문장 성분들과의 경계를 분명하게 하는 효과를 거둘 수 있다.

(8) 한 문장 안에서 앞말을 '곧', '다시 말해' 등과 같은 어구로 다시 설명할 때 앞말 다음에 쓴다.

　　예 책의 서문, 곧 머리말에는 책을 지은 목적이 드러나 있다.
　　예 원만한 인간관계는 말과 관련한 예의, 즉 언어 예절을 갖추는 것에서 시작된다.
　　예 호준이 어머니, 다시 말해 나의 누님은 올해로 결혼한 지 20년이 된다.
　　예 나에게도 작은 소망, 이를테면 나만의 정원을 가졌으면 하는 소망이 있어.

[해설] 한 문장에서 앞말을 '곧', '즉', '다시 말해', '이를테면' 등과 같은 어구로 다시 설명할 때 앞말 다음에 쉼표를 쓴다.

(9) 문장 앞부분에서 조사 없이 쓰인 제시어나 주제어의 뒤에 쓴다.

　　예 돈, 돈이 인생의 전부이더냐?
　　예 <u>열정</u>, 이것이야말로 젊은이의 가장 소중한 자산이다.
　　예 <u>지금 네가 여기 있다는 것</u>, 그것만으로도 나는 충분히 행복해.
　　예 <u>저 친구</u>, 저러다가 큰일 한번 내겠어.
　　예 <u>그 사실</u>, 넌 알고 있었지?

[해설] 제시어란 어떤 문장 성분을 강조하기 위하여 그 성분 자체나 그와 대등한 성분을 특별히 따로 내세우는 말이다. 주제어란 전체 내용의 중심이 되거나 전체 내용을 대표할 수 있는 단어이다. 위의 예에서 밑줄 친 어구 중 '열정'만이 주제어이고, 그 나머지 것들은 제시어이다.

(10) 한 문장에 같은 의미의 어구가 반복될 때 앞에 오는 어구 다음에 쓴다.

 예 그의 애국심, 몸을 사리지 않고 국가를 위해 헌신한 정신을 우리는 본받아야
     한다.

[해설] 여기서 쉼표는 앞말의 의미를 보충적으로 제시해 주는 뒷말을 앞말과
명확하게 구분해 주는 기능을 한다.

(11) 도치문에서 도치된 어구들 사이에 쓴다.

 예 이리 오세요, 어머님.
 예 다시 보자, 한강수야.

[해설] 도치문이란 정상적인 어순을 뒤바꾸어 놓은 문장이다. 도치문에서 도
치된 어구를 특별히 구분하여 드러내고자 할 때 쉼표를 쓴다. "이리 오세요,
어머님."은 "어머님, 이리 오세요."의 도치문이고, "다시 보자, 한강수야."는
"한강수야, 다시 보자."의 도치문이다.

(12) 바로 다음 말과 직접적인 관계에 있지 않음을 나타낼 때 쓴다.

 예 갑돌이는, 울면서 떠나는 갑순이를 배웅했다.
 예 철원과, 대관령을 중심으로 한 강원도 산간 지대에 예년보다 일찍 첫눈이 내
     렸습니다.

[해설] 앞말은 바로 다음에 이어지는 말과 '주술 관계', '수식 관계' 또는 '접속
관계' 등의 관계를 맺는 것이 일반적이다. 그런데 앞말이 때로는 바로 다음에
이어지는 말과 직접 관계를 맺지 않는 경우가 있다. 이때 쉼표를 쓰지 않으면
바로 다음에 이어지는 말과 직접 관계를 맺는 것으로 잘못 해석될 수 있으므
로, 이를 방지하기 위하여 쉼표를 쓴다.

　위의 첫째 예는 쉼표를 씀으로써 '우는 사람'이 갑순이라는 것을 알 수 있
다. 만약 쉼표를 쓰지 않으면 '우는 사람'은 갑돌이가 된다. 위의 둘째 예도
쉼표를 사용함으로써 '철원'과 접속 관계에 있는 어구가 '강원도 산간 지대'라

는 것을 알 수 있다. 만약 쉼표를 쓰지 않으면 '철원'과 접속 관계에 있는 어구는 '대관령'이 된다.

(13) 문장 중간에 끼어든 어구의 앞뒤에 쓴다.

    ㉖ 나는, 솔직히 말하면, 그 말이 별로 탐탁지 않아.
    ㉖ 영호는 미소를 띠고, 속으로는 화가 치밀어 올라 잠시라도 견딜 수 없을 만큼 괴로웠지만, 그들을 맞았다.

[붙임 1] 이때는 쉼표 대신 줄표를 쓸 수 있다.

    ㉖ 나는 — 솔직히 말하면 — 그 말이 별로 탐탁지 않아.
    ㉖ 영호는 미소를 띠고 — 속으로는 화가 치밀어 올라 잠시라도 견딜 수 없을 만큼 괴로웠지만 — 그들을 맞았다.

[붙임 2] 끼어든 어구 안에 다른 쉼표가 들어 있을 때는 쉼표 대신 줄표를 쓴다.

    ㉖ 이건 내 것이니까 — 아니, 내가 처음 발견한 것이니까 — 절대로 양보할 수 없다.

[해설] 강조나 부연 또는 예시하기 위하여 중간에 어구를 삽입하는 경우가 있다. 이런 어구를 문장 안의 다른 어구들과 구분하기 위하여 해당 어구의 앞뒤에 쉼표를 쓰거나, 쉼표 대신 줄표를 쓸 수 있다.

    (ㄱ) 열심히 취업 준비를 한 나는, 다시 생각하기도 싫지만, 코로나 바이러스에 감염되어 취업을 하지 못했다.
    (ㄴ) 열심히 취업 준비를 한 나는 — 다시 생각하기도 싫지만 — 코로나 바이러스에 감염되어 취업을 하지 못했다.

삽입한 어구 안에 쉼표가 있을 경우에는 삽입한 어구의 앞뒤에는 쉼표를 쓰지 않고 줄표를 써야 한다. 서로 다른 기능을 하는 쉼표가 한 문장 안에 쓰이게 되면 해석할 때 혼동할 수 있기 때문이다.

(ㄷ) 치열한 접전 끝에 우리 팀은 ― 다시 생각하기도 싫고, 말을 꺼내기도 싫지만 ― 결국 지고 말았다. (ㅇ)

(ㄹ) 치열한 접전 끝에 우리 팀은, 다시 생각하기도 싫고, 말을 꺼내기도 싫지만, 결국 지고 말았다. (×)

(14) 특별한 효과를 위해 끊어 읽는 곳을 나타낼 때 쓴다.

예 내가, 정말 그 일을 오늘 안에 해낼 수 있을까?
예 이 전투는 바로 우리가, 우리만이, 승리로 이끌 수 있다.

[해설] 끊어 읽음으로써 해당 어구를 두드러지게 하려는 의도로 특정 어구의 뒤에 쉼표를 쓸 수 있다.

(15) 짧게 더듬는 말을 표시할 때 쓴다.

예 선생님, 부, 부정행위라니요? 그런 건 새, 생각조차 하지 않았습니다.

[해설] 짧게 더듬는 말임을 나타낼 때 그 더듬는 요소 사이에 쉼표를 쓴다.

[붙임] '쉼표' 대신 '반점'이라는 용어를 쓸 수 있다.

■ **쉼표의 띄어쓰기**: 쉼표는 앞말에 붙여 쓴다.

5. 가운뎃점(·)

(1) 열거할 어구들을 일정한 기준으로 묶어서 나타낼 때 쓴다.

예 민수·영희, 선미·준호가 서로 짝이 되어 윷놀이를 하였다.
예 지금의 경상남도·경상북도, 전라남도·전라북도, 충청남도·충청북도 지역을 예부터 삼남이라 일러 왔다.

(2) 짝을 이루는 어구들 사이에 쓴다.

예 한(韓)·이(伊) 양국 간의 무역량이 늘고 있다.

예 우리는 그 일의 참·거짓을 따질 겨를도 없었다.

예 하천 수질의 조사·분석

예 빨강·초록·파랑이 빛의 삼원색이다.

다만, 이때는 가운뎃점을 쓰지 않거나 쉼표를 쓸 수도 있다.

예 한(韓) 이(伊) 양국 간의 무역량이 늘고 있다.

예 우리는 그 일의 참 거짓을 따질 겨를도 없었다.

예 하천 수질의 조사, 분석

예 빨강, 초록, 파랑이 빛의 삼원색이다.

[해설] 짝을 이루는 어구들 사이에 가운뎃점을 쓰지 않거나 쉼표를 쓸 수 있다.

(3) 공통 성분을 줄여서 하나의 어구로 묶을 때 쓴다.

예 상·중·하위권

예 금·은·동메달

예 통권 제54·55·56호

[붙임] 이때는 가운뎃점 대신 쉼표를 쓸 수 있다.

예 상, 중, 하위권

예 금, 은, 동메달

예 통권 제54, 55, 56호

[해설] 공통 성분을 줄여서 하나의 어구로 묶을 때 가운뎃점 대신에 쉼표를 쓸 수 있다.

6. 쌍점(:)

(1) 표제 다음에 해당 항목을 들거나 설명을 붙일 때 쓴다.

예 문방사우: 종이, 붓, 먹, 벼루

예 일시: 2014년 10월 9일 10시

예 흔하진 않지만 두 자로 된 성씨도 있다.(예: 남궁, 선우, 황보)

예 올림표(#): 음의 높이를 반음 올릴 것을 지시한다.

[해설] 표제(標題)란 책·장부 중의 항목을 찾기 편하도록 설정한 제목이다. 표제에 해당하는 항목을 열거하여 보이거나 표제에 대한 구체적인 설명을 붙일 때 표제 다음에 쌍점을 쓴다.

(2) 희곡 등에서 대화 내용을 제시할 때 말하는 이와 말한 내용 사이에 쓴다.

예 김 과장: 난 못 참겠다.

예 아들: 아버지, 제발 제 말씀 좀 들어 보세요.

(3) 시와 분, 장과 절 등을 구별할 때 쓴다.

예 오전 10:20(오전 10시 20분)

예 두시언해 6:15(두시언해 제6권 제15장)

[해설] 쌍점은 시(時)·분(分)·초(秒), 권(卷)·장(章)·절(節), 조(條)·항(項)·호(號) 등을 구별할 때 사용한다.

(4) 의존 명사 '대'가 쓰일 자리에 쓴다.

예 65:60(65 대 60)

예 청군:백군(청군 대 백군)

[붙임] 쌍점의 앞은 붙여 쓰고 뒤는 띄어 쓴다. 다만, (3)과 (4)에서는 쌍점의 앞뒤를 붙여 쓴다.

7. 빗금(/)

(1) 대비되는 두 개 이상의 어구를 묶어 나타낼 때 그 사이에 쓴다.

예 먹이다/먹히다   예 남반구/북반구

예 금메달/은메달/동메달   예 ( )이/가 우리나라의 보물 제1호이다.

(2) 기준 단위당 수량을 표시할 때 해당 수량과 기준 단위 사이에 쓴다.

　　㉐ 100미터/초　　　　　　　　㉐ 1,000원/개

[해설] '1,000원/개'는 '한 개에 1,000원'이라는 뜻이다.

(3) 시의 행이 바뀌는 부분임을 나타낼 때 쓴다.

　　㉐ 산에 / 산에 / 피는 꽃은 / 저만치 혼자서 피어 있네

다만, 연이 바뀜을 나타낼 때는 두 번 겹쳐 쓴다.

　　㉐ 산에는 꽃 피네 / 꽃이 피네 / 갈 봄 여름 없이 / 꽃이 피네 // 산에 / 산에 / 피는 꽃은 / 저만치 혼자서 피어 있네

　[붙임] 빗금의 앞뒤는 (1)과 (2)에서는 붙여 쓰며, (3)에서는 띄어 쓰는 것을 원칙으로 하되 붙여 쓰는 것을 허용한다. 단, (1)에서 대비되는 어구가 두 어절 이상인 경우에는 빗금의 앞뒤를 띄어 쓸 수 있다.

8. 큰따옴표(" ")

(1) 글 가운데에서 직접 대화를 표시할 때 쓴다.

　　㉐ "어머니, 제가 가겠어요."
　　㉐ "아니다. 내가 다녀오마."

[해설] 글 가운데에서 대화문임을 나타낼 때 큰따옴표를 쓴다. 소설이나 수필과 같은 글에서 중간에 나오는 대화문에 큰따옴표를 쓴다. 그러나 희곡처럼 전체가 대사로 이루어진 글에서는 큰따옴표를 쓰지 않는다.

(2) 말이나 글을 직접 인용할 때 쓴다.

　　㉐ 나는 "어, 광훈이 아니냐?" 하는 소리에 깜짝 놀랐다.
　　㉐ 밤하늘에 반짝이는 별들을 보면서 "나는 아무 걱정도 없이 가을 속의 별들을

다 헬 듯합니다."라는 시구를 떠올렸다.

    예 편지의 끝머리에는 이렇게 적혀 있었다.

      "할머니, 편지에 사진을 동봉했다고 하셨지만 봉투 안에는 아무것도 없었어요."

[해설] 인용한 말이나 글이 문장 형식이 아니더라도 큰따옴표를 쓴다.

    예 출입구에는 "출입 금지"라고 쓰여 있었다.

    문장 안에서 책의 제목이나 신문 이름 등을 나타낼 때에도 큰따옴표를 쓸 수 있다. ['제13항의 붙임' 참조]

  ■ **큰따옴표의 띄어쓰기**: 여는 큰따옴표는 뒷말에 붙여 쓰고, 닫는 큰따옴표는 앞말에 붙여 쓴다.

9. 작은따옴표(' ')

(1) 인용한 말 안에 있는 인용한 말을 나타낼 때 쓴다.

    예 그는 "여러분! '시작이 반이다.'라는 말 들어 보셨죠?"라고 말하며 강연을 시작했다.

[해설] 위의 예문에서 인용한 말은 큰따옴표로 표시된 "여러분! '시작이 반이다.'라는 말 들어보셨죠?"이고, '시작이 반이다.'는 인용한 말 안에 있는 인용한 말이다.

(2) 마음속으로 한 말을 적을 때 쓴다.

    예 나는 '일이 다 틀렸나 보군.' 하고 생각하였다.

    예 '이번에는 꼭 이기고야 말겠어.' 호연이는 마음속으로 몇 번이나 그렇게 다짐하며 주먹을 불끈 쥐었다.

[해설] 소제목, 그림이나 노래와 같은 예술 작품의 제목, 상호, 법률, 규정 등을 나타낼 때에도 작은따옴표를 쓸 수 있다. ['제14항의 붙임' 참조]

    그리고 문장 내용 중에서 주의가 미쳐야 할 곳이나 중요한 부분을 특별히

드러내 보일 때에도 작은따옴표를 쓸 수 있다. ['제18항의 붙임' 참조]

■ **작은따옴표의 띄어쓰기**: 여는 작은따옴표는 뒷말에 붙여 쓰고, 닫는 작은따옴표는 앞말에 붙여 쓴다.

10. 소괄호(( ))

(1) 주석이나 보충적인 내용을 덧붙일 때 쓴다.

> 예 니체(독일의 철학자)의 말을 빌리면 다음과 같다.
> 예 2014. 12. 19.(금)
> 예 문인화의 대표적인 소재인 사군자(매화, 난초, 국화, 대나무)는 고결한 선비 정신을 상징한다.

(2) 우리말 표기와 원어 표기를 아울러 보일 때 쓴다.

> 예 기호(嗜好), 자세(姿勢)　　　예 커피(coffee), 에티켓(étiquette)

[해설] 한자어나 외래어의 원어를 나타낼 때에는 소괄호를 쓴다.

> ㄱ. 용기(勇氣)　　　　　ㄴ. 모델(model)

원어에 대응하는 한글 표기를 아울러 보일 때도 이 규정을 준용하여 소괄호를 쓴다.

> ㄱ. 勇氣(용기)　　　　　ㄴ. supermarket(슈퍼마켓)

고유어에 대응하는 한자어, 고유어나 한자어에 대응하는 외래어나 외국어 표기를 아울러 보일 때는 대괄호를 쓴다. ['제12항의 (2)' 참조]

(3) 생략할 수 있는 요소임을 나타낼 때 쓴다.

> 예 학교에서 동료 교사를 부를 때는 이름 뒤에 '선생(님)'이라는 말을 덧붙인다.
> 예 광개토(대)왕은 고구려의 전성기를 이끌었던 임금이다.

(4) 희곡 등 대화를 적은 글에서 동작이나 분위기, 상태를 드러낼 때 쓴다.

　　예 현우: (가쁜 숨을 내쉬며) 왜 이렇게 빨리 뛰어?
　　예 "관찰한 것을 쓰는 것이 습관이 되었죠. 그러다 보니, 상상력이 생겼나 봐요." (웃음)

(5) 내용이 들어갈 자리임을 나타낼 때 쓴다.

　　예 우리나라의 수도는 (　)이다.
　　예 다음 빈칸에 알맞은 조사를 쓰시오.
　　　민수가 할아버지(　) 꽃을 드렸다.

[해설] 어떤 내용이 들어갈 자리임을 나타낼 때에는 소괄호를 쓴다. 이것은 나중에 내용을 채울 것을 전제로 하는 것으로서, 모르거나 밝힐 수 없어서 비워 둘 때 쓰는 빠짐표나 숨김표와는 용법상 차이가 있다. ['제19항', '제20항' 참조]

(6) 항목의 순서나 종류를 나타내는 숫자나 문자 등에 쓴다.

　　예 사람의 인격은 (1) 용모, (2) 언어, (3) 행동, (4) 덕성 등으로 표현된다.
　　예 (가) 동해, (나) 서해, (다) 남해

11. 중괄호({　})

(1) 같은 범주에 속하는 여러 요소를 세로로 묶어서 보일 때 쓴다.

　　예 주격 조사 $\left\{ \begin{array}{c} 이 \\ 가 \end{array} \right\}$

　　예 국가의 성립 요소 $\left\{ \begin{array}{c} 영토 \\ 국민 \\ 주권 \end{array} \right\}$

[해설] 같은 범주에 속하는 여러 요소를 세로로 묶어서 보일 때는 중괄호를 쓴다.

(2) 열거된 항목 중 어느 하나가 자유롭게 선택될 수 있음을 보일 때 쓴다.

　　예 아이들이 모두 학교{에, 로, 까지} 갔어요.

■ **중괄호의 띄어쓰기**: 여는 중괄호는 뒷말에 붙여 쓰고, 닫는 중괄호는 앞말에 붙여 쓴다.

12. 대괄호([　])

(1) 괄호 안에 또 괄호를 쓸 필요가 있을 때 바깥쪽의 괄호로 쓴다.

　　예 어린이날이 새로 제정되었을 당시에는 어린이들에게 경어를 쓰라고 하였다.
　　　[윤석중 전집(1988), 70쪽 참조]
　　예 이번 회의에는 두 명[이혜정(실장), 박철용(과장)]만 빼고 모두 참석했습니다.

[해설] 주석이나 보충적인 내용을 덧붙일 때 보통 소괄호를 쓰는데, 소괄호 안에 다시 소괄호를 써야 하는 경우가 있다. 이런 경우에는 바깥쪽의 괄호를 대괄호로 쓴다.

(2) 고유어에 대응하는 한자어를 함께 보일 때 쓴다.

　　예 나이[年歲]　　　예 낱말[單語]　　　예 손발[手足]

[해설] 고유어나 한자어에 대응하는 외래어나 외국어 표기임을 나타낼 때도 이 규정을 준용하여 대괄호를 쓴다.

　　ㄱ. 낱말[word]　　　ㄴ. 문장[sentence]　　　ㄷ. 책[book]

외래어와 그 원어를 아울러 보일 때는 소괄호를 쓴다. ['제10항의 (2)' 참조]

　　예 드레스(dress)　　　예 로열티(royalty)　　　예 매니저(manager)

(3) 원문에 대한 이해를 돕기 위해 설명이나 논평 등을 덧붙일 때 쓴다.

예 그것[한글]은 이처럼 정보화 시대에 알맞은 과학적인 문자이다.

예 신경준의《여암전서》에 "삼각산은 산이 모두 돌 봉우리인데, 그 으뜸 봉우리를 구름 위에 솟아 있다고 백운(白雲)이라 하며 [이하 생략]"

예 그런 일은 결코 있을 수 없다.[원문에는 '업다'임.]

■ **대괄호의 띄어쓰기**: 여는 대괄호는 뒷말에 붙여 쓰고, 닫는 대괄호는 앞말에 붙여 쓴다.

13. 겹낫표(『 』)와 겹화살괄호(《 》)

책의 제목이나 신문 이름 등을 나타낼 때 쓴다.

예 우리나라 최초의 민간 신문은 1896년에 창간된 『독립신문』이다.

예 『훈민정음』은 1997년에 유네스코 세계 기록 유산으로 지정되었다.

예 《한성순보》는 우리나라 최초의 근대 신문이다.

예 윤동주의 유고 시집인《하늘과 바람과 별과 시》에는 31편의 시가 실려 있다.

[붙임] 겹낫표나 겹화살괄호 대신 큰따옴표를 쓸 수 있다.

예 우리나라 최초의 민간 신문은 1896년에 창간된 "독립신문"이다.

예 윤동주의 유고 시집인 "하늘과 바람과 별과 시"에는 31편의 시가 실려 있다.

■ **겹낫표, 겹화살괄호의 띄어쓰기**: 여는 겹낫표와 여는 겹화살괄호는 뒷말에 붙여 쓰고, 닫는 겹낫표와 닫는 겹화살괄호는 앞말에 붙여 쓴다.

14. 홑낫표(「 」)와 홑화살괄호(〈 〉)

소제목, 그림이나 노래와 같은 예술 작품의 제목, 상호, 법률, 규정 등을 나타낼 때 쓴다.

예 「국어 기본법 시행령」은 「국어 기본법」에서 위임된 사항과 그 시행에 필요한 사항을 규정함을 목적으로 한다.

예 이 곡은 베르디가 작곡한 「축배의 노래」이다.

예 사무실 밖에 「해와 달」이라고 쓴 간판을 달았다.

예 〈한강〉은 사진집 《아름다운 땅》에 실린 작품이다.

예 백남준은 2005년에 〈엄마〉라는 작품을 선보였다.

[붙임] 홑낫표나 홑화살괄호 대신 작은따옴표를 쓸 수 있다.

예 사무실 밖에 '해와 달'이라고 쓴 간판을 달았다.

예 '한강'은 사진집 "아름다운 땅"에 실린 작품이다.

[해설] 소제목, 그림이나 노래와 같은 예술 작품의 제목, 상호, 법률, 규정 등을 나타낼 때는 그 앞뒤에 홑낫표나 홑화살괄호를 쓰는 것이 원칙이고, 작은따옴표를 쓰는 것도 허용된다.

ㄱ. 나는 「고향으로 가는 길」이라는 제목으로 수필을 써서 선생님께 제출했다.

ㄴ. 현행 〈국어의 로마자 표기법〉은 2000년에 고시된 것이다.

ㄷ. 추사 김정희의 '세한도'는 절세의 명작이다.

■ **홑낫표, 홑화살괄호의 띄어쓰기**: 여는 홑낫표와 여는 홑화살괄호는 뒷말에 붙여 쓰고, 닫는 홑낫표와 닫는 홑화살괄호는 앞말에 붙여 쓴다.

15. 줄표(―)

제목 다음에 표시하는 부제의 앞뒤에 쓴다.

예 이번 토론회의 제목은 '역사 바로잡기 ― 근대의 설정 ―'이다.

예 '환경 보호 ― 숲 가꾸기 ―'라는 제목으로 글짓기를 했다.

[해설] 부제(副題)란 책이나 논문 등의 표제 옆에 덧붙이어, 내용을 한정하여 표시하는 제목이다. 줄표는 붙임표보다 길이가 더 길다.

다만, 뒤에 오는 줄표는 생략할 수 있다.

예 이번 토론회의 제목은 '역사 바로잡기 ― 근대의 설정'이다.

〈예〉 '환경 보호 ─ 숲 가꾸기'라는 제목으로 글짓기를 했다.

[붙임] 줄표의 앞뒤는 띄어 쓰는 것을 원칙으로 하되, 붙여 쓰는 것을 허용한다.

16. 붙임표(-)

(1) 차례대로 이어지는 내용을 하나로 묶어 열거할 때 각 어구 사이에 쓴다.

〈예〉 멀리뛰기는 도움닫기-도약-공중 자세-착지의 순서로 이루어진다.
〈예〉 김 과장은 기획-실무-홍보까지 직접 발로 뛰었다.

[해설] 단순히 열거만 하고자 할 경우에는 붙임표 대신 쉼표를 쓸 수 있다.

(2) 두 개 이상의 어구가 밀접한 관련이 있음을 나타내고자 할 때 쓴다.

〈예〉 드디어 서울-북경의 항로가 열렸다.
〈예〉 원-달러 환율
〈예〉 남한-북한-일본 삼자 관계

[해설] 두 개 이상의 어구가 밀접한 관련이 있음을 나타내고자 할 때는 붙임표를 쓴다. 경우에 따라서는 붙임표 대신 쉼표나 가운뎃점을 활용할 수도 있다. 종전 규정에는 '돌-다리'와 같이 합성어임을 나타내거나 '-스럽다, -습니다'와 같이 접사나 어미임을 나타낼 때, '핑크-빛, 제트-기'와 같이 외래어와 고유어 또는 한자어가 결합한 말임을 나타낼 때 붙임표를 쓸 수 있다는 규정이 있었다. 그런데 이 용법은 언어학 분야의 특수한 용법인 것으로 보아 이번 개정안에서는 제외하였다. 그러나 이는 붙임표의 이런 용법이 문장 부호에 해당하지 않아서 규정에서 다루지 않는다는 것이지, 단어의 구성 요소를 구별하는 부호로 붙임표를 활용하는 것을 막는 것은 아니다.

■ **붙임표의 띄어쓰기**: 붙임표는 앞말과 뒷말에 붙여 쓴다.

17. 물결표(~)

기간이나 거리 또는 범위를 나타낼 때 쓴다.

> 예 9월 15일~9월 25일　　　예 김정희(1786~1856)
> 예 서울~천안 정도는 출퇴근이 가능하다.
> 예 이번 시험의 범위는 3~78쪽입니다.

[붙임] 물결표 대신 붙임표를 쓸 수 있다.

> 예 9월 15일-9월 25일　　　예김정희(1786-1856)
> 예 서울-천안 정도는 출퇴근이 가능하다.
> 예 이번 시험의 범위는 3-78쪽입니다.

[해설] 기간이나 거리 또는 범위를 나타낼 때 물결표 대신 붙임표를 쓸 수 있다.

■ **물결표의 띄어쓰기**: 물결표는 앞말과 뒷말에 붙여 쓴다.

18. 드러냄표(˙)와 밑줄(＿)

문장 내용 중에서 주의가 미쳐야 할 곳이나 중요한 부분을 특별히 드러내 보일 때 쓴다.

> 예 한글의 본디 이름은 훈민정음이다.
> 예 중요한 것은 왜 사느냐가 아니라 어떻게 사느냐이다.
> 예 지금 필요한 것은 지식이 아니라 실천입니다.
> 예 다음 보기에서 명사가 아닌 것은?

[붙임] 드러냄표나 밑줄 대신 작은따옴표를 쓸 수 있다.

> 예 한글의 본디 이름은 '훈민정음'이다.
> 예 중요한 것은 '왜 사느냐'가 아니라 '어떻게 사느냐'이다.
> 예 지금 필요한 것은 '지식'이 아니라 '실천'입니다.
> 예다음 보기에서 명사가 '아닌' 것은?

[해설] 종전 규정에는 드러냄표로 부호 '˚'도 쓸 수 있었고, 밑줄로 부호 '﹏﹏﹏'도 쓸 수 있다고 되어 있었으나, 이것들은 활용도가 낮은 부호이므로 개정안에서는 제외하였다.

19. 숨김표(O, X)

(1) 금기어나 공공연히 쓰기 어려운 비속어임을 나타낼 때, 그 글자의 수효만큼 쓴다.

　　예 배운 사람 입에서 어찌 ○○○란 말이 나올 수 있느냐?
　　예 그 말을 듣는 순간 ×××란 말이 목구멍까지 치밀었다.

[해설] 한 글자로 된 금기어나 비속어임을 나타낼 때는 숨김표를 한 개 쓰고, 두 글자로 된 금기어나 비속어임을 나타낼 때는 숨김표를 두 개 쓴다.

　　예 ○○할 ○　　　　예 ××할 ×
　　'○'는 동그라미표, '×'는 가새표 또는 가위표라고 한다.

(2) 비밀을 유지해야 하거나 밝힐 수 없는 사항임을 나타낼 때 쓴다.

　　예 1차 시험 합격자는 김○영, 이○준, 박○순 등 모두 3명이다.
　　예 육군 ○○ 부대 ○○○ 명이 작전에 참가하였다.
　　예 그 모임의 참석자는 김×× 씨, 정×× 씨 등 5명이었다.

20. 빠짐표(□)

(1) 옛 비문이나 문헌 등에서 글자가 분명하지 않을 때 그 글자의 수효만큼 쓴다.

　　예 大師爲法主□□賴之大□薦

(2) 글자가 들어가야 할 자리를 나타낼 때 쓴다.

　예 훈민정음의 초성 중에서 아음(牙音)은 □□□의 석 자다.

21. 줄임표(……)

(1) 할 말을 줄였을 때 쓴다.

　예 "어디 나하고 한번……." 하고 민수가 나섰다.

[해설] 할 말을 줄였음을 나타낼 때는 줄임표를 쓴다. 이때는 줄임표로써 문장이 끝나는 것이므로 줄임표 뒤에는 마침표나 물음표 또는 느낌표를 쓰는 것이 원칙이다.

　예 에그, 우리는 못하겠어요. 자꾸 잊어버려서…….
　예 그는 아득한 지평선을 바라보면서 "바다는 정말 ……."라고 말했다.

(2) 말이 없음을 나타낼 때 쓴다.

　예 "빨리 말해!"
　　"……."

(3) 문장이나 글의 일부를 생략할 때 쓴다.

　예 '고유'라는 말은 문자 그대로 본디부터 있었다는 뜻은 아닙니다. …… 같은 역사적 환경에서 공동의 집단생활을 영위해 오는 동안 공동으로 발견 된, 사물에 대한 공동의 사고방식을 우리는 한국의 고유 사상이라 부를 수 있다는 것입니다.

(4) 머뭇거림을 보일 때 쓴다.

　예 "우리는 모두……그러니까……예외 없이 눈물만……흘렸다."

[붙임 1] 점은 가운데에 찍는 대신 아래쪽에 찍을 수도 있다.

　　예 "어디 나하고 한번…….." 하고 민수가 나섰다.
　　예 "실은…… 저 사람…… 우리 아저씨일지 몰라."

[해설] 줄임표는 가운데에 여섯 점을 찍는 것이 원칙인데, 아래에 여섯 점을 찍는 것도 허용된다. 컴퓨터 외에서의 입력을 간편하게 함으로써 부호 사용의 편의를 높이고자 한 것이다. 점을 아래에 찍는 경우에도 마침표가 필요한 경우에는 마침표를 찍어야 한다. 마침표를 포함하면 아래에 일곱 점을 찍는 셈이다.

　　예 그는 최선을 다했다. 그러나 성공할지는…….
　　예 저기…… 있잖아…… 나…… 너한테 할 말이 있어.

[붙임 2] 점은 여섯 점을 찍는 대신 세 점을 찍을 수도 있다.

　　예 "어디 나하고 한번…." 하고 민수가 나섰다.
　　예 "실은… 저 사람… 우리 아저씨일지 몰라."

[해설] 줄임표는 여섯 점을 찍는 것이 원칙인데 세 점을 찍는 것도 허용된다. 가운데에 세 점을 찍거나 아래에 세 점을 찍어서 나타낼 수 있다.

　[붙임 3] 줄임표는 앞말에 붙여 쓴다. 다만, (3)에서는 줄임표의 앞뒤를 띄어 쓴다.

[해설] 줄임표는 앞말에 붙여 쓰는데, 문장이나 글의 일부를 생략할 때에는 줄임표의 앞뒤를 띄어 쓴다.

제4장

•

외래어 표기법

4.1 외래어란 무엇인가

외래어(外來語)란 일정한 나라에서 외국어의 어휘를 받아들여 그 나라의 어휘 체계에 동화시켜 쓰는 단어이다. 한국어의 외래어는 원래 외국어이던 것이 대한민국에 들어와서 한국어의 어휘 체계에 동화되어 쓰이는 단어이다.

외국어가 대한민국에 유입되어 섭취되는 과정은 다음과 같다(김민수, 1973 : 103. 이상억, 1982 : 57).

제1단계 : 외국어라는 의식이 뚜렷한 단계 [보기] 로드맵(영어 roadmap), 에고 이즘(영어 egoism), 모기지(영어 mortgage)

제2단계 : 두루 쓰여 생소한 의식이 없어지는 단계. 발음이나 형태의 어떤 점이 한국어적인 것으로 변화한 모습이 생기고, 차차 익숙해진 채 두루 쓰여 생소한 의식이 없어진다. [보기] 다다미(일본어 *たたみ*), 소다(네델란드어 soda)

제3단계 : 외국어라는 의식이 없고 한국어로 여기는 단계. 외국어라는 특징이나 의식조차 없어지고 우리말로 여긴다. [보기] 고무(네델란드어 gom), 남포(영어 lamp)

제4 단계 : 귀화 단계. 한국어에 융합되어 고유어와 구별할 수 없게 된다. [보기] 붓(중국어 筆bǐ), 먹(중국어 墨mò)

외래어 표기법에서 대상으로 삼는 외래어는 제1 단계에 속하는 것이다.

한국어학자들 가운데 한자어를 외래어에 포함시키지 않는 이가 있는데, 중국어계나 일본어계의 한자어도 엄격한 의미에서 볼 때 외래어에 속한다. 한자어는 고유어가 아니고 다른 나라에서 차용한 어휘이기 때문이다.

외래어는 음성 언어나 문자 언어를 통해서 차용된다. 펨프는 영어 'pimp'의 음성 언어를 차용한 것인데, '모델'은 영어 'model'의 문자 언어를 차용한 것이다. 외래어는 원어에서 차용한 것이 있고, 제삼국을 통해 차용한 것이 있다. '페인트'는 원어인 영어에서 직접 차용한 것인데, '뻥끼'는 일본을 통해 차용한 것이다. '뻥끼(penki)'는 네덜란드어인 'pek'가 변한 말이다.

한국어의 외래어는 31개 이상의 외국어에서 차용한 것으로 이루어져 있다. 그 중에서 가장 많은 비중을 차지하는 것은 중국어 계통의 외래어이다. 그 다음으로는 일본어와 영어 계통의 외래어이다. 이것들 이외에 한국어의 외래어에는 그리스어, 네덜란드어, 노르웨이어, 독일어, 라틴어, 러시아어, 루마니아어, 만주어, 말레이어, 몽골어, 베트남어, 불가리아어, 산스크리트어, 세르보어·크로아트어, 스웨덴어, 아랍어, 에스파냐어, 이탈리아어, 인도네시아어, 체코어, 타이어, 터키어, 퉁구스어, 페르시아어, 포르투갈어, 폴란드어, 프랑스어, 헝가리어, 히브리어, 힌디어 등의 외국어에서 차용한 것이 있다. 그 보기를 들어 보면 다음의 (1)과 같다.

> (1) 가사(袈裟)–산스크리트어 kasāya
> 파쇼(Fascio)–이탈리아어
> 파순(波旬, Papiyas)[1]–범어
> 쿠데타(coup d'État)–프랑스어
> 방갈로(bungalow)–영어
> 빵(pao)–포르투갈어
> 토치카(totschka)–러시아어
> 오뎅(おでん)–일본어
> 짬뽕(ちゃんぽん)–일본어

---

1) 파순(波旬)은 석가모니와 그의 제자의 수행을 방해한 마왕이다.

카무플라주(camouflage)-프랑스어

뷔페(buffet)-프랑스어

레스토랑(restaurant)-프랑스어

오페라(opera) -이탈리아

아르바이트(Arbeit)-독일어

4.2 '외래어 표기법' 해설

외래어 표기법이란 외래어를 한글로 바르게 표기하는 법칙이다. 이것은 '한글 맞춤법'의 일부분에 속하는 규범이다. 대한민국의 '한글 맞춤법'은 한국어를 한글로 바르게 표기하도록 하기 위하여 제정한 규범이다.

외래어도 한국어 어휘에 속하므로 별도로 맞춤법을 만들 필요가 없는데 대한민국의 정부는 외래어를 고유어나 한자어와 다른 어휘로 간주하여 별개의 맞춤법을 제정한 것이다. 정부 당국자는 외래어를 외국어로 인식하고 있는 것이다. 그럴 바에는 '외래어 표기법'이라고 명명하지 말고 '외국어 표기법'이라고 명명하는 것이 타당하다[2]. 그리고 관용 외래어는 표준어사정위원회에서 표준 외래어를 사정하여 '외래어 표기 용례집'에 실어서 일반 국민이 외래어를 표기할 때에 참고하도록 하여야 한다.

현행 '외래어 표기법(1986) 제1장 제5항'에서는 "이미 굳어진 외래어는 관용을 존중하되, 그 범위와 용례는 따로 정한다."라고 규정하고 있으나 아직도 '관용 외래어 표기 용례집'이 발간되지 않았다. 그리하여 한국어 사전에는 관용 외래어마저도 원지음에 가깝게 표기되어 있다. 예컨대 '까스(←gas)'가 '가스'로, '뻐스(←bus)'가 '버스'로, '땜(←dam)'이 '댐'으로 표기되어 있는 것이다.

---

2) 북한에서는 종전에 '외래어 표기법'이라고 일컫던 것을 1985년부터 '외국말 적기법'이라고 일컬어 오고 있다.

제1장 표기의 기본 원칙

제1항 외래어는 국어의 현용 24 자모만으로 적는다.

외래어는 현재 쓰고 있는 자음 'ㄱ, ㄴ, ㄷ, ㄹ, ㅁ,ㅂ, ㅅ, ㅇ, ㅈ, ㅊ, ㅋ,ㅌ, ㅍ, ㅎ' 등 14개와 모음 'ㅏ, ㅑ, ㅓ, ㅕ, ㅗ, ㅛ, ㅜ, ㅠ, ㅡ, ㅣ' 등 10개 도합 24자모만으로 표기하기로 한 것이다. 외래어를 표기하기 위해 한국어의 현용 24자모 외에 특별한 글자나 기호를 만들어서까지 그 원음을 충실하게 표기한다는 것은 무의미한 일이다. 새로운 기호의 제정은 국민에게 그것을 별도로 익혀야 하는 무리한 부담을 주는 것이 되며, 그러한 표기가 잘 지켜지기를 기대하기도 어렵다. 외래어의 표기는 일부 전문가들만을 위한 것이 아니라 모든 국민을 위한 것이며, 그들이 쉽게 보고 익혀서 쓸 수 있는 것이어야 하기 때문이다.

제2항 외래어의 1음운은 원칙적으로 1기호로 적는다.

외래어의 1 음운은 1 기호로 적어야 기억하고 표기하기가 쉽다. 다만 외국어의 1 음운이 그 음성 환경에 따라 한국어의 여러 소리에 대응되는 불가피한 경우에는 1 음운 1 기호의 원칙대로 표기할 수 없으므로 '원칙적으로'라는 단서를 붙였다. 예컨대 'p'는 모음 앞에서는 'ㅍ'으로[3], 자음 앞이나 어말에서는 'ㅂ'이나 '프'로 표기한다[4].

제3항 받침에는 'ㄱ, ㄴ, ㄹ, ㅁ, ㅂ, ㅅ, ㅇ'만을 쓴다.

제3항은 외래어도 한국어 어휘의 일종이므로 외국어의 받침도 한국어의 중화(中和) 규칙에 따라 표기하기로 한 것이다('표준 발음법' 제8항 참조).

중화란 두 개 이상의 별개 음소가 어떤 음운적 환경에서 대립성을 잃고 동일

---

3) pen → 펜, pin → 핀
4) pop → 팝, stamp → 스탬프

한 음소로 발음되는 현상을 뜻한다. 중화는 음절 말음에서만 나타난다. 'ㄱ, ㄴ, ㄷ, ㄹ, ㅁ, ㅂ, ㅇ' 등의 대표 자음 이외의 자음을 종성에 가진 음절이 휴지 앞에 오거나, 자음으로 시작하는 형태소와 연접하거나, 모음으로 시작하는 실질 형태소와 연접하면 중화되어 대표음으로 소리가 바뀐다.

[보기] 부엌[부억]　　　낮잠[낟짬]　　　　숲 안[숩안]

'잎'이 단독으로는 중화 규칙에 의해 [입]으로 발음되지만, '잎이[이피]', '잎으로[이프로]' 등과 같이 한국어에서는 형태 음소적인 현상이 있기 때문에 위의 일곱 글자 이외의 것도 받침으로 쓰나, 외래어는 그러한 형태 음소적인 현상이 나타나지 않는다. 예를 들어 'book'은 '붘'으로도 표기할 수 있지만, '붘이[부키]', '붘을[부클]'이라 하지 않고, '북이[부기]', '북을[부글]'이라 하는 것이 보통이다. 따라서 'book'을 '북'으로 표기하여야 한다. 외래어는 그대로 중화 규칙에 따라 표기하는 것이 합당하다.

다만 한국어의 'ㅅ'받침은 단독으로는 'ㄷ'으로 발음되지만 모음 앞에서는 'ㅅ'으로 발음되는 변동 현상이 있는데, 이것은 외래어에서도 그대로 적용된다. 예를 들면 'racket'은 [라켇]으로 발음되지만, '라켓이[라케시]', '라켓을[라케슬]'로 변동하는 경우도 있다. 그러므로 'ㅅ'에 한하여 중화 규칙에도 불구하고 'ㄷ'이 아닌 'ㅅ'을 받침으로 쓰도록 한 것이다.

제4항 파열음 표기에는 된소리를 쓰지 않는 것을 원칙으로 한다.

파열음(破裂音)이란 허파에서 나오는 공기의 흐름을 일단 막았다가 그 막은 자리를 터뜨리면서 내는 소리이다. 'ㄱ, ㄲ, ㅋ ; ㄷ, ㄸ, ㅌ ; ㅂ, ㅃ, ㅍ' 등이 파열음에 속한다. 제4항은 유성·무성의 대립이 있는 외래어의 파열음을 한글로 표기할 때 유성 파열음은 예사소리인 'ㄱ, ㄷ, ㅂ'으로, 무성 파열음은 거센소리인 'ㅋ, ㅌ, ㅍ'으로 적기로 하고, 된소리인 'ㄲ,ㄸ ㅃ' 등을 외래어 표기에 사용하지 않는 것을 원칙으로 한 것이다.

외래어 가운데 오랫동안 쓰이어 굳어진 관용어는 그 관용을 인정하여 규정에 구애받지 않고 관용대로 적기로 한 것이다.

다만 그 관용의 한계를 어떻게 정하느냐 하는 것이 문제이다. 이럴 경우에는 외래어를 하나하나 사정하기로 한 것이다.

외래어도 한국어 어휘의 일종이므로 굳이 '외래어 표기법'을 제정할 필요가 없이 '한글 맞춤법'에서 그 표기에 대해서 규정하여야 한다.

현대는 글로벌 시대이기 때문에 외국어를 차용할 경우가 많다. 시급히 제정하여야 할 것은 '외국어 표기법'이다. 외국어를 수용할 적에 그것을 체계적으로 통일성 있게 표기하는 데 도움을 주기 때문이다.

제2장 표기 일람표

일반적으로 한국어의 외래어는 다음의 '[표 1] 국제 음성 기호와 한글 대조표'에 따라 표기하도록 하되, 중국어와 같이 '국제 음성 기호'5)를 쓰지 않거나 에스파냐어, 이탈리아어, 일본어 등처럼 철자가 곧 음성 기호의 기능을 하는 언어는 별도의 '한글 대조표'를 만들어서 그에 따라 표기하도록 하였다.

한국어와 직접 접촉이 없는 언어로서 제3국을 통해 차용되는 외래어도 있을 것인데, 그런 것은 원음을 확인할 수 없을 경우에 제3국에서 변형된 발음을 그대로 표기하여야 할 때가 있을 것이므로, 모든 언어는 '국제 음성 기호'와 '한글 대조표'에 의해서 표기한다는 원칙을 별도로 두지 않았다.

'국제 음성 기호'의 배열은 자음과 모음으로 나누어서 자음은 파열음(破裂音)·마찰음(摩擦音)·파찰음(破擦音)·비음(鼻音)·유음(流音)·후두음(喉頭音)의 순서로, 그리고 이것들은 다시 음성 기관의 바깥쪽에서 발음되는 것으로부터 시

---

5) 국제 음성 기호(國際音聲記號, international phonetic alphabet): 1888년에 국제 음성학회(International Phonetic Association)에서 제정한 음성 기호(phonetic symbol)이다.

작하여 안쪽에서 나는 소리의 순서로 배열하였다. 자음은 다시 그것이 나타나는 자리, 곧 모음 앞, 자음 앞 또는 어말 등의 위치에 따라 달리 표기될 수 있음을 보였다.

모음은 모음 사각도의 왼쪽 상부로부터 한 바퀴 돌아서 오른쪽 상부에 이르는 순서로 배열하되, 같은 자리에서 나는 평순 모음(平脣母音)을 먼저 들고 원순 모음(圓脣母音)을 다음에 들었다.

일반적으로 외래어는 다음의 [표 1] ~ [표 19]와 제3장의 표기 세칙에 따라 표기한다.

[표 1] 국제 음성 기호와 한글 대조표

자음			반모음		모음	
국제 음성 기호	한글		국제 음성 기호	한글	국제 음성 기호	한글
	모음 앞	자음 앞 또는 어말				
p	ㅍ	ㅂ, 프	j	이*	i	이
b	ㅂ	브	ɥ	위	y	위
t	ㅌ	ㅅ, 트	w	오, 우*	e	에
d	ㄷ	드			ø	외
k	ㅋ	ㄱ, 크			ɛ	에
g	ㄱ	그			ɛ̃	앵
f	ㅍ	프			œ	외
v	ㅂ	브			œ̃	욍
θ	ㅅ	스			æ	애
ð	ㄷ	드			a	아
s	ㅅ	스			ɑ	아
z	ㅈ	즈			ɑ̃	앙
ʃ	시	슈, 시			ʌ	어
ʒ	ㅈ	지			ɔ	오
ts	ㅊ	츠			ɔ̃	옹
dz	ㅈ	즈			o	오
tʃ	ㅊ	치			u	우
ʤ	ㅈ	지			ə**	어
m	ㅁ	ㅁ			ə	어
n	ㄴ	ㄴ				

자모	모음 앞	자음 앞·어말			
ɲ	니*	뉴			
ŋ	ㅇ	ㅇ			
l	ㄹ, ㄹㄹ	ㄹ			
r	ㄹ	르			
h	ㅎ	흐			
ç	ㅎ	히			
x	ㅎ	흐			

* [j], [w]의 '이'와 '오, 우', 그리고 [ɲ]의 '니'는 모음과 결합할 때 제3장 표기 세칙에 따른다.
** 독일어의 경우에는 '에', 프랑스어의 경우에는 '으'로 적는다.

[표 2] 에스파냐어 자모와 한글 대조표

자모	한글		보기
	모음 앞	자음 앞·어말	
b	ㅂ	브	biz 비스, blandon 블란돈, braceo 브라세오.
c	ㅋ, ㅅ	ㄱ, ㅋ	colcren 콜크렌, Cecilia 세실리아, coccion 콕시온, bistec 비스텍, dictado 딕타도.
ch	ㅊ	—	chicharra 치차라.
d	ㄷ	드	felicidad 펠리시다드.
f	ㅍ	프	fuga 푸가, fran 프란.
g	ㄱ, ㅎ	그	ganga 강가, geologia 헤올로히아, yungla 융글라.
h	—	—	hipo 이포, quehacer 케아세르.
j	ㅎ	—	jueves 후에베스, reloj 렐로.
k	ㅋ	크	kapok 카포크.
l	ㄹ, ㄹㄹ	ㄹ	lacrar 라크라르, Lulio 룰리오, ocal 오칼.
ll	이*	—	llama 야마, lluvia 유비아.
m	ㅁ	ㅁ	membrete 멤브레테.
n	ㄴ	ㄴ	noche 노체, flan 플란.
ñ	니*	—	ñoñez 뇨녜스, mañana 마냐나.
p	ㅍ	ㅂ, 프	pepsina 펩시나, plantón플란톤.
q	ㅋ	—	quisquilla 키스키야.
r	ㄹ	르	rascador 라스카도르.
s	ㅅ	스	sastreria 사스트레리아.
t	ㅌ	트	tetraetro 테트라에트로.
v	ㅂ	—	viudedad 비우데다드.
x	ㅅ, ㄱㅅ	ㄱ스	xenón 세논, laxante 락산테, yuxta 육스타.

	z	ㅅ	스	zagal 사갈, liquidez 리키데스.	
반모음	w	오·우*	—	walkirias 왈키리아스.	
	y	이*	—	yungla 융글라.	
모음	a	아		braceo 브라세오.	
	e	에		reloj 렐로.	
	i	이		Lulio 룰리오.	
	o	오		ocal 오칼.	
	u	우		viudedad 비우데다드.	

* ll, y, ñ, w의 '이, 니, 오, 우'는 다른 모음과 결합할 때 합쳐서 1 음절로 적는다.

[표 3] 이탈리아어 자모와 한글 대조표

자모	한 글		보 기
	모음 앞	자음 앞·어말	
자음	b	ㅂ	브	Bologna 볼로냐, bravo 브라보.
	c	ㅋ, ㅊ	크	Como 코모, Sicilia 시칠리아, credo 크레도.
	ch	ㅋ	—	Pinocchio 피노키오, cherubino 케루비노.
	d	ㄷ	드	Dante 단테, drizza 드리차.
	f	ㅍ	프	Firenze 피렌체, freddo 프레도.
	g	ㄱ, ㅈ	그	galileo 갈릴레오, genova 제노바, gloria 글로리아.
	h	—	—	hanno 안노, oh 오.
	l	ㄹ, ㄹㄹ	ㄹ	Milano 밀라노, largo 라르고, palco 팔코.
	m	ㅁ	ㅁ	Macchiavelli 마키아벨리, mamma 맘마, Campanella 캄파넬라.
	n	ㄴ	ㄴ	Nero 네로, Anna 안나, divertimento 디베르티멘토.
	p	ㅍ	프	Pisa 피사, prima 프리마.
	q	ㅋ	—	quando 콴도, queto 퀘토.
	r	ㄹ	르	Roma 로마, Marconi 마르코니.
	s	ㅅ	스	Sorrento 소렌토, asma 아스마, sasso 사소.
	t	ㅌ	트	Torino 토리노, tranne 트란네.
	v	ㅂ	브	Vivace 비바체, manovra 마노브라.
	z	ㅊ	—	nozze 노체, mancanza 만칸차.
모음	a	아		abituro 아비투로, capra 카프라.
	e	에		erta 에르타, padrone 파드로네.
	i	이		infamia 인파미아, manica 마니카.
	o	오		oblio 오블리오, poetica 포에티카.
	u	우		uva 우바, spuma 스푸마.

[표 4] 일본어의 가나와 한글 대조표

가나	한글	
	어두	어중·어말
ア イ ウ エ オ	아 이 우 에 오	아 이 우 에 오
カ キ ク ケ コ	가 기 구 게 고	카 키 쿠 케 코
サ シ ス セ ソ	사 시 스 세 소	사 시 스 세 소
タ チ ツ テ ト	다 지 쓰 데 도	타 치 쓰 테 토
ナ ニ ヌ ネ ノ	나 니 누 네 노	나 니 누 네 노
ハ ヒ フ ヘ ホ	하 히 후 헤 호	하 히 후 헤 호
マ ミ ム メ モ	마 미 무 메 모	마 미 무 메 모
ヤ イ ユ エ ヨ	야 이 유 에 요	야 이 유 에 요
ラ リ ル レ ロ	라 리 루 레 로	라 리 루 레 로
ワ (ヰ) ウ (ヱ) ヲ	와 (이) 우 (에) 오	와 (이) 우 (에) 오
ン		ㄴ
ガ ギ グ ゲ ゴ	가 기 구 게 고	가 기 구 게 고
ザ ジ ズ ゼ ゾ	자 지 즈 제 조	자 지 즈 제 조
ダ ヂ ヅ デ ド	다 지 즈 데 도	다 지 즈 데 도
バ ビ ブ ベ ボ	바 비 부 베 보	바 비 부 베 보
パ ピ プ ペ ポ	파 피 푸 페 포	파 피 푸 페 포
キャ キュ キョ	갸 규 교	캬 큐 쿄
ギャ ギュ ギョ	갸 규 교	갸 규 교
シャ シュ ショ	샤 슈 쇼	샤 슈 쇼
ジャ ジュ ジョ	자 주 조	자 주 조
チャ チュ チョ	자 주 조	차 추 초
ヒャ ヒュ ヒョ	햐 휴 효	햐 휴 효
ビャ ビュ ビョ	뱌 뷰 뵤	뱌 뷰 뵤
ピャ ピュ ピョ	퍄 퓨 표	퍄 퓨 표
ミャ ミュ ミョ	먀 뮤 묘	먀 뮤 묘
リャ リュ リョ	랴 류 료	랴 류 료

[표 5] 중국어의 주음 부호(注音符號)와 한글 대조표

[ㅣ]는 단독 발음될 경우의 표기임.
( )는 자음이 선행할 경우의 표기임. * 순치성(脣齒聲), 권설운(捲舌韻).

성모(聲母)							
음의 분류	한어 병음 자모	주음 부호	한글	음의 분류	한어 병음 자모	주음 부호	한글
중순성 (重脣聲)	b	ㄅ	ㅂ	설면성 (舌面聲)	j	ㄐ	ㅈ
	p	ㄆ	ㅍ		q	ㄑ	ㅊ
	m	ㄇ	ㅁ		x	ㄒ	ㅅ
순치성*	f	ㄈ	ㅍ	교설첨성 (翹舌尖聲)	zh [zhi]	ㄓ	ㅈ [즈]
설첨성 (舌尖聲)	d	ㄉ	ㄷ		ch [chi]	ㄔ	ㅊ [츠]
	t	ㄊ	ㅌ		sh [shi]	ㄕ	ㅅ [스]
	n	ㄋ	ㄴ		r [ri]	ㄖ	ㄹ [르]
	l	ㄌ	ㄹ	설치성 (舌齒聲)	z [zi]	ㄗ	ㅉ [쯔]
설근성 (舌根聲)	g	ㄍ	ㄱ		c [ci]	ㄘ	ㅊ [츠]
	k	ㄎ	ㅋ		s [si]	ㄙ	ㅆ [쓰]
	h	ㄏ	ㅎ				

운모(韻母)							
음의 분류	한어 병음 자모	주음 부호	한글	음의 분류	한어 병음 자모	주음 부호	한글
단운 (單韻)	a	ㄚ	아		yai	ㄧㄞ	야이
	o	ㄛ	오		yao (iao)	ㄧㄠ	야오
	e	ㄜ	어		you (ou, iu)	ㄧㄡ	유

분류	로마자	주음부호	한글
	ê	ㄝ	에
	yi (i)	ㄧ	이
	wu (u)	ㄨ	우
	yu (u)	ㄩ	위
복운(複韻)	ai	ㄞ	아이
	ei	ㄟ	에이
	ao	ㄠ	아오
	ou	ㄡ	어우
부성운(附聲韻)	an	ㄢ	안
	en	ㄣ	언
	ang	ㄤ	앙
	eng	ㄥ	엉
권설운*	er (r)	ㄦ	얼
제치류	ya (ia)	ㄧㄚ	야
	yo	ㄧㄛ	요
	ye (ie)	ㄧㄝ	예

결합운모(結合韻母)

분류	로마자	주음부호	한글
제치류(齊齒類)	yan (ian)	ㄧㄢ	옌
	yin (in)	ㄧㄣ	인
	yang (iang)	ㄧㄤ	양
	ying (ing)	ㄧㄥ	잉
합구류(合口類)	wa (ua)	ㄨㄚ	와
	wo (uo)	ㄨㄛ	워
	wai (uai)	ㄨㄞ	와이
	wei (ui)	ㄨㄟ	웨이 (우이)
	wan (uan)	ㄨㄢ	완
	wen (un)	ㄨㄣ	원 (운)
	wang (uang)	ㄨㄤ	왕
	weng (ong)	ㄨㄥ	웡 (웅)
촬구류(撮口類)	yue (ue)	ㄩㄝ	웨
	yuan (uan)	ㄩㄢ	위안
	yun (un)	ㄩㄣ	윈
	yong (iong)	ㄩㄥ	융

* [ ]는 단독 발음될 경우의 표기임. ( )는 자음이 선행할 경우의 표기임.

[표 6] 폴란드어 자모와 한글 대조표

자모	한글 모음 앞	한글 자음 앞·말	보기
b	ㅂ	ㅂ, 브, 프	burak 부라크, szybko 십코, dobrze 도브제, chleb 흘레프.
c	ㅊ	츠	cel 첼, Balicki 발리츠키, noc 노츠.
ć	—	치	dać 다치.
d	ㄷ	드, 트	dach 다흐, zdrowy 즈드로비, słodki 스워트키, pod 포트.
f	ㅍ	프	fasola 파솔라, befsztyk 베프슈티크.
g	ㄱ	ㄱ, 그, 크	góra 구라, grad 그라트, targ 타르크.
h	ㅎ	흐	herbata 헤르바타, Hrubieszów 흐루비에슈프.
k	ㅋ	ㄱ, 크	kino 키노, daktyl 닥틸, król 크룰, bank 반크.
l	ㄹ, ㄹㄹ	ㄹ	lis 리스, kolano 콜라노, motyl 모틸.
m	ㅁ	ㅁ, 므	most 모스트, zimno 짐노, sam 삼.
n	ㄴ	ㄴ	nerka 네르카, dokument 도쿠멘트, dywan 디반.
ń	—	ㄴ	Gdańsk 그단스크, Poznań 포즈난.
p	ㅍ	ㅂ, 프	para 파라, Słupsk 스웁스크, chłop 흐워프.
r	ㄹ	르	rower 로베르, garnek 가르네크, sznur 슈누르.
s	ㅅ	스	serce 세르체, srebro 스레브로, pas 파스.
ś	—	시	ślepy 실레피, dziś 지시.
t	ㅌ	트	tam 탐, matka 마트카, but 부트.
w	ㅂ	브, 프	Warszawa 바르샤바, piwnica 피브니차, krew 크레프.
z	ㅈ	즈, 스	zamek 자메크, zbrodnia 즈브로드니아, wywóz 비부스.
ź	—	지, 시	gwoździk 그보지지크, więź 비엥시.
ż	ㅈ, 시*	주, 슈, 시	żyto 지토, różny 루주니, łyżka 위슈카, straż 스트라시.
ch	ㅎ	흐	chory 호리, kuchnia 쿠흐니아, dach 다흐.
dz	ㅈ	즈, 츠	dziura 지우라, dzwon 즈본, mosiądz 모시옹츠.
dź	—	치	niedźwiedź 니에치비에치.
dż, drz	ㅈ	치	drzewo 제보, łodź 워치.
cz	ㅊ	치	czysty 치스티, beczka 베치카, klucz 클루치.
sz	시*	슈, 시	szary 샤리, musztarda 무슈타르다, kapelusz 카펠루시.
rz	ㅈ, 시*	주, 슈, 시	rzeka 제카, Przemyśl 프셰미실, kołnierz 코우니에시.
j	이*		jasny 야스니, kraj 크라이.
ł	우		łono 워노, głowa 그워바, bułka 부우카, kanał 카나우.
a	아		trawa 트라바.
ą	옹		trąba 트롱바, mąka 몽카, kąt 콩트, tą 통.

(자음: b ~ rz / 반모음: j, ł / 모음: a, ą)

e	에		zero 제로.
ę	엥, 에		kępa 켕파, węgorz 벵고시, Częstochowa 쳉스토호바, proszę 프로셰.
i	이		zima 지마.
o	오		udo 우도.
ó	우		próba 프루바.
u	우		kula 쿨라.
y	이		daktyl 닥틸.

* ż, sz, rz의 '시'와 j의 '이'는 뒤따르는 모음과 결합할 때 합쳐서 1 음절로 적는다.

[표 7] 체코어 자모와 한글 대조표

자모	한 글		보 기
	모음 앞	자음 앞 · 어말	
자음 b	ㅂ	ㅂ, 브, 프	barva 바르바, obchod 옵호트, dobrý 도브리, jeřab 예르자프
c	ㅊ	츠	cigareta 치가레타, nemocnice 네모츠니체, nemoc 네모츠.
č	ㅊ	치	čapek 차페크, kulečnik 쿨레치니크, míč 미치.
d	ㄷ	드, 트	dech 데흐, divadlo 디바들로, led 레트.
d′	디*	디, 티	d′ábel 댜벨, lod′ka 로티카, hrud′ 흐루티.
f	ㅍ	프	fík 피크, knoflík 크노플리크.
g	ㄱ	ㄱ, 그, 크	gramofon 그라모폰.
h	ㅎ	흐	hadr 하드르, hmyz 흐미스, bůh 부흐.
ch	ㅎ	흐	choditi 호디티, chlapec 흘라페츠, prach 프라흐.
k	ㅋ	ㄱ, 크	kachna 카흐나, nikdy 니크디, padák 파다크.
l	ㄹ, ㄹㄹ	ㄹ	lev 레프, šplhati 슈플하티, postel 포스텔.
m	ㅁ	ㅁ, 므	most 모스트, mrak 므라크, podzim 포드짐.
n	ㄴ	ㄴ	noha 노하, podmínka 포드민카.
ň	니*	ㄴ	němý 네미, sáňky 산키, Plzeň 플젠.
p	ㅍ	ㅂ, 프	Praha 프라하, koroptev 코롭테프, strop 스트로프.
qu	크ㅂ	—	quasi 크바시.
r	ㄹ	르	ruka 루카, harmonika 하르모니카, mír 미르.
ř	르ㅈ	르주, 르슈, 르시	řeka 르제카, námořník 나모르주니크, hořký 호르슈키, kouř 코우르시.
s	ㅅ	스	sedlo 세들로, máslo 마슬로, nos 노스.
š	시*	슈, 시	šaty 샤티, Šternberk 슈테른베르크, koš 코시.
t	ㅌ	트	tam 탐, matka 마트카, bolest 볼레스트.
t′	티*	티	tělo 텔로, štěstí 슈테스티, obět′ 오베티.

v	ㅂ	브, 프	vysoký 비소키, knihovna 크니호브나, kov 코프.
w	ㅂ	브, 프	
x**	ㄲ, ㅈ	ㄱ스	xerox 제록스, saxofón 삭소폰.
z	ㅈ	즈, 스	zámek 자메크, pozdní 포즈드니, bez 베스.
ž	ㅈ	주, 슈, 시	Žižka 지슈카, Zvěřina 주베르지나, Brož 브로시.

반모음			
j	이*		jaro 야로, pokoj 포코이.

모음			
a, á	아		balík 발리크, komár 코마르.
e, é	에		dech 데흐, léto 레토.
ě	예		šest 셰스트, věk 베크.
i, í	이		kino 키노, míra 미라.
o, ó	오		obec 오베츠, nervózni 네르보즈니.
u, ú, ů	우		buben 부벤, úrok 우로크, dům 둠.
y, ý	이		jazýk 야지크, líný 리니.

* ď, ň, š, ť, j의 '디, 니, 시, 티, 이'는 뒤따르는 모음과 결합할 때 합쳐서 1 음절로 적는다.
** x는 개별 용례에 따라 한글 표기를 정한다.

[표 8] 세르보크로아트어 자모와 한글 대조표

자모	한글		보기
	모음 앞	자음 앞·어말	
b	ㅂ	브	bog 보그, drobnjak 드로브냐크, pogreb 포그레브.
c	ㅊ	츠	cigara 치가라, novac 노바츠.
č	ㅊ	치	čelik 첼리크, točka 토치카, kolač 콜라치.
ć, tj	ㅊ	치	naći 나치, sestrić 세스트리치.
d	ㄷ	드	desno 데스노, drvo 드르보, medved 메드베드.
dž	ㅈ	지	džep 제프, narudžba 나루지바.
đ,dj	ㅈ	지	Đurađ 주라지.
f	ㅍ	프	fasada 파사다, kifla 키플라, šaraf 샤라프.
g	ㄱ	그	gost 고스트, dugme 두그메, krug 크루그.
h	ㅎ	흐	hitan 히탄, šah 샤흐.
k	ㅋ	ㄱ, 크	korist 코리스트, krug 크루그, jastuk 야스투크.
l	ㄹ, ㄹㄹ	ㄹ	levo 레보, balkon 발콘, šal 샬.
lj	리*, ㄹ리*	ㄹ	ljeto 레토, pasulj 파술.

m	ㅁ	ㅁ, 므	malo 말로, mnogo 므노고, osam 오삼.
n	ㄴ	ㄴ	nos 노스, banka 반카, loman 로만.
nj	니*	ㄴ	Njegoš 네고시, svibanj 스비반.
p	ㅍ	ㅂ, 프	peta 페타, opština 옵슈티나, lep 레프.
r	ㄹ	르	riba 리바, torba 토르바, mir 미르.
s	ㅅ	스	sedam 세담, posle 포슬레, glas 글라스.
š	시*	슈, 시	šal 샬, vlasništvo 블라스니슈트보, broš 브로시.
t	ㅌ	트	telo 텔로, ostrvo 오스트르보, put 푸트.
v	ㅂ	브	vatra 바트라, olovka 올로브카, proliv 프롤리브.
z	ㅈ	즈	zavoj 자보이, pozno 포즈노, obraz 오브라즈.
ž	ㅈ	주	žena 제나, izložba 이즐로주바, muž 무주.

반모음	j	이*		pojas 포야스, zavoj 자보이, odjelo 오델로.

모음	a	아	bakar 바카르.
	e	에	cev 체브.
	i	이	dim 딤.
	o	오	molim 몰림.
	u	우	zubar 주바르.

* lj, nj, š, j의 '리, 니, 시, 이'는 뒤따르는 모음과 결합할 때 합쳐서 1 음절로 적는다.

[표 9] 루마니아어 자모와 한글 대조표

자모	한 글		보기
	모음 앞	자음 앞 ·어말	
b	ㅂ	브	bibliotecǎ 비블리오테커, alb 알브.
c	ㅋ, ㅊ	ㄱ, 크	Cîntec 큰테크, Cine 치네, facturǎ 팍투러.
d	ㄷ	드	Moldova 몰도바, Brad 브라드.
f	ㅍ	프	Focşani 폭샤니, Cartof 카르토프.
g	ㄱ, ㅈ	그	Galaţi 갈라치, Gigel 지젤, hering 헤링그.
h	ㅎ	흐	haţeg 하체그, duh 두흐.
j	ㅈ	지	Jiu 지우, Cluj 클루지.
k	ㅋ	—	kilogram 킬로그람.
l	ㄹ, ㄹㄹ	ㄹ	bibliotecǎ 비블리오테커, hotel 호텔.
m	ㅁ	ㅁ	Maramureş 마라무레슈, Avram 아브람.
n	ㄴ	ㄴ, 느	Nucet 누체트, Bran 브란, pumn 품느.

자모	모음 앞	자음 앞·어말	보기
p	ㅍ	ㅂ, 프	pianist 피아니스트, septembrie 셉템브리에, cap 카프.
r	ㄹ	르	radio 라디오, dor 도르.
s	ㅅ	스	Sibiu 시비우, pas 파스.
ş	시*	슈	Şag 샤그, Mureş 무레슈.
t	ㅌ	트	telefonist 텔레포니스트, bilet 빌레트.
ţ	ㅊ	츠	ţigară 치가러, braţ 브라츠.
v	ㅂ	브	Victoria 빅토리아, Braşov 브라쇼브.
x**	ㄱㅅ, ㄱㅈ	크스, ㄱㅅ	taxi 탁시, examen 에그자멘.
z	ㅈ	즈	ziar 지아르, autobuz 아우토부즈.
ch	ㅋ	—	Cheia 케이아.
gh	ㄱ	—	Gheorghe 게오르게.

	자모	한글	보기
모음	a	아	Arad 아라드.
	ă	어	Bacău 바커우.
	e	에	Elena 엘레나.
	i	이	pianist 피아니스트.
	î, â	으	Cîmpina 큼피나, România 로므니아.
	o	오	Oradea 오라데아.
	u	우	Nucet 누체트.

* ş의 '시'는 뒤따르는 모음과 결합할 때 합쳐서 1 음절로 적는다.
** x는 개별 용례에 따라 한글 표기를 정한다.

[표 10] 헝가리어 자모와 한글 대조표

	자모	한글		보기
		모음 앞	자음 앞·어말	
자음	b	ㅂ	브	bab 버브, ablak 어블러크.
	c	ㅊ	츠	citrom 치트롬, nyolcvan 뇰츠번, arc 어르츠.
	cs	ㅊ	치	csavar 처버르, kulcs 쿨치.
	d	ㄷ	드	daru 더루, medve 메드베, gond 곤드.
	dzs	ㅈ	지	dzsem 젬.
	f	ㅍ	프	elfog 엘포그.
	g	ㄱ	그	gumi 구미, nyugta 뉴그터, csomag 초머그.
	gy	ㅈ	지	gyár 자르, hagyma 허지머, nagy 너지.
	h	ㅎ	흐	hal 헐, juh 유흐.
	k	ㅋ	ㄱ, 크	béka 베커, keksz 켁스, szék 세크.
	l	ㄹ, ㄹㄹ	ㄹ	len 렌, meleg 멜레그, dél 델.

m	ㅁ	ㅁ	málna 말너, bomba 봄버, álom 알롬.
n	ㄴ	ㄴ	néma 네머, bunda 분더, pihen 피헨.
ny	니*	니	nyak 녀크, hányszor 하니소르, irány 이라니.
p	ㅍ	ㅂ, 프	árpa 아르퍼, csipke 칩케, hónap 호너프.
r	ㄹ	르	róka 로커, barna 버르너, ár 아르.
s	시*	슈, 시	sál 샬, puska 푸슈카, aratás 어러타시.
sz	ㅅ	스	alszik 얼시크, asztal 어스털, húsz 후스.
t	ㅌ	트	ajto 어이토, borotva 보로트버, csont 촌트.
ty	ㅊ	치	atya 어처.
v	ㅂ	브	vesz 베스, évszázad 에브사저드, enyv 에니브.
z	ㅈ	즈	zab 저브, kezd 케즈드, blúz 블루즈.
zs	ㅈ	주	zsák 자크, tőzsde 퇴주데, rozs 로주.

반모음	j	이*	ajak 어여크, fej 페이, január 여누아르.
	ly	이*	lyuk 유크, mélység 메이셰그, király 키라이.

모음	a	어	lakat 러커트.
	á	아	máj 마이.
	e	에	mert 메르트.
	é	에	mész 메스.
	i	이	isten 이슈텐.
	í	이	sí 시.
	o	오	torna 토르너.
	ó	오	róka 로커.
	ö	외	sör 쇠르.
	ő	외	nő 뇌.
	u	우	bunda 분더.
	ú	우	hús 후시.
	ü	위	füst 퓌슈트.
	ű	위	fű 퓌.

* ny, s, j, ly의 '니, 시, 이, 이'는 뒤따르는 모음과 결합할 때 합쳐서 1 음절로 적는다.

[표 11] 스웨덴어 자모와 한글 대조표

자모	한글		보기
	모음 앞	자음 앞·어말	
자음 b	ㅂ	ㅂ, 브	bal 발, snabbt 스납트, Jacob 야코브.
c	ㅋ, ㅅ	ㄱ	Carlsson 칼손, Celsius 셀시우스, Ericson 에릭손.
ch	시*	크	charm 샤름, och 오크.

d	ㄷ	드	dag 다그, dricka 드리카, Halmstad 할름스타드.
dj	이*	—	Djurgården 유르고르덴, adjö 아예.
ds	—	스	Sundsvall 순스발.
f	ㅍ	프	Falun 팔룬, luft 루프트.
g	ㄱ		Gustav 구스타브, helgon 헬곤.
	이*		Göteborg 예테보리, Geijer 예이예르, Gislaved 이슬라베드.
		이(lg, rg)	älg 엘리, Strindberg 스트린드베리, Borg 보리.
		○(n 앞)	Magnus 망누스, Ragnar 랑나르, Agnes 앙네스.
		ㄱ(무성음 앞)	högst 획스트.
		그	Grönberg 그뢴베리, Ludvig 루드비그.
gj	이*	—	Gjerstad 예르스타드, Gjörwell 예르벨.
h	ㅎ	적지 않음.	Hälsingborg 헬싱보리, hyra 휘라, Dahl 달.
hj	이*	—	Hjälmaren 엘마렌, Hjalmar 얄마르, Hjort 요르트.
j	이*	—	Jansson 얀손, Jönköping 옌셰핑, Johansson 요한손, börja 뵈리아, fjäril 피에릴, mjuk 미우크, mjöl 미엘.
k	ㅋ, 시*	ㄱ, ㅋ	Karl 칼, Kock 코크, Kungsholm 쿵스홀름, Kerstin 셰르스틴, Norrköping 노르셰핑, Lysekil 뤼세실, oktober 옥토베르, Fredrik 프레드리크, kniv 크니브.
ck	ㅋ	ㄱ, ㅋ	vacker 바케르, Stockholm 스톡홀름, bock 보크.
kj	시*	—	Kjell 셸, Kjula 슐라.
l	ㄹ, ㄹㄹ	ㄹ	Linköping 린셰핑, tala 탈라, tal 탈.
lj	이*,ㄹ리	ㄹ리	Ljusnan 유스난, Södertälje 쇠데르텔리에, detalj 데탈리.
m	ㅁ	ㅁ	Malmö 말뫼, samtal 삼탈, hummer 홈메르.
n	ㄴ	ㄴ	Norrköping 노르셰핑, Vänern 베네른, land 란드.
		적지 않음. (m 다음)	Karlshamn 칼스함.
ng	○	○	Borlänge 볼렝에, kung 쿵, lång 롱.
nk	○ㅋ	○, ○ㅋ	anka 앙카, Sankt 상트, bank 방크.
p	ㅍ	ㅂ, 프	Piteå 피테오, knappt 크납트, Uppsala 웁살라, kamp 캄프.
qv	크ㅂ	—	Malmqvist 말름크비스트, Lindqvist 린드크비스트.
r	ㄹ	르	röd 뢰드, Wilander 빌란데르, Björk 비에르크.
rl	ㄹㄹ	ㄹ	Erlander 엘란데르, Karlgren 칼그렌, Jarl 얄.
s	ㅅ	스	sommar 솜마르, Storvik 스토르비크, dans 단스.
sch	시*	슈	Schack 샤크, Schein 셰인, revansch 레반슈.
sj	시*	—	Nässjö 네셰, sjukhem 슈크헴, Sjöberg 셰베리.
sk	스ㅋ, 시*	—	Skoglund 스코글룬드, Skellefteå 셸레프테오,

				Skövde 셰브데, Skeppsholmen 솁스홀멘.
skj	시*	—		Hammarskjöld 함마르셸드, Skjöldebrand 셸데브란드.
stj	시*	—		Stjärneborg 셰르네보리, Oxenstjerna 옥센셰르나.
t	ㅌ	ㅅ, ㅌ		Göta 예타, Botkyrka 봇쉬르카, Trelleborg 트렐레보리, båt 보트.
th	ㅌ	ㅌ		Luther 루테르, Thunberg 툰베리.
ti	시*	—		lektion 렉숀, station 스타숀.
tj	시*	—		tjeck 셰크, Tjåkkå 쇼코, tjäna 셰나, tjugo 슈고.
v, w	ㅂ	ㅂ		Sverige 스베리예, Wasa 바사, Swedenborg 스베덴보리, Eslöv 에슬뢰브.
x	ㄱㅅ	ㄱㅅ		Axel 악셀, Alexander 알렉산데르, sex 섹스.
z	ㅅ	—		Zachris 사크리스, zon 손, Lorenzo 로렌소.
모음	a		아	Kalix 칼릭스, Falun 팔룬, Alvesta 알베스타.
	e		에	Enköping 엔셰핑, Svealand 스베알란드.
	ä		에	Mälaren 멜라렌, Vänern 베네른, Trollhättan 트롤헤탄.
	i		이	Idre 이드레, Kiruna 키루나.
	å		오	Åmål 오몰, Västerås 베스테로스, Småland 스몰란드.
	o		오	Boden 보덴, Stockholm 스톡홀름, Örebro 외레브로.
	ö		외, 에	Östersund 외스테르순드, Björn 비에른, Linköping 린셰핑.
	u		우	Umeå 우메오, Luleå 룰레오, Lund 룬드.
	y		위	Ystad 위스타드, Nynäshamn 뉘네스함, Visby 비스뷔.

* dj, g, gj, hj, j, lj의 '이'와 ch, k, kj, sch, sj, sk, skj, stj, ti, tj의 '시'가 뒤따르는 모음과 결합할 때에는 합쳐서 한 음절로 적는다. 다만, j는 표기 세칙 제4항, 제11항을 따른다.

[표 12] 노르웨이어 자모와 한글 대조표

자모	한글		보기
	모음 앞	자음 앞 · 어말	
b	ㅂ	ㅂ, 브	Bodø 보되, Ibsen 입센, dobb 도브.
c	ㅋ, ㅅ	ㅋ	Jacob 야코브, Vincent 빈센트.
ch	ㅋ	ㅋ	Joachim 요아킴, Christian 크리스티안.
d	ㄷ		Bodø 보되, Norden 노르덴.
	적지 않음. (장모음 뒤)		spade 스파에.
		적지 않음. (ld, nd의 d)	Arnold 아르놀, Harald 하랄, Roald 로알, Aasmund 오스문, Vigeland 비겔란, Svendsen 스벤센.

		적지 않음. (장모음+rd)	fjord 피오르, Sigurd 시구르, gård 고르, nord 노르, Halvard 할바르, Edvard 에드바르.
		드 (단모음+rd)	ferd 페르드, Rikard 리카르드.
		적지 않음. (장모음 뒤)	glad 글라, Sjaastad 쇼스타.
		드	dreng 드렝, bad 바드.
f	ㅍ	프	Hammerfest 함메르페스트, biff 비프.
g	ㄱ		gå 고, gave 가베.
	이*		gigla 이글라, gyllen 윌렌.
		적지 않음. (이중 모음 뒤와 ig, lig)	haug 헤우, deig 데이, Solveig 솔베이, farlig 팔리.
		ㅇ (n 앞)	Agnes 앙네스, Magnus 망누스.
		ㄱ (무성음 앞)	sagtang 삭탕.
		그	grov 그로브, berg 베르그, helg 헬그.
gj	이*	—	Gjeld 옐, gjenta 옌타.
h	ㅎ		Johan 요한, Holm 홀름.
		적지 않음.	Hjalmar 얄마르, Hvalter 발테르, Krohg 크로그.
j	이*	—	Jonas 요나스, Bjørn 비에른, fjord 피오르, Skodje 스코디에, Evje 에비에, Tjeldstø 티엘스퇴.
k	ㅋ, 시*	ㄱ, ㅋ	Rikard 리카르드, Kirsten 시르스텐, Kyndig 쉰디, Køyra 셰위라, lukt 룩트, Erik 에리크.
kj	시*	—	Kjerschow 셰르쇼브, Kjerulf 셰룰프, Mikkjel 미셸.
l	ㄹ, ㄹㄹ	ㄹ	Larvik 라르비크, Ålesund 올레순, sol 솔.
m	ㅁ	ㅁ	Moss 모스, Trivandrum 트리반드룸.
n	ㄴ	ㄴ	Namsos 남소스, konto 콘토.
ng	ㅇ	ㅇ	Lange 랑에, Elling 엘링, tvang 트방.
nk	ㅇㅋ	ㅇ, ㅇㅋ	ankel 앙켈, punkt 풍트, bank 방크.
p	ㅍ	ㅂ, 프	pels 펠스, september 셉템베르, sopp 소프.
qu	크ㅂ	—	Quisling 크비슬링.
r	ㄹ	르	Ringvassøy 링바쇠위, Lillehammer 릴레함메르.
rl	ㄹㄹ	ㄹ	Øverland 외벨란.

s	ㅅ	스	Namsos 남소스, Svalbard 스발바르.
sch	시*	슈	Schæferhund 셰페르훈, Frisch 프리슈.
sj	시*	—	Sjaastad 쇼스타, Sjoa 쇼아.
sk	스크, 시*	스크	skatt 스카트, Skienselv 시엔스엘브, skram 스크람, Ekofisk 에코피스크.
skj	시*	—	Skjeggedalsfoss 셰게달스포스, Skjåk 쇼크.
t	ㅌ	ㅅ, ㅌ	metal 메탈, husets 후셋스, slet 슬레트, lukt 룩트.
		적지 않음. (어말 관사 et)	huset 후세, møtet 뫼테, taket 타케.
th	ㅌ	트	Dorthe 도르테, Matthias 마티아스, Hjorth 요르트.
tj	시*	—	tjern 셰른, tjue 슈에.
v, w	ㅂ	브	varm 바름, Kjerschow 셰르쇼브.
모음	a	아	Hamar 하마르, Alta 알타.
	aa, å	오	Aall 올, Aasmund 오스문, Kåre 코레, Vesterålen 베스테롤렌, Vestvågøy 베스트보괴위, Ålesund 올레순.
	au	에우	haug 헤우, lauk 레우크, grauk 그레우크.
	æ	에	være 베레, Svolvær 스볼베르.
	e	에	esel 에셀, fare 파레.
	eg	에이, 에그	regn 레인, tegn 테인, negl 네일, deg 데그, egg 에그.
	ø	외, 에	Løken 뢰켄, gjøvik 예비크, Bjørn 비에른.
	i	이	Larvik 라르비크, Narvik 나르비크.
	ie	이	Grieg 그리그, Nielsen 닐센, Lie 리.
	o	오	Lonin 로닌, bok 보크, bord 보르, fjorten 피오르텐.
	øg	외위	døgn 되윈, løgn 뢰윈.
	øy	외위	høy 회위, røyk 뢰위크, nøytral 뇌위트랄.
	u	우	Ålesund 올레순, Porsgrunn 포르스그룬.
	y	위	Stjernøy 스티에르뇌위, Vestvågøy 베스트보괴위.

* g, gj, j, lj의 '이'와 k, kj, sch, sj, sk, skj, tj의 '시'가 뒤따르는 모음과 결합할 때에는 합쳐서 한 음절로 적는다. 다만 j는 표기 세칙 제5항, 제12항을 따른다.

[표 13] 덴마크어 자모와 한글 대조표

자모	한글		보기
	모음 앞	자음 앞·어말	
자음 b	ㅂ	ㅂ, 브	Bornholm 보른홀름, Jacobsen 야콥센, Holstebro 홀스테브로.
c	ㅋ, ㅅ	ㅋ	cafeteria 카페테리아, centrum 센트룸, crosset 크로세트.
ch	시*	ㅋ	Charlotte 샤를로테, Brochmand 브로크만, Grønbech 그뢴베크.
d	ㄷ		Odense 오덴세, dansk 단스크, vendisk 벤디스크.
		적지 않음. (ds, dt, ld, nd, rd)	plads 플라스, Grundtvig 그룬트비, kridt 크리트, Lolland 롤란, Öresund 외레순, hård 호르.
		드 (ndr)	andre 안드레, vandre 반드레.
		드	dreng 드렝.
f	ㅍ	ㅍ	Falster 팔스테르, flod 플로드, ruf 루프.
g	ㄱ		give 기베, general 게네랄, gevær 게베르, hugge 후게.
		적지 않음 (어미 ig)	herlig 헤를리, Grundtvig 그룬트비.
		(u와 l 사이)	fugl 풀, kugle 쿨레,
		(borg, berg)	Nyborg 뉘보르, Frederiksberg 프레데릭스베르.
		그	magt 마그트, dug 두그.
h	ㅎ	적지 않음	Helsingør 헬싱외르, Dahl 달.
hj	이*	—	hjem 옘, hjort 요르트, Hjøring 예링.
j	이*	—	Jensen 옌센, Esbjerg 에스비에르, Skjern 스키에른.
k	ㅋ	ㄱ, ㅋ	København 쾨벤하운, køre 쾨레, Skære 스케레, Frederikshavn 프레데릭스하운, Holbæk 홀베크.
l	ㄹ, ㄹㄹ	ㄹ	Lolland 롤란, Falster 팔스테르.
m	ㅁ	ㅁ	Møn 뮌, Bornholm 보른홀름.
n	ㄴ	ㄴ	Rønne 뢰네, Fyn 퓐.
ng	ㅇ	ㅇ	Helsingør 헬싱외르, Hjøring 예링.
nk	ㅇㅋ	ㅇ크	ankel 앙켈, Munk 뭉크.
p	ㅍ	ㅂ, 프	hoppe 호페, september 셉템베르, spring 스프링, hop 호프.
qu	크ㅂ	—	Taanquist 톤크비스트.
r	ㄹ	르	Rønne 뢰네, Helsingør 헬싱외르.
s, sc	ㅅ	스	Sorø 소뢰, Roskilde 로스킬레, Århus 오르후스, scene 세네.
sch	시*	슈	Schæfer 셰페르.
sj	시*	—	Sjælland 셸란, sjal 샬, sjus 슈스.
t	ㅌ	ㅅ, 트	Tønder 퇴네르, stå 스토, vittig 비티, nattkappe 낫카페,

				trӕde 트레데, streng 스트렝, hat 하트, krudt 크루트.
	th	ㅌ	트	Thorshavn 토르스하운, Thisted 티스테드.
	v	ㅂ		Vejle 바일레, dvale 드발레, pulver 풀베르, rive 리베, lyve 뤼베, løve 뢰베.
		우 (단모음 뒤)		doven 도우엔, hoven 호우엔, oven 오우엔, sove 소우에.
			적지 않음(lv)	halv 할, gulv 굴.
			우 (av, ӕv, øv, ov, ev)	gravsten 그라우스텐, København 쾨벤하운, Thorshavn 토르스하운, jӕvn 예운, Støvle 스퇴울레, lov 로우, rov 로우, Hjelmslev 옐름슬레우.
			브	arv 아르브.
	x	ㄱㅅ	ㄱ스	Blixen 블릭센, sex 섹스.
	z	ㅅ	—	zebra 세브라.
모음	a	아		Falster 팔스테르, Randers 라네르스.
	ӕ	에		Nӕstved 네스트베드, trӕ 트레, fӕ 페, mӕt 메트.
	aa, å	오		Kierkegaard 키르케고르, Århus 오르후스, lås 로스.
	e	에		Horsens 호르센스, Brande 브라네.
	eg	아이		negl 나일, segl 사일, regn 라인.
	ej	아이		Vejle 바일레, Sejerø 사이에뢰.
	ø	외		Rønne 뢰네, Ringkøbing 링쾨빙, Sorø 소뢰.
	øg	오이		nøgle 노일레, øgle 오일레, løgn 로인, døgn 도인.
	øj	오이		Højer 호이에르, øje 오이에.
	i	이		Ribe 리베, Viborg 비보르.
	ie	이		Niels 닐스, Nielsen 닐센, Nielson 닐손.
	o	오		Odense 오덴세, Svendborg 스벤보르.
	u	우		Århus 오르후스, Toflund 토플룬.
	y	위		Fyn 퓐, Thy 튀.

* hj, j의 '이'와 sch, sj의 '시'가 뒤따르는 모음과 결합할 때에는 합쳐서 한 음절로 적는다. 다만, j는 표기 세칙 제5항을 따른다.

[표 14] 말레이인도네시아어 자모와 한글 대조표

	자모	한 글		보 기
		모음 앞	자음 앞·어말	
자음	b	ㅂ	ㅂ, 브	Bali 발리, Abdul 압둘, Najib 나집, Bromo 브로모
	c	ㅊ	츠	Ceto 체토, Aceh 아체, Mac 마츠
	d	ㄷ	ㅅ, 드	Denpasar 덴파사르, Ahmad 아맛, Idris 이드리스

f	ㅍ	ㅂ	Fuji 푸지, Arifin 아리핀, Jusuf 유숩
g	ㄱ	ㄱ, 그	gamelan 가믈란, gudeg 구득, Nugroho 누그로호
h	ㅎ	-	Halmahera 할마헤라, Johor 조호르, Ipoh 이포
j	ㅈ	즈	Jambi 잠비, Majapahit 마자파힛, mikraj 미크라즈
k	ㅋ	ㄱ, 크	Kalimantan 칼리만탄, batik 바틱, Krakatau 크라카타우
kh	ㅎ	ㄱ, 크	khas 하스, akhbar 악바르, Fakhrudin 파크루딘
l	ㄹ, ㄹㄹ	ㄹ	Lombok 롬복, Palembang 팔렘방, Bangsal 방살
m	ㅁ	ㅁ	Maluku 말루쿠, bemo 베모, Iram 이람
n	ㄴ	ㄴ	Nias 니아스, Sukarno 수카르노, Prambanan 프람바난
ng	응	ㅇ	Ngarai 응아라이, bonang 보낭, Bandung 반둥
p	ㅍ	ㅂ, 프	Padang 파당, Yap 얍, Suprana 수프라나
q	ㅋ	ㄱ	furqan 푸르칸, Taufiq 타우픽
r	ㄹ	르	ringgit 링깃, Rendra 렌드라, asar 아사르
s	ㅅ	스	Sabah 사바, Brastagi 브라스타기, gemas 게마스
t	ㅌ	ㅅ, 트	Timor 티모르, Jakarta 자카르타, Rahmat 라맛, Trisno 트리스노
v	ㅂ	-	Valina 발리나, Eva 에바, Lovina 로비나
x	ㅅ	-	xenon 세논
z	ㅈ	즈	zakat 자캇, Azlan 아즐란, Haz 하즈

반모음	w	오, 우	Wamena 와메나, Badawi 바다위
	y	이	Yudhoyono 유도요노, Surabaya 수라바야

모음	a	아	Ambon 암본, sate 사테, Pancasila 판차실라
	e	에, 으	Ende 엔데, Ampenan 암페난, Pane 파네 empat 음팟, besar 브사르, gendang 근당
	I	이	Ibrahim 이브라힘, Biak 비악, trimurti 트리무르티
	o	오	Odalan 오달란, Barong 바롱, komodo 코모도
	u	우	Ubud 우붓, kulit 쿨릿, Dampu 담푸

이중모음	ai	아이	ain 아인, Rais 라이스, Jelai 즐라이
	au	아우	aula 아울라, Maumere 마우메레, Riau 리아우
	oi	오이	Amboina 암보이나, boikot 보이콧

[표 15] 타이어 자모와 한글 대조표

로마자	타이어 자모	한글		보기
		모음 앞	자음 앞 · 어말	
b	บ	ㅂ	ㅂ	baht 밧, Chonburi 촌부리, Kulab 꿀랍
c	จ	ㅉ	–	Caolaw 짜올라우
ch	ฉ ช ฌ	ㅊ	ㅅ	Chiang Mai 치앙마이, buach 부앗
d	ฎ ด	ㄷ	ㅅ	Dindaeng 딘댕, Rad Burana 랏부라나, Samed 사멧
f	ฝ ฟ	ㅍ	–	Maefaluang 매팔루앙
h	ห ฮ	ㅎ	–	He 헤, Lahu 라후, Mae Hong Son 매홍손
k	ก	ㄲ	ㄱ	Kaew 깨우, malako 말라꼬, Rak Mueang 락므앙, phrik 프릭
kh	ข ฃ ค ฅ ฆ	ㅋ	ㄱ	Khaosan 카오산, lakhon 라콘, Caroenrachphakh 짜른랏팍
l	ล ฬ	ㄹ,ㄹㄹ	ㄴ	lamyai 람야이, Thalang 탈랑, Sichol 시촌
m	ม	ㅁ	ㅁ	Maikhao 마이카오, mamuang 마무앙, khanom 카놈, Silom 실롬
n	ณ น	ㄴ	ㄴ	Nan 난, Ranong 라농, Arun 아룬, Huahin 후아힌
ng	ง	응	ㅇ	nga 응아, Mongkut 몽꿋, Chang 창
p	ป	ㅃ	ㅂ	Pimai 삐마이, Paknam 빡남, Nakhaprathip 나카쁘 라팁
ph	ผ พ ภ	ㅍ	ㅂ	Phuket 푸껫, Phicit 피찟, Saithiph 사이팁
r	ร	ㄹ	ㄴ	ranat 라낫, thurian 투리안

			모음 앞	자음 앞·어말	보기
	s	ซ ศ ษ ส	ㅅ	ㅅ	Siam 시암, Lisu 리수, Saket 사껫
	t	ฏ ต	ㄸ	ㅅ	Tak 딱, Satun 사뚠, natsin 낫신, Phuket 푸껫
	th	ฐ ฑ ฒ ถ ท ธ	ㅌ	ㅅ	Tham Boya 탐보야, Thon Buri 톤부리, thurian 투리안, song thaew 송태우, Pathumthani 빠툼타니, Chaiyawath 차이야왓
반모음	y	ญ ย	이		lamyai 람야이, Ayutthaya 아유타야
	w	ว	오,우		Wan Songkran 완송끄란, Malaiwong 말라이웡, song thaew 송태우
모음	a	◌ะ ◌า	아		Akha 아카, kapi 까삐, lang sad 랑삿, Phanga 팡아
	e	เ◌ะ เ◌	에		Erawan 에라완, Akhane 아카네, Panare 빠나레
	i	◌ิ ◌ี	이		Sire 시레, linci 린찌, Krabi 끄라비, Lumphini 룸피니
	o	โ◌ะ โ◌ เ◌าะ ◌อ	오		khon 콘, Loi 로이, namdokmai 남독마이, Huaito 후아이또
	u	◌ุ ◌ู	우		thurian 투리안, Chonburi 촌부리, Satun 사뚠
	ae	แ◌ะ แ◌	애		kaeng daeng 깽댕, Maew 매우, Bangsaen 방샌, Kaibae 까이배
	oe	เ◌อะ เ◌อ	으		Mai Mueangdoem 마이 므앙듬
	ue	◌ึ ◌ื	으		kaeng cued 깽쯧, Maeraphueng 매라픙, Buengkum 붕꿈

[표 16] 베트남어 자모와 한글 대조표

	자모	한글		보기
		모음 앞	자음 앞 · 어말	
자음	b	ㅂ	-	Bao 바오, bo 보
	c,k,q	ㄲ	ㄱ	cao 까오, khac 칵, kiê 끼엣, lăk 락, quan 꽌
	ch	ㅉ	ㄱ	cha 짜, bach 박
	d,gi	ㅈ	-	duc 죽, Dương 즈엉, gia 자, giăy 저이
	đ	ㄷ	-	đan 단, Đan 던
	g,gh	ㄱ	-	gai 가이, go 고, ghe 개, ghi 기
	h	ㅎ	-	hai 하이, hoa 호아
	kh	ㅋ	-	Khai 카이, khi 키
	l	ㄹ, ㄹㄹ	-	lâu 러우, long 롱, My Lay 밀라이
	m	ㅁ	ㅁ	minh 민, măm 맘, tôm 똠
	n	ㄴ	ㄴ	Nam 남, non 논, bun 분
	ng, ngh	응	ㅇ	ngo 응오, ang 앙, đông 동, nghi 응이, nghe 응에
	nh	니	ㄴ	nhât 녓, nhơn 년, minh 민, anh 아인
	p	ㅃ	ㅂ	put 뿟, chap 짭
	ph	ㅍ	-	Pham 팜, phơ 퍼
	r	ㄹ	-	rang 랑, rôi 로이
	s	ㅅ	-	sang 상, so 소
	t	ㄸ	ㅅ	tam 땀, têt 뗏, gat 핫
	th	ㅌ	-	thao 타오, tho 토
	tr	ㅉ	-	Trân 쩐, tre 째
	v	ㅂ	-	vai 바이, vu 부
	x	ㅆ	-	xanh 싸인, xeo 쌔오
모음	a	아		an, nam
	ă	아		ăn 안, Đăng 당, măc 막
	â	어		ân 언, cân 껀, lâu 러우
	e	애		em 앰, cheo 째오
	ê	에		êm 엠, chê 쩨, Huê 후에
	i	이		in 인, dai 자이
	y	이		yên 옌, quy 꾸이

o	오	ong 옹, bo 보
ô	오	ôm 옴, đông 동
σ	어	σn 언, sσn 선, mσi 머이
u	우	um 움, cung 꿍
ư	우	ưn 은, tư 투

	ia	이어	kia 끼어, ria 리어
이 중 모 음	iê	이에	chiêng 찌엥, diêm 지엠
	ua	우어	lua 루어, mua 무어
	uô	우오	buôn 부온, quôc 꾸옥
	ưa	으어	cưa 끄어, mưa 므어, sưa 스어
	ươ	으어	rươu 르어우, phương 프엉

[표 17] 포르투갈어 자모와 한글 대조표

자모	한글		보기
	모음 앞	자음 앞· 어말	
b	ㅂ	브	bossa nova 보사노바, Abreu 아브레우
c	ㅋ,ㅅ	ㄱ	Cabral 카브랄, Francisco 프란시스쿠, aspecto 아스펙투
ç	ㅅ	–	saraça 사라사, Eça 에사
ch	시*	–	Chaves 샤베스, Espichel 이스피셸
d	ㄷ,ㅈ	드	escudo 이스쿠두, Bernardim 베르나르딩, Dias 지아스(브)
f	ㅍ	프	fado 파두, Figo 피구
g	ㄱ, ㅈ	그	Saramago 사라마구, Jorge 조르즈, Portalegre 포르탈레그르, guerra 게하
h	–	–	Henrique 엔히크, hostia 오스티아
j	ㅈ	–	Aljezur 알제주르, panja 판자
l	ㄹ,ㄹㄹ	ㄹ, 우	Lisboa 리스보아, Manuel 마누엘, Melo 멜루, Salvador 사우바도르(브)
lh	르리*	–	Coelho 코엘류, Batalha 바탈랴
m	ㅁ	ㅁ,ㅇ	Moniz 모니스, Humberto 움베르투, Camocim 카모싱
n	ㄴ	ㄴ,ㅇ	Natal 나탈, António 안토니우, Angola 앙골라, Rondon 혼동
nh	니*	–	Marinha 마리냐, Matosinhos 마토지뉴스
p	ㅍ	프	Pedroso 페드로주, Lopes 로페스, Prado 프라두

	q	ㅋ	–	Aquilino 아킬리누, Junqueiro 중케이루
	r	ㄹ, ㅎ	르	Freire 프레이르, Rodrigues 호드리게스, Cardoso 카르도주
	s	ㅅ,ㅈ	스,, 즈	Salazar 살라자르, Barroso 바호주, Egas 에가스, mesmo 메즈무
	t	ㅌ, ㅊ	트	Tavira 타비라, Garrett 가헤트, Aracati 아라카치(브)
	v	ㅂ	–	Vicente 비센트, Oliveira 올리베이라
	x	시*, ㅈ	스	Xira 시라, exame 이자므, exportar 이스포르타르
	z	ㅈ	스	fazenda 파젠다, Diaz 디아스
모음	a	아		Almeida 알메이다, Egas 에가스
	e	에, 이, 으		Elvas 엘바스, escudo 이스쿠두, Mangualde 망구알드, Belmonte 베우몬치(브)
	i	이		Amalia 아말리아, Vitorino 비토리누
	o	오, 우		Odemira 오데미라, Melo 멜루, Passos 파수스
	u	우		Manuel 마누엘, guterres 구테흐스
이중모음	ai	아이		Sampaio 삼파이우, Cascais 카스카이스
	au	아우		Bauru 바우루, São Paulo 상파울루
	ae	앙이		guimarães 기마랑이스, Magalhães 마갈량이스
	ão	앙		Durão 두랑, Fundão 푼당
	ei	에이		Ribeiro 히베이루, Oliveira 올리베이라
	eu	에우		Abreu 아브레우, Eusebio 에우제비우
	iu	이우		Aeminium 아에미니웅, Ituiutaba 이투이우타바
	oi	오이		Coimbra 코임브라, goiás 고이아스
	ou	오		Lousã 로장, Mogadouro 모가도루
	õe	옹이		Camões 카몽이스, Pilões 필롱이스
	ui	우이		Luis 루이스, Cuiabá 쿠이아바

※ ch의 '시', lh의 '리', nh의 '니', x의 '시'가 뒤따르는 모음과 결합할 때에는 합쳐서 한 음절로 적는다.
※ k, w, y는 외래어나 외래어에서 파생된 포르투갈식 어휘 또는 국제적으로 통용되는 약자나 기호의 표기에서 사용 되는 것으로 포르투갈어 알파벳에 속하지 않으므로 해당 외래어 발음에 가깝게 표기한다.
※ (브)는 브라질 포르투갈어에 적용되는 표기이다.

[표 18] 네덜란드어 자모와 한글 대조표

자모	한글 모음 앞	한글 자음 앞·어말	보기
b	ㅂ	ㅂ, 브, 프	Borst 보르스트, Bram 브람, Jacob 야코프
c	ㅋ	ㄱ, 크	Campen 캄펀, Nicolaas 니콜라스, topic 토픽, scrupel 스크뤼펄
c	ㅅ		cyaan 시안, Ceelen 세일런
ch	ㅎ	흐	Volcher 폴허르, Utrecht 위트레흐트
d	ㄷ	ㅅ, 드, 트	Delft 델프트, Edgar 엣하르, Hendrik 헨드릭, Helmond 헬몬트
f	ㅍ	프	Flevoland 플레볼란트, graaf 흐라프
g	ㅎ	흐	Goes 후스, Limburg 림뷔르흐
h	ㅎ	-	Heineken 헤이네컨, Hendrik 헨드릭
j	이*	-	Jongkind 용킨트, Jan 얀, Jeroen 예룬
k	ㅋ	ㄱ, 크	Kok 콕, Alkmaar 알크마르, Zierikzee 지릭제이
kw(qu)	크ㅂ	-	kwaliteit 크발리테이트, kwellen 크벨런, kwitantie 크비탄시
l	ㄹ, ㄹㄹ	ㄹ	Lasso 라소, Friesland 프리슬란트, sabel 사벌
m	ㅁ	ㅁ	Meerssen 메이르선, Zalm 잘름
n	ㄴ	ㄴ	Nijmegen 네이메헌, Jansen 얀선
ng	ㅇ	ㅇ	Inge 잉어, groningen 흐로닝언
p	ㅍ	ㅂ, 프	Peper 페퍼르, Kapteyn 캅테인, Koopmans 코프만스
r	ㄹ	르	Rotterdam 로테르담, Asser 아서르
s	ㅅ	스	Spinoza 스피노자, Hals 할스
sch	스ㅎ	스	Schiphol 스히폴, Escher 에스허르, typisch 티피스
sj	시*	시	sjaal 샬, huisje 하위셔, ramsj 람시 fetisj 페티시
t	ㅌ	ㅅ, 트	Tinbergen 틴베르헌, Gerrit 헤릿, Petrus 페트뤼스
ts	ㅊ	츠	Aartsen 아르천, Beets 베이츠
v	ㅂ, ㅍ	브	Veltman 펠트만, Einthoven 에인트호번, Weltevree 벨테브레이
w	ㅂ	-	Wim 빔
y		이	cyaan 시안, Lyonnet 리오넷, typisch 티피스,

				Verwey 페르베이
	z	ㅈ	-	Zeeman 제이만, Huizinga 하위징아

모음	a	아	Asser 아서르, Frans 프란스
	e	에, 어	Egmont 에흐몬트, Frederik 프레데릭, Heineken 헤이네컨, Lubbers 뤼버르스, Campen 캄펀
	i	이	Nicolaas 니콜라스 , Tobias 토비아스
	ie	이	Pieter 피터르, Vries 프리스
	o	오	Onnes 오너스, Vondel 폰덜
	oe	우	Boer 부르, Boerhaave 부르하버
	u	위	Utrecht 위트레흐트, Petrus 페트뤼스
	eu	외	Europort 외로포르트, Deurne 되르너
	uw	위	ruw 뤼, duwen 뒤언, Euwen 에위언
	ou(w), au(w)	아우	Bouts 바우츠, Bouwman 바우만, Paul 파울, Lauwersmeer 라우에르스메이르
	ei, ij	에이	Heike 헤이커, Bolkestein 볼케스테인, Ijssel 에이설
	ui(uy)	아위	Huizinga 하위징아, Zuid-Holland 자위트홀란트, Buys 바위스
	aai	아이	draaien 드라이언, fraai 프라이, zaait 자이트, Maaikes 마이커스
	ooi	오이	Booisman 보이스만 Hooites 호이터스
	oei	우이	Boeijinga 부잉아, moeite 무이터
	eeuw	에이우	Leeuwenhoek 레이우엔훅, Meeuwes 메이우어스
	ieuw	이우	Lieuwma 리우마, Rieuwers 리우어르스

* j의 '이', sj의 '시'가 뒤따르는 모음과 결합할 때에는 합쳐서 한 음절로 적는다

[표 19] 러시아어 자모와 한글 대조표

	로마자	러시아어 자모	한글			보기
			모음 앞	자음 앞	어말	
자음	b	б	ㅂ	ㅂ, 브	프	Bolotov(Болотов) 볼로토프, Bobrov(Бобров) 보브로프, Kurbskii(Курбский)쿠릅스키, Gleb(Глеб) 글레프
	ch	ч	ㅊ	치		Goncharov(Гончаров) 곤차로프, Manechka(Манечка) 마네치카, Yakubovich(Якубович) 야쿠보비치

d	д	ㄷ	ㅅ, ㄷ	ㅌ	Dmitrii(Дмитрий) 드미트리, Benediktov(Бенедиктов) 베네딕토프, Nakhodka(Находка) 나홋카, Voskhod(Восход) 보스호트
f	ф	ㅍ	ㅂ, ㅍ	ㅍ	Fyodor(Фёдор) 표도르, Yefremov(Ефремов) 예프레모프, Iosif(Иосиф) 이오시프
g	г	ㄱ	ㄱ, 그	ㅋ	Gogol'(Гоголь) 고골, Musorgskii(Мусоргский) 무소륵스키, Bogdan(Богдан) 보그단, Andarbag(Андарбаг) 안다르바크
kh	х	ㅎ		ㅎ	Khabarovsk(Хабаровск) 하바롭스크, Akhmatova(Ахматова) 아흐마토바, Oistrakh(Ойстрах) 오이스트라흐
k	k	ㅋ	ㄱ, ㅋ	ㅋ	Kalmyk(Калмык) 칼미크, Aksakov(Аксаков) 악사코프, Kvas(Квас) 크바스, Vladivostok(Владивосток) 블라디보스토크
l	л	ㄹ,ㄹ ㄹ		ㄹ	Lenin(Ленин) 레닌, Nikolai(Николай) 니콜라이, Krylov(Крылов) 크릴로프, Pavel(Павел) 파벨
m	м	ㅁ	ㅁ, 므	ㅁ	Mikhaiil(Михаийл) 미하일, Maksim(Максим) 막심, Mtsensk(Мценск) 므첸스크
n	н	ㄴ		ㄴ	Nadya(Надя) 나댜, Stefan(Стефан) 스테판
p	п	ㅍ	ㅂ, ㅍ	ㅍ	Pyotr(Пётр) 표트르, Rostopchinya(Ростопчиня) 로스톱치냐, Pskov(Псков) 프스코프, Maikop(Майкоп) 마이코프
r	р	ㄹ		르	Rybinsk(Рыбинск) 리빈스크, Lermontov(Лермонтов) 레르몬토프, Artyom(Артём) 아르툠
s	с	ㅅ		스	Vasilii(Василий) 바실리, Stefan(Стефан) 스테판, Boris(Борис) 보리스
sh	ш	시*		시	Shelgunov(Шелгунов) 셸구노프, Shishkov(Шишков) 시시코프
shch	щ	시*		시	Shcherbakov(Щербаков) 셰르바코프, Shchirets(Щирец) 시레츠, borshch(борщ) 보르시
t	т	ㅌ	ㅅ, ㅌ	ㅌ	Tat'yana(Татьяна) 타티야나, Khvatkov(Хватков) 흐밧코프, Tver'(Тверь) 트베리, Buryat(Бурят) 부랴트
tch	тч	ㅊ		–	Gatchina(Гатчина) 가치나, Tyutchev(Тютчев) 튜체프

로마자	러시아어	모음앞	자음앞	어말	보기
ts	ц, тс	ㅊ	츠	츠	Kapitsa(Капица) 카피차, Tsvetaeva(Цветаева) 츠베타예바, Bryatsk(Брятск) 브랴츠크, Yakutsk(Якутск) 야쿠츠크
v	в	ㅂ	ㅂ, 브	ㅍ	Verevkin(Веревкин) 베렙킨, Dostoevskii(Достоевский) 도스토옙스키, Vladivostok(Владивосток) 블라디보스토크, Markov(Марков) 마르코프
z	з	ㅈ	즈, 스	스	Zaichev(Зайчев) 자이체프, Kuznetsov(Кузнецов) 쿠즈네초프, Agryz(Агрыз) 아그리스
zh	ж	ㅈ	즈, 시	시	Zhadovskaya(Жадовская) 자돕스카야, Zhdanov(Жданов) 즈다노프, Luzhkov(Лужков) 루시코프, Kebezh(Кебеж) 케베시
j/i	й	이			Yurii(Юрий) 유리, Andrei(Андрей) 안드레이, Belyi(Белый) 벨리
모음 a	а	아			Aksakov(Аксаков) 악사코프, Abakan(Абакан) 아바칸
e	е / э	에, 예			Petrov(Петров) 페트로프, Evgenii(Евгений) 예브게니, Alekseev(Алексеев) 알렉세예프, Ertel'(Эртель) 예르텔
i	и	이			Ivanov(Иванов) 이바노프, Iosif(Иосиф) 이오시프
o	о	오			Khomyakov(Хомяков) 호먀코프, Oka(Ока) 오카
u	у	우			Ushakov(Ушаков) 우샤코프, Sarapul(Сарапул) 사라풀
y	ы	이			Saltykov(Салтыков) 살티코프, Kyra(Кыра) 키라, Belyi(Белый) 벨리
ya	я	야			Yasinskii(Ясинский) 야신스키, Adygeya(Адыгея) 아디게야
yo	ё	요			Solov'yov(Соловьёв) 솔로비요프, Artyom(Артём) 아르툠
yu	ю	유			Yurii(Юрий) 유리, Yurga(Юрга) 유르가

* sh(ш), shch(щ)의 '시'가 뒤따르는 모음과 결합할 때에는 합쳐서 한 음절로 적는다.

제3장 표기 세칙

한국어 외래어의 한글 표기 지침은 일단 제2장의 표기 일람표로 정리가 되었다. 따라서 '국제 음성 기호와 한글 대조표'에 따라 한글 표기가 가능한 언어는 각 개별 언어에 따른 별도의 규정이 원칙적으로 불필요하다. 그러나 한 기호를 그것이 나타나는 위치―모음 앞, 자음 앞, 어말―에 따라 달리 표기하도록 한 것은 그 예시가 필요하며, 언어에 따라 무시하기 어려운 개별적 특수성이 있기 때문에 이 표기법의 범위 안에서 이러한 특수성을 살리기 위한 세부 규정을 두었다.

이 장에서는 '제1절 영어의 표기 세칙'을 비교적 자세히 규정하고 있다. 그것은 '국제 음성 기호'에 의해 표기되는 다른 언어를 영어의 표기 세칙에 규정된 내용을 준용하게 함으로써 규정의 중복을 피하기 위한 것이다.

제1절 영어의 표기

영어는 '제2장 표기 일람표'의 '[표 1] 국제 음성 기호와 한글 대조표'에 따라 적되, 다음 사항에 유의하여 적는다.

제1항 무성 파열음 ([p], [t], [k])

1. 짧은 모음 다음의 어말 무성 파열음([p], [t], [k])은 받침으로 적는다.

    〈보기〉　　gap[ɡæp] 갭　　　　cat[kæt] 캣　　　　　　book[buk] 북

2. 짧은 모음과 유음 · 비음([l], [r], [m], [n]) 이외의 자음 사이에 오는 무성 파열음 ([p], [t], [k])은 받침으로 적는다.

    〈보기〉　　apt[æpt] 앱트　　´setback[setbæk] 셋백　　　act[ækt] 액트

3. 위 경우 이외의 어말과 자음 앞의 [p], [t], [k]는 '으'를 붙여 적는다.

    〈보기〉　　stamp[stæmp] 스탬프　　　　　　cape[keip] 케이프
    　　　　　　nest[nest] 네스트　　　　　　　　part[pɑːt] 파트
    　　　　　　desk[desk] 데스크　　　　　　　　make[meik] 메이크
    　　　　　　apple[æpl] 애플　　　　　　　　　mattress[mætris] 매트리스
    　　　　　　chipmunk[tʃipmʌŋk] 치프멍크　　sickness[siknis] 시크니스

제2항 유성 파열음([b], [d], [g])

어말과 모든 자음 앞에 오는 유성 파열음은 '으'를 붙여 적는다.

〈보기〉 bulb[bʌlb] 벌브   land[lænd] 랜드
        zigzag[zigzæg] 지그재그   lobster[lɔbstə] 로브스터
        kidnap[kidnæp] 키드냅   signal[signəl] 시그널

제3항 마찰음([s], [z], [f], [v], [θ], [ð], [ʃ], [ʒ])

1. 어말 또는 자음 앞의 [s], [z], [f], [v], [θ], [ð]는 '으'를 붙여 적는다.

〈보기〉 mask[mɑːsk] 마스크   jazz[dʒæz] 재즈
        graph[græf] 그래프   olive[ɔliv] 올리브
        thrill[θril] 스릴   bathe[beið] 베이드

2. 어말의 [ʃ]는 '시'로 적고, 자음 앞의 [ʃ]는 '슈'로, 모음 앞의 [ʃ]는 뒤따르는
   모음에 따라 '샤', '섀', '셔', '셰', '쇼', '슈', '시'로 적는다.

〈보기〉 flash[flæʃ] 플래시   shrub[ʃrʌb] 슈러브
        shark[ʃɑːk] 샤크   shank[ʃæŋk] 섕크
        fashion[fæʃən] 패션   sheriff[ʃerif] 셰리프
        shopping[ʃɔpiŋ] 쇼핑   shoe[ʃuː] 슈
        shim[ʃim] 심

3. 어말 또는 자음 앞의 [ʒ]는 '지'로 적고, 모음 앞의 [ʒ]는 'ㅈ'으로 적는다.

〈보기〉 mirage[mirɑːʒ] 미라지   vision[viʒən] 비전

제4항 파찰음([ts], [dz], [tʃ], [dʒ])

1. 어말 또는 자음 앞의 [ts], [dz]는 '츠', '즈'로 적고, [tʃ], [dʒ]는 '치', '지'로
   적는다.

〈보기〉 Keats[kiːts] 키츠   odds[ɔdz] 오즈
        switch[switʃ] 스위치   bridge[bridʒ] 브리지
        Pittsburgh[pitsbəːg] 피츠버그   hitchhike[hitʃhaik] 히치하이크

2. 모음 앞의 [tʃ], [dʒ]는 'ㅊ', 'ㅈ'으로 적는다.

〈보기〉 chart[tʃɑːt] 차트   virgin[vəːdʒin] 버진

제5항 비음([m], [n], [ŋ])

1. 어말 또는 자음 앞의 비음은 모두 받침으로 적는다.

〈보기〉 steam[stiːm] 스팀　　　　corn[kɔːn] 콘

　　　　ring[riŋ] 링　　　　　　lamp[læmp] 램프

　　　　hint[hint] 힌트　　　　　ink[iŋk] 잉크

2. 모음과 모음 사이의 [ŋ]은 앞 음절의 받침 'ㅇ'으로 적는다.

〈보기〉 hanging[hæŋiŋ] 행잉　　longing[lɔŋiŋ] 롱잉

제6항 유음([l])

1. 어말 또는 자음 앞의 [l]은 받침으로 적는다.

〈보기〉 hotel[houtel] 호텔　　　　pulp[pʌlp] 펄프

2. 어중의 [l]이 모음 앞에 오거나, 모음이 따르지 않는 비음([m], [n]) 앞에 올 때에는 'ㄹㄹ'로 적는다. 다만, 비음([m], [n]) 뒤의 [l]은 모음 앞에 오더라도 'ㄹ'로 적는다.

〈보기〉 slide[slaid] 슬라이드　　film[film] 필름

　　　　helm[helm] 헬름　　　　swoln[swouln] 스월른

　　　　Hamlet[hæmlit] 햄릿　　Henley[henli] 헨리

제7항 장모음

장모음의 장음은 따로 표기하지 않는다.

〈보기〉 team[tiːm] 팀　　　　　route[ruːt] 루트

제8항 중모음6)([ai], [au], [ei], [ɔi], [ou], [auə])

중모음은 각 단모음의 음가를 살려서 적되, [ou]는 '오'로, [auə]는 '아워'로 적는다.

〈보기〉 time[taim] 타임　　　　house[haus] 하우스

　　　　skate[skeit] 스케이트　oil[ɔil] 오일

　　　　boat[bout] 보트　　　　tower[tauə] 타워

---

6) 제8항의 '중모음'은 이중모음인 중모음(重母音)을 뜻하므로 '中母音(중모음)'과 혼동해선 안 된다.

제9항 반모음([w], [j])

1. [w]는 뒤따르는 모음에 따라 [wə], [wɔ], [wou]는 '워', [wɑ]는 '와', [wæ]는 '왜', [we]는 '웨', [wi]는 '위', [wu]는 '우'로 적는다.

〈보기〉 word[wəːd] 워드   want[wɔnt] 원트

woe[wou] 워   wander[wɑndə] 완더

wag[wæg] 왜그   west[west] 웨스트

witch[witʃ] 위치   wool[wul] 울

2. 자음 뒤에 [w]가 올 때에는 두 음절로 갈라 적되, [gw], [hw], [kw]는 한 음절로 붙여 적는다.

〈보기〉 swing[swiŋ] 스윙   twist[twist] 트위스트

penguin[peŋgwin] 펭귄   whistle[hwisl] 휘슬

quarter[kwɔːtə] 쿼터

3. 반모음 [j]는 뒤따르는 모음과 합쳐 '야', '얘', '여', '예', '요', '유', '이'로 적는다. 다만, [d], [l], [n] 다음에 [jə]가 올 때에는 각각 '디어', '리어', '니어'로 적는다.

〈보기〉 yard[jɑːd] 야드   yank[jæŋk] 앵크   yearn[jəːn] 연

yellow[jelou] 옐로   yawn[jɔːn] 욘   you[juː] 유

year[jiə] 이어   Indian[indjən] 인디언

battalion[bətæljən] 버탤리언   union[juːnjən] 유니언

제10항 복합어

1. 따로 설 수 있는 말의 합성으로 이루어진 복합어는 그것을 구성하고 있는 말이 단독으로 쓰일 때의 표기대로 적는다.

〈보기〉 cuplike[kʌplaik] 컵라이크   bookend[bukend] 북엔드

headlight[hedlait] 헤드라이트   touchwood[tʌtʃwud] 터치우드

sit-in[sitin] 싯인   bookmaker[bukmeikə] 북메이커

flashgun[flæʃgʌn] 플래시건   topknot[tɔpnɔt] 톱놋

2. 원어에서 띄어 쓴 말은 띄어 쓴 대로 한글 표기를 하되, 붙여 쓸 수도 있다.

〈보기〉 Los Alamos[lɔs æləmous] 로스 앨러모스/로스앨러모스

top class[tɔpklæs] 톱 클래스/톱클래스

미국 영어에서 차용된 외래어는 미국식 발음을, 영국 영어에서 차용된 것은 영국식 발음을 제2장 [표 1]의 '국제 음성 기호와 한글 대조표'와 이 영어 표기의 규정에 따라 표기한다.

제1항의 1과 2는 무성파열음 [p, t, k]가 단모음(短母音) 다음의 어말에 올 경우와 단모음과 유음, 비음 이외의 자음 사이에 올 경우의 규정이다.

제3항 3은 [ʒ]는 '지'로 적는다고 하면 대단히 간단해진다. 그러나 이렇게 하면 'vision[viʒən]'은 '비젼'이 되어야 하는데, 한국어에서는 '져'가 '저'로 발음된다. '져'뿐만 아니라 '쟈', '죠', '쥬', '챠', '쳐', '쵸', '츄' 등이 '자', '조', '주', '차', '처', '초', '추' 등으로 발음된다. 'ㅈ, ㅊ'이 구개음이기 때문이다. 따라서 '쟈', '죠' 등의 표기는 무의미하다. 한국어에서 '가져', '다쳐' 같은 표기가 있지만, 그것은 이것들이 각각 '가지어', '다치어'의 준말이라는 문법적 사실을 보이기 위한 표기에 불과하다.

제7항에서는 장모음은 따로 표기하지 않는다고 규정하고 있다. 따라서 외래어의 긴소리를 표기하려면 긴소리 부호를 따로 만들어야 하는데, 이것은 한국어의 현용 24자모 이외의 글자나 부호를 쓰지 않는다는 제1장 제1항의 정신에 어긋난다. 물론 새로운 부호를 쓰지 않고 같은 모음을 겹쳐 적음으로써 긴소리를 표기할 수는 있다. 그러나 이것은 별도의 음절을 이루는 것이므로 긴소리 표기로 적당하지 않다. 그뿐만 아니라 한국어에서는 긴소리가 첫째 음절에서만 발음되는 경향이 있어서 둘째 음절 이하의 긴소리 표기는 지켜지지 않을 것이다. 따라서 긴소리 표기 규칙은 실효를 거두기 어렵다. 이런 까닭으로 긴소리를 표기하지 않기로 한 것이다.

제7항은 앞으로 개정할 필요가 있다. 한국어의 고유어와 한자어에도 '[밤ː] : [밤]', '[눈ː] : [눈]', '사고(事故)[사고] : 사고(思考)[사고]', '대장(大將)[대ː장] : 대장(臺帳)[대장]' 등과 같이 긴소리 유무에 따라 의미 분화가 이루어지는 예가 매우 많다. 한국어의 외래어도 한국어의 일종이므로 긴소리를 표기하는 것이 합당하다.

제8항과 제9항 1에서 [ou], [wou]의 [u]를 따로 적지 않기로 한 것은 이 때의 [u]가 일종의 과도음으로 장음 표시에 가까운 것이므로 적지 않기로 한 것이다.

제10항은 독립하여 단독으로 쓰이는 말들이 모여서 이루어진 복합어[7]의 표기에 관한 규정이다. 1은 독립하여 쓰일 수 있는 말들이 모여서 하나의 복합어를 이루기는 했으나, 이것들은 한 단어로 보아 표기를 하면 이것들이 각각 단독으로 쓰일 때의 표기와 달라지는 경우가 있어서 마치 같은 말을 두 가지로 표기하는 듯한 인상을 주며, 기억하기에도 불편하기 때문에 단독으로 쓰일 때의 표기를 살려서 적도록 한 것이다. 예를 들면, 'bookmaker[bukmeikə]'는 'book'과 'maker'가 합해서 이루어진 말인데, 이것들이 단독으로 쓰일 때에는 각각 '북', '메이커'로 표기된다. 그런데 [bukmeikə]는, 무성 파열음 [k]는 단모음 뒤일지라도 비음 앞에서는 '으'를 붙여서 적기로 한 제1항 3에 의하여 '부크메이커'가 된다. 즉 '북'이 '부크'로 나타나게 되어 표기에 변동이 생긴다. '북'이나 '메이커'가 모두 흔히 쓰이는 말일 때 이러한 표기의 변동은 부담을 느끼게 한다. 따라서 그 규정이 잘 지켜지지 않을 수가 있으므로 이와 같은 규정을 둔 것이다. 단독으로 쓰일 수 없는 접사에 의한 파생어는 이 규정에 구애를 받지 않는다. 제10항의 '복합어'는 합성어를 의미한다.

제10항 2는 원어에서 이미 띄어 쓰고 있기 때문에 두 개의 단어가 모여서 된 것이 분명하게 인식되지만, 한국어에 들어와서 마치 하나의 복합어처럼 인식되어 쓰이는 말들은 비록 원어에서는 띄어 쓰지만 붙여 적을 수 있도록 한 것이다. 그러나 이 때에도 원어에 충실하고 동시에 제10항 1의 정신을 살려서 각각 단독으로 쓰일 때의 한글 표기를 유지하도록 하였다.

제2절 독일어의 표기

독일어는 '제2장 표기 일람표'의 '[표 1] 국제 음성 기호와 한글 대조표'에 따라 적고, '제1절 영어의 표기 세칙'을 준용한다. 다만 독일어의 독특한 것은 그 특징을 살려서 다음과 같이 적는다.

---

7) 여기서 '복합어'는 '합성어'의 의미로 쓰였다.

제1항 [r]

1. 자음 앞의 [r]는 '으'를 붙여 적는다.

〈보기〉　Hormon[hɔrmoːn] 호르몬　　　Hermes[hɛrmɛs] 헤르메스

2. 어말의 [r]와 '-er[ər]'는 '어'로 적는다.

〈보기〉　Herr[hɛr] 헤어　　　　　　Razur[razuːr] 라주어
　　　　Tür[tyːr] 튀어　　　　　　Ohr[oːr] 오어
　　　　Vater[faːtər] 파터　　　　Schiller[ʃilər] 실러

3. 복합어 및 파생어의 선행 요소가 [r]로 끝나는 경우는 2의 규정을 준용한다.

〈보기〉　verarbeiten[fɛrarbaitən] 페어아르바이텐
　　　　zerknirschen[tsɛrknirʃən] 체어크니르셴
　　　　Fürsorge[fyːrzorgə] 퓌어조르게
　　　　Vorbild[foːrbilt] 포어빌트
　　　　außerhalb[ausərhalp] 아우서할프
　　　　Urkunde[uːrkundə] 우어쿤데
　　　　Vaterland[faːtərlant] 파터란트

제2항 어말 파열음

어말의 파열음은 '으'를 붙여 적는 것을 원칙으로 한다.

〈보기〉　Rostock[rɔstɔk] 로스토크　　　Stadt[ʃtat] 슈타트

제3항 berg, burg

철자 'berg', 'burg'는 '베르크', '부르크'로 통일해서 적는다.

〈보기〉　Heidelberg[haidəlbɛrk, -bɛrç] 하이델베르크
　　　　Hamburg[hamburk, -burç] 함부르크

제4항 [ʃ]

1. 어말 또는 자음 앞에서는 '슈'로 적는다.

〈보기〉　Mensch[menʃ] 멘슈　　　　　Mischling[miʃliŋ] 미슐링

2. [y], [ø] 앞에서는 'ㅅ'으로 적는다.

   〈보기〉   Schüler[ʃyːlər] 쉴러   schön[ʃøːn] 쇤

3. 그 밖의 모음 앞에서는 뒤따르는 모음에 따라 '샤, 쇼, 슈' 등으로 적는다.

   〈보기〉   Schatz[ʃats] 샤츠   schon[ʃoːn] 숀

               Schule[ʃuːlə] 슐레   Schelle[ʃɛlə] 셸레

제5항 [ɔy]

[ɔy]로 발음되는 äu, eu는 '오이'로 적는다.

   〈보기〉   läuten[lɔytən] 로이텐   Fräulein[frɔylain] 프로일라인

               Europa[ɔyroːpa] 오이로파   Freundin[frɔyndin] 프로인딘

   독일어도 영어의 경우와 같이 '[표 1] 국제 음성 기호와 한글 대조표'에 따라 적는 것을 원칙으로 한다. 따라서 '제1절 영어의 표기 세칙' 가운데 독일어에도 적용될 수 있는 조항들은 그대로 따르도록 하면서, 독일어 표기에 특별히 필요한 것들만을 제2절의 표기 세칙으로 정하였다.

   제1항은 [r]의 표기에 관한 규정이다. [표 1]에 의거하면 자음 앞 및 어말에서의 [r]는 [표 1]에 정해진 대로 '르'로 적는데, 어말의 [r]는 현실 발음을 반영하여 '어'로 적는 것을 골자로 하는 규정이다.

   사전에서 [r]로 표기하고 있는 발음 가운데에는 현실적으로 모음으로 발음되는 것이 많다. 이 모음을 표시할 때 a를 거꾸로 한 음성기호 [ɐ]를 쓰고 있는데, 이 [ɐ]는 '어'에 해당하는 것이다.

   다만 실제의 표기에 있어서의 혼동을 염려하여 어말의 [r]와 그에 준하는 경우만을 '어'로 적도록 제한하였다. 가령 Tür[tyːr]를 '튀어'로 적는 것은 어말의 경우이고, 합성어나 파생어의 선행 요소가 [r]로 끝나는 경우 '어'로 적는 다음과 같은 표기들은 그에 준하는 경우이다.

     Vorbild[foːrbilt] 포어빌트   Urkunde[uːrkundə] 우어쿤데

어말의 '-er[ər]'를 '에르'나 '에어'로 적지 않고 '어'로 적기로 한 것도 같은 정신에 의한 것이라 할 수 있다.

제2항은 어말의 파열음에 관한 규정이다. 영어의 경우에는 어말 파열음의 표기가 상당히 복잡하게 규정되어 있지만, 독일어에서는 어말에 유성 파열음이 오는 일이 없기 때문에 '으'가 붙은 '크', '트', '프' 등으로 적도록 규정한 것이다.

제3항은 두 가지 발음이 있는 'berg', 'burg'에 대한 발음 선택을 나타낸 조항이다. Heidelberg, Hamburg를 각각 '하이델베르히', '함부르히'라 하지 않고 '하이델베르크', '함부르크'로 통일하여 적도록 한 것이다.

제4항은 마찰음 [ʃ]에 관한 규정이다. 영어의 경우와 다른 점은 어말의 [ʃ]를 '슈'로 적도록 한 것이다.

또 원순 전설 모음 [y], [ø] 앞의 [ʃ]는 [s]와 구별하여 적을 방도가 없기 때문에 'ㅅ'으로 적도록 한 것이다.

제3절 프랑스어의 표기

프랑스어는 '제2장 표기 일람표'의 '[표 1] 국제 음성 기호와 한글 대조표'에 따라 적고, '제1절 영어의 표기 세칙'을 준용한다. 다만, 프랑스어의 독특한 것은 그 특징을 살려서 다음과 같이 적는다.

제1항 파열음([p], [t], [k]; [b], [d], [g])

1. 어말에서는 '으'를 붙여서 적는다.

   〈보기〉 soupe[sup] 수프   tête[tɛt] 테트

           avec[avɛk] 아베크   baobab[baɔbab] 바오바브

           ronde[rɔ̃ːd] 롱드   bague[bag] 바그

2. 구강 모음과 무성 자음 사이에 오는 무성 파열음('구강 모음+무성 파열음+무성 파열음 또는 무성 마찰음'의 경우)은 받침으로 적는다.

   〈보기〉 septembre[sɛptãːbr] 셉탕브르   apte[apt] 압트

           octobre[ɔktɔbr] 옥토브르   action[aksjɔ̃] 악시옹

제2항 마찰음([ʃ], [ʒ])

1. 어말과 자음 앞의 [ʃ], [ʒ]는 '슈', '주'로 적는다.

　　〈보기〉　　manche[mãːʃ] 망슈　　　　　　　piège[pjɛːʒ] 피에주

　　　　　　　　acheter[aʃte] 아슈테　　　　　　dégeler[deʒle] 데줄레

2. [ʃ]가 [ə], [w] 앞에 올 때에는 뒤따르는 모음과 합쳐 '슈'로 적는다.

　　〈보기〉　　chemise[ʃəmiːz] 슈미즈　　　　　chevalier[ʃəvalje] 슈발리에

　　　　　　　　choix[ʃwa] 슈아　　　　　　　　chouette[ʃwɛt] 슈에트

3. [ʃ]가 [y], [œ], [ø] 및 [j], [ɥ] 앞에 올 때에는 'ㅅ'으로 적는다.

　　〈보기〉　　chute[ʃyt] 쉬트　　　　　　　　chuchoter[ʃyʃɔte] 쉬쇼테

　　　　　　　　pêcheur[pɛʃœːr] 페쇠르　　　　shunt[ʃœ̃ːt] 셩트

　　　　　　　　fâcheux[faʃø] 파쇠　　　　　　chien[ʃjɛ̃] 시앵

　　　　　　　　chuinter[ʃɥɛ̃te] 쉬앵테

제3항 비자음([ɲ])

1. 어말과 자음 앞의 [ɲ]는 '뉴'로 적는다.

　　〈보기〉　　campagne[kãpaɲ] 캉파뉴　　　dignement[diɲmã] 디뉴망

2. [ɲ]가 '아, 에, 오, 우' 앞에 올 때에는 뒤따르는 모음과 합쳐 각각 '냐, 녜, 뇨, 뉴'로 적는다.

　　〈보기〉　　saignant[sɛɲã] 세냥　　　　　　peigner[peɲe] 페녜

　　　　　　　　agneau[aɲo] 아뇨　　　　　　　mignon[miɲɔ̃] 미뇽

3. [ɲ]가 [ə], [w] 앞에 올 때에는 뒤따르는 소리와 합쳐 '뉴'로 적는다.

　　〈보기〉　　lorgnement[lɔrɲəmã] 로르뉴망　baignoire[bɛɲwaːr] 베뉴아르

4. 그 밖의 [ɲ]는 'ㄴ'으로 적는다.

　　〈보기〉　　magnifique[maɲifik] 마니피크　　guignier[giɲje] 기니에

　　　　　　　　gagneur[gaɲœːr] 가뇌르　　　　montagneux[mɔ̃taɲø] 몽타뇌

　　　　　　　　peignures[pɛɲyːr] 페뉘르

제4항 반모음([j])

1. 어말에 올 때에는 '유'로 적는다.

〈보기〉 Marseille[marsɛj] 마르세유   taille[tɑ:j] 타유

2. 모음 사이의 [j]는 뒤따르는 모음과 합쳐 '예, 얭, 야, 양, 요, 용, 유, 이' 등으로 적는다. 다만, 뒷모음이 [ø], [œ]일 때에는 '이'로 적는다.

〈보기〉 payer[peje] 페예   billet[bijɛ] 비예
        moyen[mwajɛ̃] 무아얭   pleiade[plejad] 플레야드
        ayant[ɛjɑ̃] 에양   noyau[nwajo] 누아요
        crayon[krɛjɔ̃] 크레용   voyou[vwaju] 부아유
        cueillir[kœji:r] 쾨이르   aïeul[ajœl] 아이욀
        aïeux[ajø] 아이외

3. 그 밖의 [j]는 '이'로 적는다.

〈보기〉 hier[jɛ:r] 이에르   Montesquieu[mɔ̃tɛskjø] 몽테스키외
        champion[ʃɑ̃pjɔ̃] 샹피옹   diable[djɑ:bl] 디아블

제5항 반모음([w])

[w]는 '우'로 적는다.

〈보기〉 alouette[alwɛt] 알루에트   douane[dwan] 두안
        quoi[kwa] 쿠아   toi[twa] 투아

제1항은 파열음에 관한 규정이다. 1에서는 어말의 파열음은 모두 '으'를 붙여 적게 하고 있다. 독일어의 경우와 같은 규정이지만, 프랑스어에는 유성음의 [b], [d], [g]가 어말에 올 수 있다는 점이 독일어와 다르다. 2는 무성 파열음 [p], [t], [k]를 받침 'ㅂ', 'ㅅ', 'ㄱ'으로 적어야 하는 경우를 밝히고 있다.

제2항은 마찰음 [ʃ], [ʒ]에 관한 규정이다.

1에서는 어말과 자음 앞의 [ʃ], [ʒ]를 '슈', '주'로 적도록 하고 있는데, 이것은 독일어의 경우와 같고 영어와 다르게 규정된 조항이다.

2는 프랑스어 특유의 경우를 규정한 것으로, [ʃ]가 [ə], [w]에 연결될 때에는 그 모음 또는 반모음과 합쳐 '슈'로 적도록 규정한 것이다.

3은 독일어의 경우에 유사한 것으로, 원순 전설 모음 앞의 [ʃ]를 'ㅅ'으로 적도록 하고 있다. 다만 한 가지 특이한 것은 반모음 [j], [ɥ]와의 결합에서 그 앞에 오는 [ʃ]도 [s]와 구별 없이 'ㅅ'으로 적게 한다는 점이다.

제3항은 프랑스어 특유의 비자음 [ɲ]에 관한 규정이다. 앞의 항에서의 [ʃ], [ʒ]에 대한 처리 방법을 그대로 연장한 것이라고 할 수 있다.

제4절 에스파냐어의 표기

에스파냐어[8])는 '제2장 표기 일람표'의 '[표 2] 에스파냐어 자모와 한글 대조표'에 따라 적되, 다음과 같은 특징을 살려서 적는다.

제1항 gu, qu

gu, qu는 i, e 앞에서는 각각 'ㄱ', 'ㅋ'으로 적고, o 앞에서는 '구, 쿠'로 적는다. 다만, a 앞에서는 그 a와 합쳐 '과, 콰'로 적는다.

〈보기〉 guerra 게라   queso 케소
         guipuzcoa 기푸스코아   quisquilla 키스키야
         antiguo 안티구오   Quorem 쿠오렘
         Nicaragua 니카라과   Quarai 콰라이

제2항 같은 자음이 겹쳐 나올 때

같은 자음이 겹치는 경우에는 겹치지 않은 경우와 같이 적는다. 단, -cc-는 'ㄱㅅ'으로 적는다.

〈보기〉 carrera 카레라   carreterra 카레테라   accion 악시온

제3항 c, g

c와 g 다음에 모음 e와 i가 올 때에는 c는 'ㅅ'으로, g는 'ㅎ'으로 적고, 그 외는 'ㅋ'과 'ㄱ'으로 적는다.

〈보기〉 Cecilia 세실리아   cifra 시프라   georgico 헤오르히코
         giganta 히간타   coquito 코키토   gato 가토

---

8) 에스파냐어: 인도·유럽 어족의 이탤릭 어파에 속한 언어이다. 에스파냐 및 중남미 여러 나라의 공용어이다. 스페인어라고 일컫기도 한다.

제4항 x

x가 모음 앞에 오되 어두일 때에는 'ㅅ'으로 적고, 어중일 때에는 'ㄱㅅ'으로 적는다.

〈보기〉 xilofono 실로포노   laxante 락산테

제5항 l

어말 또는 자음 앞의 l은 받침 'ㄹ'로 적고, 어중의 l이 모음 앞에 올 때에는 'ㄹㄹ'로 적는다.

〈보기〉 ocal 오칼   colcren 콜크렌

          blandon 블란돈   Cecilia 세실리아

제6항 nc, ng

c와 g 앞에 오는 n은 받침 'ㅇ'으로 적는다.

〈보기〉 blanco 블랑코   yungla 융글라

에스파냐어는 '[표 2] 에스파냐어 자모와 한글 대조표'에 따라 적도록 규정하고 있다. [표 2]에 대한 추가적인 것을 표기 세칙으로 정하고 있다. 에스파냐 본국의 발음을 기준으로 규정하였다.

제1항은 gu, qu가 모음 앞에 올 때의 적는 법을 규정한 것이다. 제6항은 n이 c나 g 앞에서 역행 동화에 의하여 [ŋ]으로 발음되는 것을 'ㅇ'으로 적어야 함을 규정한 것이다.

제2항은 겹친 자음은 간편함을 기하기 위하여 하나의 자음으로 적는 원칙을 제시한 것이다. 제3항과 제4항에서는 c, g 및 x가 각각 다음에 오는 모음의 차이 또는 그 위치의 차이에 따라 발음이 달라지는 대로 표기할 것을 규정한 것이다.

제5절 이탈리아어의 표기

이탈리아어는 '제2장 표기 일람표'의 '[표 3] 이탈리아어 자모와 한글 대조표'에 따라 적되, 다음과 같은 특징을 살려서 적는다.

제1항 gl

i 앞에서는 'ㄹㄹ'로 적고, 그 밖의 경우에는 '글ㄹ'로 적는다.

〈보기〉   paglia 팔리아   egli 엘리

            gloria 글로리아   glossa 글로사

제2항 gn

뒤따르는 모음과 합쳐 '냐', '녜', '뇨', '뉴', '니'로 적는다.

〈보기〉   montagna 몬타냐   gneiss 녜이스

            gnocco 뇨코   gnu 뉴

            ogni 오니

제3항 sc

sce는 '셰'로, sci는 '시'로 적고, 그 밖의 경우에는 '스ㅋ'으로 적는다.

〈보기〉   crescendo 크레셴도   scivolo 시볼로

            Tosca 토스카   scudo 스쿠도

제4항 같은 자음이 겹쳐 나올 때

같은 자음이 겹쳤을 때에는 겹치지 않은 경우와 같이 적는다. 다만, -mm-, -nn-의
경우는 'ㅁㅁ', 'ㄴㄴ'으로 적는다.

〈보기〉   Puccini 푸치니   buffa 부파

            allegretto 알레그레토   carro 카로

            rosso 로소   mezzo 메초

            gomma 곰마   bisnonno 비스논노

제5항 c, g

1. c와 g는 e, i 앞에서 각각 'ㅊ', 'ㅈ'으로 적는다.

〈보기〉   cenere 체네레   genere 제네레

            cima 치마   gita 지타

2. c와 g 다음에 ia, io, iu가 올 때에는 각각 '차, 초, 추', '자, 조, 주'로 적는다.

<보기>　caccia 카차　　　　　　　　micio 미초

　　　　ciuffo 추포　　　　　　　　giardino 자르디노

　　　　giorno 조르노　　　　　　　giubba 주바

제6항 qu

qu는 뒤따르는 모음과 합쳐 '콰, 퀘, 퀴' 등으로 적는다. 다만, o 앞에서는 '쿠'로 적는다.

<보기>　soqquadro 소콰드로　　　　quello 퀠로

　　　　quieto 퀴에토　　　　　　　quota 쿠오타

제7항 l, ll

어말 또는 자음 앞의 l, ll은 받침으로 적고, 어중의 l, ll이 모음 앞에 올 때에는 'ㄹㄹ'로 적는다.

<보기>　sol 솔　　　　　　　　　　polca 폴카

　　　　Carlo 카를로　　　　　　　quello 퀠로

　　제1항은 gl이 i앞에서 'ㄹㄹ'로 발음됨을 주의시킨 조항이고, 제2항은 gn이 [ɲ]의 음가를 가진다는 것을 밝히는 규정이다.

　　제3항과 제5항은 sc와 c, g가 각각 다음에 오는 모음의 차이에 따라 발음이 달라짐을 지적한 규정이다.

　　제4항에서는 에스파냐어의 경우와 같이 표기의 간편화를 위하여 겹친 자음은 하나로 적는 원칙을 규정하고 있다. 다만, -mm-, -nn-에 대해서만은 'ㅁㅁ', 'ㄴㄴ'을 용인하는 것이 에스파냐어의 경우와는 다르다.

　　제6항은 qu를 [kw]로 적는 방법을 말한 것인데, quo는 예외로 인정하고 있다. 제7항은 l에 관한 일반 규정이다.

제6절 일본어의 표기

　　일본어는 '제2장 표기 일람표'의 '[표 4] 일본어의 가나와 한글 대조표'에 따라

적되, 다음 사항에 유의하여 적는다.

제1항 촉음[ッ]

촉음(促音) [ッ]는 'ㅅ'으로 통일해서 적는다.

〈보기〉 サッポロ 삿포로   トットリ 돗토리

ヨッカイチ 욧카이치

제2항 장모음

장모음은 따로 표기하지 않는다.

제1항에서 일본어의 촉음 [ッ]는 'ㅅ'으로 통일해서 적기로 하였다. 이에 대해 순음 앞에서는 'ㅂ', 설단음이나 구개음 앞에서는 'ㅅ'[ㄷ], 연구개음 앞에서는 'ㄱ'으로 표기하는 것이 좋겠다는 의견이 있으나, 음성학을 잘 모르는 일반인들에게는 대단히 어려운 규정이 되기가 쉽다. 국어의 'ㅅ' 받침은 어차피 그 뒤에 따르는 자음의 종류에 따라서 ㅂ, ㄷ, ㄱ으로 변동하는 성질이 있으므로 굳이 이를 명문화할 필요가 없다.

제2항에서는 장음을 따로 표기하지 않기로 하였는데, 이에 대해서는 제1절에서 상세히 설명한 바 있다. 일본어에서 장음이 말의 의미를 분화시킬 수 있어 변별성이 있는 것은 사실이지만, 여기서 장음을 살려서 표기한다면, 영어의 강세(stress), 중국어의 성조도 살려서 표기하여야 한다. 그러자면 특별한 글자나 기호를 새로 만들어 쓰지 않을 수 없으며, 그것은 제1장 제1항의 정신에 어긋난다.

제7절 중국어의 표기

중국어는 '제2장 표기 일람표'의 '[표 5] 중국어의 주음 부호(主音符號)[9]와 한글 대조표'에 따라 적되, 다음 사항에 유의하여 적는다.

---

9) 주음 부호(主音符號): 1918년 중국 정부가 제정한 표음 기호. 자음 21개, 모음 16개로 구성되어 있다.

> **제1항** 성조는 구별하여 적지 아니한다.

> **제2항** 'ㅈ, ㅉ, ㅊ'으로 표기되는 자음(ㄐ, ㄓ, ㄗ, ㄑ, ㄔ, ㄘ) 뒤의 'ㅑ, ㅖ, ㅛ, ㅠ' 음은 'ㅏ, ㅔ, ㅗ, ㅜ'로 적는다.
> 〈보기〉   ㄐㅡㄚ 쟈→자   ㄐㅡㄝ 졔→제

중국어의 표기에서는 일체의 예외를 인정하지 않고, 오직 [표 5]만을 따라 표기하도록 하고 있다.

제1항은 성조(聲調)[10]의 차이를 구별하여 표기하지 않기로 한 것이다. 이것은 다른 언어들에 대해서 장모음 표기를 하지 않는다는 규정과 맥을 같이하는 것이다. 제1항은 외래어 표기에 있어 일체의 운율적 특질의 표기를 배제한다는 원칙에 따른 규정이다.

제2항은 한국어의 발음에서 구별되지 않는 '자'와 '쟈', '조'와 '죠' 등을 '자', '조' 등으로 통일하여 적음으로써 표기의 간편화를 기한 것이다.

제8절 폴란드어의 표기

폴란드어는 '제2장 표기 일람표'의 '[표 6] 폴란드어 자모와 한글 대조표'에 따라 적되, 다음과 같은 특징을 살려서 적는다.

> **제1항 k, p**
> 어말과 유성 자음 앞에서는 '으'를 붙여 적고, 무성 자음 앞에서는 받침으로 적는다.
> 〈보기〉   zamek 자메크   mokry 모크리   Słupsk 스웁스크

> **제2항 b, d, g**
> 1. 어말에 올 때에는 '프', '트', '크'로 적는다.
> od 오트

---

10) 성조(聲調): 음절 안에서 나타나는 소리의 높낮이. 단어의 뜻을 분화하는 변별적 기능을 가진다. 중국어에는 제1성, 제2성, 제3성, 제4성 등 사성(四聲)이 있다.

2. 유성 자음 앞에서는 '브', '드', '그'로 적는다.

zbrodnia 즈브로드니아

3. 무성 자음 앞에서 b, g는 받침으로 적고, d는 '트'로 적는다.

grabski 그랍스키   odpis 오트피스

제3항 w, z, ź, dz, ż, rz, sz

1. w, z, ź, dz가 무성 자음 앞이나 어말에 올 때에는 '프, 스, 시, 츠'로 적는다.

zabawka 자바프카   obraz 오브라스

2. ż와 rz는 모음 앞에 올 때에는 'ㅈ'으로 적되, 앞의 자음이 무성 자음일 때에는 '시'로 적는다. 유성 자음 앞에 올 때에는 '주', 무성 자음 앞에 올 때에는 '슈', 어말에 올 때에는 '시'로 적는다.

Rzeszów 제슈프   Przemyśl 프셰미실
grzmot 그주모트   łóżko 우슈코   pęcherz 펭헤시

3. sz는 자음 앞에서는 '슈', 어말에서는 '시'로 적는다.

koszt 코슈트   kosz 코시

제4항 ł

1. ł는 뒤따르는 모음과 결합할 때 합쳐서 적는다.(ł o는 '워'로 적는다.) 다만, 자음 뒤에 올 때에는 두 음절로 갈라 적는다.

łono 워노   głowa 그워바

2. ó ł는 '우'로 적는다.

przjyaciół 프시야우

제5항 l

어중의 l이 모음 앞에 올 때에는 'ㄹㄹ'로 적는다.

olej 올레이

제6항 m

어두의 m이 l, r 앞에 올 때에는 '으'를 붙여 적는다.

mleko 믈레코   mrówka 므루프카

제7항 ę

ę은 '엥'으로 적는다. 다만, 어말의 ę는 '에'로 적는다.

ręka 렝카   proszę 프로셰

제8항 c, z

'ㅈ', 'ㅊ'으로 표기되는 자음(c, z) 뒤의 이중 모음은 단모음으로 적는다.

stacja 스타차   fryzjer 프리제르

폴란드어(Poland語)는 인도·유럽 어족의 슬라브 어파에 속한 언어이다.

제1항과 제2항은 무성 파열음과 유성 파열음의 표기에 관한 규정이다. 제1항에 쓰인 '유성 자음'은 'b', 'd', 'g', 'm', 'n', 'l', 'r' 등을 뜻한다.

제5항은 어중의 설측음 'l'이 모음 앞에 올 때에는 'ㄹㄹ'로 적기로 한 것이다.

한국어에서는 구개음인 'ㅈ', 'ㅊ' 등과 결합되어 음절을 형성한 이중 모음은 '져[제]', '죠[조]'로 발음된다. 그리하여 제8항에서 'ㅈ', 'ㅊ'으로 표기되는 자음(c, z) 뒤의 이중 모음은 단모음으로 적기로 한 것이다.

제9절 체코어의 표기

체코어는 '제2장 표기 일람표'의 '[표 7] 체코어 자모와 한글 대조표'에 따라 표기하되, 다음과 같은 특징을 살려서 적는다.

제1항 k, p

어말과 유성 자음 앞에서는 '으'를 붙여 적고, 무성 자음 앞에서는 받침으로 적는다.

mozek 모제크   koroptev 코롭테프

제2항 b, d, d', g

1. 어말에 올 때에는 '프', '트', '티', '크'로 적는다.

   led 레트

2. 유성 자음 앞에서는 '브', '드', '디', '그'로 적는다.

   ledvina 레드비나

3. 무성 자음 앞에서 b, g는 받침으로 적고, d, d'는 '트', '티'로 적는다.

   obchod 옵호트   odpadky 오트파트키

제3항 v, w, z, ř, ž, š

1. v, w, z가 무성 자음 앞이나 어말에 올 때에는 '프, 프, 스'로 적는다.

   hmyz 흐미스

2. ř, ž가 유성 자음 앞에 올 때에는 '르주', '주', 무성 자음 앞에 올 때에는 '르슈', '슈', 어말에 올 때에는 '르시', '시'로 적는다.

   námořník 나모르주니크   hořký 호르슈키   kouř 코우르시

3. š는 자음 앞에서는 '슈', 어말에서는 '시'로 적는다.

   puška 푸슈카   myš 미시

제4항 l, lj

어중의 l, lj가 모음 앞에 올 때에는 '르ㄹ', '리'로 적는다.

   kolo 콜로

제5항 m

m이 r 앞에 올 때에는 '으'를 붙여 적는다.

   humr 후므르

제6항 ě

자음에 '예'가 결합되는 경우에는 '예' 대신에 '에'로 적는다. 다만, 자음이 'ㅅ'인

경우에는 '셰'로 적는다.

věk 베크	šest 셰스트

체코어(Czech語)는 인도·유럽 어족 슬라브 어파의 서슬라브 어군에 속한 언어이다.

제1항은 무성 파열음 'k', 'p'의 표기에 관해서 규정하고, 제2항은 유성 파열음 'b', 'd', 'd'', 'g' 등의 표기를 규정한 것이다.

제4항은 어중의 설측음 'l'은 'ㄹㄹ'로 적고, 'lj'가 모음 앞에 올 때에는 'ㄹ리'로 적기로 한 것이다.

제10절 세르보크로아트어의 표기

세르보크로아트어[11]는 이상의 '[표 8] 세르보크로아트어 자모와 한글 대조표'에 따라 표기하되, 다음과 같은 특징을 살려서 적는다.

제1항 k, p

k, p는 어말과 유성 자음 앞에서는 '으'를 붙여 적고, 무성 자음 앞에서는 받침으로 적는다.

jastuk 야스투크	opština 옵슈티나

제2항 l

어중의 l이 모음 앞에 올 때에는 'ㄹㄹ'로 적는다.

kula 쿨라

제3항 m

어두의 m이 l, r, n 앞에 오거나 어중의 m이 r 앞에 올 때에는 '으'를 붙여 적는다.

---

11) 세르보크로아트어(Serbo-Croat語): 인도·유럽 어족 슬라브 어파에 속한 언어. 유고슬라비아 연방이 해체되기 이전의 공용어이다. 불가리아어·슬로베니아어·마케도니아어와 함께 남슬라브 어군을 이룬다.

mlad 믈라드   mnogo 므노고   smrt 스므르트

제4항 š

š는 자음 앞에서는 '슈', 어말에서는 '시'로 적는다.

šljivovica 슐리보비차   Niš 니시

제5항 je

자음에 'je'가 결합되는 경우에는 '예' 대신에 '에'로 적는다. 다만, 자음이 'ㅅ'인 경우에는 '셰'로 적는다.

bjedro 베드로   sjedlo 셰들로

제1항은 무성 파열음 'k'와 'p'의 표기에 대해서 규정한 것이다. 제2항은 어중의 설측음 'l'이 모음 앞에 올 때에는 'ㄹㄹ'로 적기로 한 것이다.

제5항은 'ㅅ'을 제외한 그 나머지 자음에 이중 모음 'je'가 결합되는 경우에는 '예' 대신에 단모음 '에'로 적기로 한 것이다.

제11절 루마니아어의 표기

루마니아어는 '제2장 표기 일람표'의 '[표 9] 루마니아어 자모와 한글 대조표'에 따라 표기하되, 다음과 같은 특징을 살려서 적는다.

제1항 c, p

어말과 유성 자음 앞에서는 '으'를 붙여 적고, 무성 자음 앞에서는 받침으로 적는다.

cap 카프   Cîntec 큰테크
factură 곽투러   septembrie 셉템브리에

제2항 c, g

c, g는 e, i 앞에서는 각각 'ㅊ', 'ㅈ'으로, 그 밖의 모음 앞에서는 'ㅋ', 'ㄱ'으로 적는다.

cap 카프   centru 첸트루
galaţi 갈라치   gigel 지젤

제3항 l

어중의 l이 모음 앞에 올 때에는 'ㄹㄹ'로 적는다.

clei 클레이

제4항 n

n이 어말에서 m 뒤에 올 때는 '으'를 붙여 적는다.

lemn 렘느   pumn 품느

제5항 e

e는 '에'로 적되, 인칭 대명사 및 동사 este, era 등의 어두 모음 e는 '예'로 적는다.

Emil 에밀   eu 예우   el 옐
este 예스테   era 예라

루마니아어(Rumania語)는 인도·유럽 어족의 로맨스 어군의 하나이다.

제1항에서는 'c'와 'p'를 어말과 유성 자음 앞에서는 '으'를 붙여 '크', '프'로 적고, 무성 자음 앞에서는 'c'를 받침 'ㄱ'으로, 'p'를 받침 'ㅂ'으로 적기로 한 것이다.

제3항은 어중의 설측음 'l'이 모음 앞에 올 때에는 'ㄹㄹ'로 표기하기로 한 것이다.

제12절 헝가리어의 표기

헝가리어는 '제2장 표기 일람표'의 '[표 10] 헝가리어 자모와 한글 대조표'에 따라 표기하되, 다음과 같은 특징을 살려서 적는다.

제1항 k, p

어말과 유성 자음 앞에서는 '으'를 붙여 적고, 무성 자음 앞에서는 받침으로 적는다.

ablak 어블러크   csipke 칩케

제2항 같은 자음이 겹쳐 나올 때

bb, cc, dd, ff, gg, ggy, kk, ll, lly, nn, nny, pp, rr, ss, ssz, tt, tty는 b, c, d, f, g, gy, k, l, ly, n, ny, p, r, s, sz, t, ty와 같이 적는다. 다만, 어중의 nn, nny와 모음 앞의 ll은 'ㄴㄴ', 'ㄴ니', 'ㄹㄹ'로 적는다.

  között 쾨죄트   dinnye 딘네   nulla 눌러

제3항 l

어중의 l이 모음 앞에 올 때에는 'ㄹㄹ'로 적는다.

  olaj 올러이

제4항 s

s는 자음 앞에서는 '슈', 어말에서는 '시'로 적는다.

  Pest 페슈트   lapos 러포시

제5항 ye

자음에 '예'가 결합되는 경우에는 '예' 대신에 '에'로 적는다. 다만, 자음이 'ㅅ'인 경우에는 '셰'로 적는다.

  nyer 네르   selyem 셰옘

헝가리어(Hungary語)는 우랄 어족의 피노·우그리아 어파에 속하는 언어이다. 이것은 로마자로 쓰며 헝가리를 중심으로 러시아, 루마니아, 체코, 슬로바키아, 세르비아 등지의 일부 지역에서도 쓰인다.

제1항은 무성 파열음 'k', 'p' 등의 표기를 규정한 것이다. 'k', 'p'가 어말과 유성 자음 앞에 올 경우에는 '으'를 붙여 '크', '프'로 적고, 무성 자음 앞에서는 'ㄱ', 'ㅂ' 받침으로 적는다.

제3항은 어중의 설측음 'l'이 모음 앞에 올 때에는 'ㄹㄹ'로 적기로 한 것이다.

제5항은 세르보크로아트어와 같이 'ㅅ'을 제외한 그 나머지 자음에 이중 모음 'ye'가 결합되는 경우에는 '예' 대신 단모음 '에'로 적기로 한 것이다.

제13절 스웨덴어의 표기

스웨덴어는 '제2장 표기 일람표'의 '[표 11] 스웨덴어 자모와 한글 대조표'에 따라 표기하되, 다음과 같은 특징을 살려서 적는다.

제1항 b, g, k, ck, p, t

1. b, g가 무성 자음 앞에 올 때에는 받침 'ㅂ, ㄱ'으로 적는다.

   snabbt 스납트   högst 획스트

2. k, ck, p, t는 무성 자음 앞에서 받침 'ㄱ, ㄱ, ㅂ, ㅅ'으로 적는다.

   oktober 옥토베르   Stockholm 스톡홀름
   Uppsala 웁살라   Botkyrka 봇쉬르카

제2항 c

c는 'ㅋ'으로 적되, e, i, ä, y, ö 앞에서는 'ㅅ'으로 적는다.

   campa 캄파   Celsius 셀시우스

제3항 g

1. 모음 앞의 g는 'ㄱ'으로 적되, e, i, ä, y, ö 앞에서는 '이'로 적고 뒤따르는 모음과 합쳐 적는다.

   Gustav 구스타브   Göteborg 예테보리

2. lg, rg의 g는 '이'로 적는다.

   älg 엘리   Borg 보리

3. n 앞의 g는 'ㅇ'으로 적는다.

   Magnus 망누스

4. 무성 자음 앞의 g는 받침 'ㄱ'으로 적는다.

   högst 획스트

5. 그 밖의 자음 앞과 어말에서는 '그'로 적는다.

   Ludvig 루드비그   Greta 그레타

제4항 j

j는 자음과 모음 사이에 올 때에 앞의 자음과 합쳐서 적는다.

fjäril 피에릴	mjuk 미우크
kedja 셰디아	Björn 비에른

제5항 k

k는 'ㅋ'으로 적되, e, i, ä, y, ö 앞에서는 '시'로 적고 뒤따르는 모음과 합쳐 적는다.

Kungsholm 쿵스홀름   Norrköping 노르셰핑

제6항 l

어말 또는 자음 앞의 l은 받침 'ㄹ'로 적고, 어중의 l이 모음 앞에 올 때에는 'ㄹㄹ'로 적는다.

folk 폴크	tal 탈	tala 탈라

제7항 lj

어두의 lj는 '이'로 적되 뒤따르는 모음과 합쳐 적고, 어중의 lj는 'ㄹ리'로 적는다.

Ljusnan 유스난   Södertälje 쇠데르텔리에

제8항 n

n은 어말에서 m 다음에 올 때 적지 않는다.

Karlshamn 칼스함   namn 남

제9항 nk

nk는 자음 t 앞에서는 'ㅇ'으로, 그 밖의 경우에는 'ㅇ크'로 적는다.

anka 앙카	Sankt 상트
punkt 풍트	bank 방크

제10항 sk

sk는 '스크'로 적되 e, i, ä, y, ö 앞에서는 '시'로 적고, 뒤따르는 모음과 합쳐

적는다.

Skoglund 스코글룬드	skuldra 스쿨드라	skål 스콜
skörd 셰르드	skydda 쉬다	

제11항 ö

ö는 '외'로 적되 g, j, k, kj, lj, skj 다음에서는 '에'로 적고, 앞의 '이' 또는 '시'와 합쳐서 적는다. 다만, jö 앞에 그 밖의 자음이 올 때에는 j는 앞의 자음과 합쳐 적고, ö는 '에'로 적는다.

Örebro 외레브로	göta 예타	Jönköping 옌셰핑
Björn 비에른	Björling 비엘링	mjöl 미엘

제12항 같은 자음이 겹쳐 나올 때

같은 자음이 겹치는 경우에는 겹치지 않은 경우와 같이 적는다.
단, mm, nn은 모음 앞에서 'ㅁㅁ', 'ㄴㄴ'으로 적는다.

Kattegatt 카테가트	Norrköping 노르셰핑	Uppsala 웁살라
Bromma 브롬마	Dannemora 단네모라	

스웨덴어(Sweden語)는 인도·유럽 어족 게르만 어파의 북게르만 어군에 속하는 언어이다. 이것은 스웨덴의 공용어로서 핀란드 서부와 남부 해안 등지에서도 쓴다.

제1항에서는 유성 파열음인 'b'와 'g'가 무성 자음 앞에 올 때에는 받침 'ㅂ', 'ㄱ'으로 적기로 하고, 무성 파열음인 'k', 'p', 't' 등과 [k]로 발음되는 'ck'는 무성 자음 앞에서 각각 받침 'ㄱ', 'ㅂ', 'ㅅ', 'ㄱ'으로 적기로 한 것이다.

제4항은 j는 '이'로 적되 자음과 모음 사이에 올 때에 뒤에 온 모음과 합쳐 이중 모음으로 표기하지 않고 앞의 자음과 합쳐서 적기로 한 것이다.

제6항은 어말 또는 자음 앞의 설측음 'l'은 받침 'ㄹ'로 적고, 어중의 설측음 'l'이 모음 앞에 올 때에는 'ㄹㄹ'로 적기로 한 것이다.

제14절 노르웨이어의 표기

노르웨이어는 '제2장 표기 일람표'의 '[표 12] 노르웨이어 자모와 한글 대조표'에 따라 표기하되, 다음과 같은 특징을 살려서 적는다.

제1항 b, g, k, p, t

1. b, g가 무성 자음 앞에 올 때에는 받침 'ㅂ, ㄱ'으로 적는다.

    Ibsen 입센   sagtang 삭탕

2. k, p, t는 무성 자음 앞에서 받침 'ㄱ, ㅂ, ㅅ'으로 적는다.

    lukt 룩트   september 셉템베르   husets 후셋스

제2항 c

c는 'ㅋ'으로 적되, e, i, y, æ, ø 앞에서는 'ㅅ'으로 적는다.

    Jacob 야코브   Vincent 빈센트

제3항 d

1. 모음 앞의 d는 'ㄷ'으로 적되, 장모음 뒤에서는 적지 않는다.

    Bodø 보되   Norden 노르덴   (장모음 뒤) spade 스파에

2. ld, nd의 d는 적지 않는다.

    Harald 하랄   Aasmund 오스문

3. 장모음+rd의 d는 적지 않는다.

    fjord 피오르   nord 노르   Halvard 할바르

4. 단모음+rd의 d는 어말에서는 '드'로 적는다.

    ferd 페르드   mord 모르드

5. 장모음+d의 d는 적지 않는다.

    glad 글라   Sjaastad 쇼스타

6. 그 밖의 경우에는 '드'로 적는다.

    dreng 드렝   bad 바드

※ 모음의 장단에 대해서는 노르웨이어의 발음을 보여 주는 사전을 참조하여야 한다.

제4항 g

1. 모음 앞의 g는 'ㄱ'으로 적되 e, i, y, æ, ø 앞에서는 '이'로 적고 뒤따르는 모음과 합쳐 적는다.

    god 고드   gyllen 윌렌

2. g는 이중 모음 뒤와 ig, lig에서는 적지 않는다.

    haug 헤우   deig 데이   Solveig 솔베이
    fattig 파티   farlig 팔리

3. n 앞의 g는 'ㅇ'으로 적는다.

    Agnes 앙네스   Magnus 망누스

4. 무성 자음 앞의 g는 받침 'ㄱ'으로 적는다.

    sagtang 삭탕

5. 그 밖의 자음 앞과 어말에서는 '그'로 적는다.

    berg 베르그   helg 헬그   Grieg 그리그

제5항 j

j는 자음과 모음 사이에 올 때에 앞의 자음과 합쳐서 적는다.

    Bjørn 비에른   fjord 피오르   Skodje 스코디에
    Evje 에비에   Tjeldstø 티엘스퇴

제6항 k

k는 'ㅋ'으로 적되 e, i, y, æ, ø 앞에서는 '시'로 적고, 뒤따르는 모음과 합쳐 적는다.

    Rikard 리카르드   Kirsten 시르스텐

제7항 l

어말 또는 자음 앞의 l은 받침 'ㄹ'로 적고, 어중의 l이 모음 앞에 올 때에는 'ㄹㄹ'로

적는다.

　　sol 솔　　　　　　　　　　　Quisling 크비슬링

제8항 nk

nk는 자음 t 앞에서는 'ㅇ'으로, 그 밖의 경우에는 'ㅇ크'로 적는다.

　　punkt 풍트　　　　　　　　　bank 방크

제9항 sk

sk는 '스크'로 적되, e, i, y, æ, ø 앞에서는 '시'로 적고 뒤따르는 모음과 합쳐
적는다.

　　skatt 스카트　　　　　　　　Skienselv 시엔스엘브

제10항 t

1. 어말 관사 et의 t는 적지 않는다.

　　huset 후세　　　　　　møtet 뫼테　　　　　　taket 타케

2. 다만, 어말 관사 et에 s가 첨가되면 받침 'ㅅ'으로 적는다.

　　husets 후셋스

제11항 eg

1. eg는 n, l 앞에서 '에이'로 적는다.

　　regn 레인　　　　　　tegn 테인　　　　　　negl 네일

2. 그 밖의 경우에는 '에그'로 적는다.

　　deg 데그　　　　　　egg 에그

제12항 ø

ø는 '외'로 적되, g, j, k, kj, lj, skj 다음에서는 '에'로 적고 앞의 '이' 또는 '시'와
합쳐서 적는다. 다만, jø 앞에 그 밖의 자음이 올 때에는 j는 앞의 자음과 합쳐
적고 ø는 '에'로 적는다.

Bodø 보되   Gjøvik 예비크   Bjørn 비에른

제13항 같은 자음이 겹쳐 나올 때

같은 자음이 겹치는 경우에는 겹치지 않은 경우와 같이 적는다.
단, mm, nn은 모음 앞에서 'ㅁㅁ', 'ㄴㄴ'으로 적는다.

Moss 모스   Mikkjel 미셸   Matthias 마티아스
Hammerfest 함메르페스트

노르웨이어(Norway語)는 인도·유럽 어족의 게르만 어파에 속하는 언어이다. 현대 노르웨이어는 2가지 언어가 공식적으로 사용되고 있다. 그 중의 하나는 고대 노르웨이어에서 온 방언(方言)인 니모르스크(Nymorsk)이다. 덴마크어가 노르웨이의 국어로 된 후에 쓰이기 시작하여 19세기에 많은 학자가 란스몰로 완성시킨 후 일상 용어로서뿐 아니라 문학어(文學語)로서도 사용되어 왔다. 또 다른 하나는 동부 노르웨이에서 사용되는 리크스몰 또는 보크몰이라는 언어로 덴마크가 그들을 지배하였을 때부터 그들의 민족어(民族語)로 사용되어 왔다. 노르웨이에는 많은 방언이 있으며, 이 방언들은 스웨덴 · 덴마크 등 스칸디나비아 3개 국에서 의사소통이 가능하다.

제1항은 유성 파열음 'b', 'g', 무성 파열음 'k', 'p' 등이 무성 자음 앞에 올 때에는 받침 'ㅂ, ㄱ'으로 적고, 무성 파열음 't'은 무성 자음 앞에 올 때에는 받침 'ㅅ'으로 적기로 한 것이다.

제3항은 유성 파열음 'd'의 다양한 표기에 대해서 규정한 것이다.

제5항은 스웨덴어와 같이 j는 '이'로 적되 자음과 모음 사이에 올 때에 뒤에 온 모음과 합쳐 이중 모음으로 표기하지 않고 앞의 자음과 합쳐서 적기로 한 것이다('제13절 스웬덴어의 표기 제4항' 참조).

제7항은 스웨덴어와 노르웨이어와 같이 어말 또는 자음 앞의 설측음 'l'은 받침 'ㄹ'로 적고, 어중의 설측음 'l'이 모음 앞에 올 때에는 'ㄹㄹ'로 적기로 한 것이다.

제15절 덴마크어의 표기

덴마크어는 '제2장 표기 일람표'의 '[표 13] 덴마크어 자모와 한글 대조표'에 따라 표기하되, 다음과 같은 특징을 살려서 적는다.

제1항 b, k, p, t

1. b는 무성 자음 앞에서 받침 'ㅂ'으로 적는다.

    Jacobsen 야콥센   Jakobsen 야콥센

2. k, p, t는 무성 자음 앞에서 받침 'ㄱ, ㅂ, ㅅ'으로 적는다.

    insekt 인섹트   september 셉템베르   nattkappe 낫카페

제2항 c

c는 'ㅋ'으로 적되, e, i, y, æ, ø 앞에서는 'ㅅ'으로 적는다.

    campere 캄페레   centrum 센트룸

제3항 d

1. ds, dt, ld, nd, rd의 d는 적지 않는다.

    plads 플라스   kridt 크리트   fødte 푀테
    vold 볼   Kolding 콜링   Öresund 외레순
    Jylland 윌란   hård 호르   bord 보르
    nord 노르

2. 다만, ndr의 d는 '드'로 적는다.

    andre 안드레   vandre 반드레

3. 그 밖의 경우에는 '드'로 적는다.

    dreng 드렝

제4항 g

1. 어미 ig의 g는 적지 않는다.

    vældig 벨디   mandig 만디   herlig 헤를리

lykkelig 뤼켈리　　　　　　Grundtvig 그룬트비

2. u와 l 사이의 g는 적지 않는다.

　　　fugl 풀　　　　　　　　　kugle 쿨레

3. borg, berg의 g는 적지 않는다.

　　　Nyborg 뉘보르　　　　　　　　Esberg 에스베르
　　　Frederiksberg 프레데릭스베르

4. 그 밖의 자음 앞과 어말에서는 '그'로 적는다.

　　　magt 마그트　　　　　　　dug 두그

제5항 j

j는 자음과 모음 사이에 올 때에 앞의 자음과 합쳐서 적는다.

　　　Esbjerg 에스비에르그　　　Skjern 스키에른
　　　Kjellerup 키엘레루프　　　Fjellerup 피엘레루프

제6항 l

어말 또는 자음 앞의 l은 받침 '르'로 적고, 어중의 l이 모음 앞에 올 때에는 '르르'로 적는다.

　　　Holstebro 홀스테브로　　　Lolland 롤란

제7항 v

1. 모음 앞의 v는 'ㅂ'으로 적되, 단모음 뒤에서는 '우'로 적는다.

　　　Vejle 바일레　　　　　　dvale 드발레　　　　　　pulver 풀베르
　　　rive 리베　　　　　　　lyve 뤼베　　　　　　　løve 뢰베
　　　doven 도우엔　　　　　　hoven 호우엔　　　　　　oven 오우엔
　　　sove 소우에

2. lv의 v는 묵음일 때 적지 않는다.

　　　halv 할　　　　　　　　gulv 굴

3. av, æv, øv, ov, ev에서는 '우'로 적는다.

gravsten 그라우스텐   havn 하운   København 쾨벤하운

Thorshavn 토르스하운   jævn 예운   Støvle 스퇴울레

lov 로우   rov 로우   Hjelmslev 엘름슬레우

4. 그 밖의 경우에는 '브'로 적는다.

arv 아르브

※ 묵음과 모음의 장단에 대해서는 덴마크어의 발음을 보여 주는 사전을 참조하여야 한다.

제8항 같은 자음이 겹쳐 나올 때

같은 자음이 겹치는 경우에는 겹치지 않은 경우와 같이 적는다.

lykkelig 뤼켈리   hoppe 호페   Hjørring 예링

blomme 블로메   Rønne 뢰네

덴마크어(Denmark語)는 인도·유럽 어족의 게르만 어파 가운데 북게르만 어군에 속하는 언어이다.

제1항은 유성 파열음 'b'이 무성 자음 앞에 올 경우에는 받침 'ㅂ'으로 적고, 무성 파열음 'k', 'p', 't' 등이 무성 자음 앞에 올 경우에는 각각 받침 'ㄱ', 'ㅂ', 'ㅅ'으로 적도록 규정한 것이다.

제3항은 유성 파열음 'd', 제4항은 유성 파열음 'g'의 표기에 관해서 규정한 것이다.

제5항은 스웨덴어와 노르웨이어와 같이 j는 '이'로 적되 자음과 모음 사이에 올 때에 뒤에 온 모음과 합쳐 이중 모음으로 표기하지 않고 앞의 자음과 합쳐서 적기로 한 것이다('제13절 스웨덴어의 표기 제4항', '제14절 노르웨이어 표기 제5항' 참조).

제6항은 어말 또는 자음 앞의 설측음 'l'은 받침 'ㄹ'로 적고, 어중의 설측음 'l'이 모음 앞에 올 때에는 'ㄹㄹ'로 적기로 한 것이다.

제16절 말레이인도네시아어의 표기

말레이인도네시아어[12]는 '제2장 표기 일람표'의 '[표 14] 말레이인도네시아어 자모와 한글 대조표'에 따라 표기하되, 다음과 같은 특징을 살려서 적는다.

제1항 파열음

유음이나 비음 앞에 오는 파열음은 '으'를 붙여 적는다.

Prambanan 프람바난	Trisno 트리스노
Ibrahim 이브라힘	Fakhrudin 파크루딘
Tasikmalaya 타시크말라야	Supratman 수프라트만

제2항 sy

sy는 뒤따르는 모음과 합쳐서 '샤, 셰, 시, 쇼, 슈' 등으로 적는다. 구철자 sh는 sy와 마찬가지로 적는다.

Syarwan 샤르완	Syed 셋
Paramesywara 파라메시와라	Shah 샤

제3항 인도네시아어 dj, tj

인도네시아어의 구철자 dj와 tj는 신철자 j, c와 마찬가지로 적는다.

Djakarta 자카르타	Banda Atjeh 반다아체
Jakarta 자카르타	Banda Aceh 반다아체

제4항 인도네시아어 j, sj

인도네시아어의 구철자 j와 sj는 신철자 y, sy와 마찬가지로 적는다.

Jusuf 유숩	Sjarifuddin 샤리푸딘
Yusuf 유숩	Syarifuddin 샤리푸딘

---

12) 말레이인도네시아어(Malay-Indonesia語): 말레이어와 인도네시아어를 통틀어 이르는 말.

제5항 인도네시아어 bh, dh

인도네시아어의 구철자 bh와 dh는 신철자 b, d와 마찬가지로 적는다.

Bhinneka 비네카   Yudhoyono 유도요노

Binneka 비네카   Yudoyono 유도요노

제6항 인도네시아어 ch

인도네시아어의 구철자 ch는 신철자 kh와 마찬가지로 적는다.

Chairil 하이릴   Bacharuddin 바하루딘

Khairil 하이릴   Bakharuddin 바하루딘

제7항 말레이시아어 ch

말레이시아어의 구철자 ch는 신철자 c와 마찬가지로 적는다.

Changi 창이   Kuching 쿠칭

Cangi 창이   Kucing 쿠칭

제8항 말레이시아어 gh, th

말레이시아어 철자법에 따라 표기한 gh, th는 각각 g, t와 마찬가지로 적는다.

Ghazali 가잘리   baligh 발릭   Mahathir 마하티르 (말레이시아어 철자법)

Gazali 가잘리   balig 발릭   Mahatir 마하티르 (인도네시아어 철자법)

제9항 l

어중의 l이 모음 앞에 올 때에는 '르ㄹ'로 적는다.

Palembang 팔렘방   Malik 말릭

제10항 같은 자음이 겹쳐 나올 때

같은 자음이 겹쳐 나올 때에는 한 번만 적는다.

Hasanuddin 하사누딘   Mohammad 모하맛

Mappanre 마판레   Bukittinggi 부키팅기

제11항 w

반모음 w는 뒤의 모음과 합쳐 '와', '웨' 등으로 적는다. 자음 뒤에 w가 올 때에는 두 음절로 갈라 적되, 앞에 자음 k가 있으면 '콰', '퀘' 등으로 한 음절로 붙여 적는다.

Megawati 메가와티	Anwar 안와르
kwartir 콰르티르	kweni 퀘니

제12항 y

반모음 y는 뒤의 모음과 합쳐 '야', '예' 등으로 적으며 앞에 자음이 있을 경우에는 그 자음까지 합쳐 적는다. 다만 g나 k가 y 앞에 올 때에는 합쳐 적지 않고 뒤 모음과만 합쳐 적는다.

Yadnya 야드냐	tanya 타냐
satya 사탸	Yogyakarta 욕야카르타

제13항 e

e는 [e]와 [ə] 두 가지로 소리 나므로 발음을 확인하여 [e]는 '에'로 [ə]는 '으'로 적는다. 다만, ye의 e가 [ə]일 때에는 ye를 '여'로 적는다.

Ampenan 암페난	sate 사테
Cirebon 치르본	kecapi 크차피
Yeh Sani 예사니	Nyepi 녀피

제14항 같은 모음이 겹쳐 나올 때

같은 모음이 겹쳐 나올 때에는 한 번만 적는다.

Pandaan 판단	saat 삿

제15항 인도네시아어 oe, ie

인도네시아어의 구철자 중모음 표기 oe, ie는 신철자 u, i와 마찬가지로 '우, 이'로 적는다.

Bandoeng 반둥	Habibie 하비비
Bandung 반둥	Habibi 하비비

제1항은 말레이인도네시아어에서 유음(流音)이나 비음(鼻音) 앞에 오는 파열음(破裂音)의 표기에 관한 규정이다. 유음은 'r, l'이고, 비음은 'm, n, ng'이다. 파열음은 'k, t, p, g, d, b' 등이다.

제3항, 제4항, 제5항, 제6항, 제7항, 제15항 등은 구철자의 표기에 대해서 규정한 것이다.

제9항은 어중의 설측음 'l'이 모음 앞에 올 때 'ㄹㄹ'로 표기하도록 규정한 것이다.

제14항은 같은 모음이 겹쳐 나올 때 장음으로 표기하지 않는다는 것이다. 외래어 표기법에서는 장음을 표기하지 않는 것을 원칙으로 하고 있기 때문이다.

제17절 타이어의 표기

타이어는 '제2장 표기 일람표'의 '[표 15] 타이어 자모와 한글 대조표'에 따라 적되, 다음과 같은 특징을 살려서 적는다.

제1항 파열음

유음 앞에 오는 파열음은 '으'를 붙여 적는다.

Nakhaprathip 나카쁘라팁	Krungthep 끄룽텝
Phraya 프라야	Songkhram 송크람

제2항 l, ll

모음 사이에서 l은 'ㄹㄹ'로, ll은 'ㄴㄹ'로 적는다.

thale 탈레	malako 말라꼬
Sillapaacha 신라빠차	Kallasin 깐라신

제3항 같은 자음이 겹쳐 나올 때

같은 자음이 겹쳐 있을 때에는 겹치지 않은 경우와 같이 적는다. -pph-, -tth- 등 같은 계열의 자음이 겹쳐 나올 때에도 겹치지 않은 경우와 같이 적는다. 다만, -mm-, -nn-의 경우에는 'ㅁㅁ', 'ㄴㄴ'으로 적는다.

Suwit Khunkitti 수윗 쿤끼띠   Pattani 빠따니

Ayutthaya 아유타야   Thappharangsi 타파랑시

Thammamongkhon 탐마몽콘   Lanna Thai 란나타이

제4항 j

관용적 로마자 표기에서 c 대신 쓰이는 j는 c와 마찬가지로 적는다.

Janthaphimpha 짠타핌파   Jit Phumisak 찟 푸미삭

제5항 sr, thr

sr와 thr는 모음 앞에서 s와 마찬가지로 'ㅅ'으로 적는다.

Intharasuksri 인타라숙시   Sri Chang 시창   Bangthrai 방사이

제6항 y

반모음 y는 모음 사이, 또는 어두에 있을 때에는 뒤의 모음과 합쳐 '야, 예' 등으로
적으며, 자음과 모음 사이에 있을 때에는 앞의 자음과는 갈라 적고 뒤의 모음과는
합쳐 적는다.

khaoniyao 카오니야오   yai 야이

Adunyadet 아둔야뎃   lamyai 람야이

제7항 w

반모음 w는 뒤의 모음과 합쳐 '와', '웨' 등으로 적는다. 자음 뒤에 w가 올 때에는
두 음절로 갈라 적되, 앞에 자음 k, kh가 있으면 '꽈', '콰', '꿰', '퀘' 등으로 한
음절로 붙여 적는다.

Suebwongli 습윙리   Sukhumwit 수쿰윗

Huaikhwang 후아이쾅   Maenamkhwe 매남퀘

제8항 or, oo, ee

관용적 로마자 표기에서 사용되는 or은 '오'로 적고, oo는 '우'로, ee는 '이'로 적는다.

Korn 꼰   Somboon 솜분   Meechai 미차이

타이어(Thai語)는 중국·티베트 어족에 속하는 언어이다. 좁은 뜻으로는 타이의 국어를 이르며, 넓은 뜻으로는 타이뿐만 아니라 라오스, 미얀마, 인도, 베트남 북부, 중국 남부 등지에서 쓰는 타이계 여러 언어를 이른다.

제1항은 유음(流音) 'r' 앞에 오는 파열음은 'ㄲ', 'ㅋ', 'ㅌ', 'ㅍ' 등으로 적도록 규정한 것이다.

제2항은 모음 사이에 놓인 설측음 'l'은 'ㄹㄹ'로, 'll'은 'ㄴㄹ'로 적도록 규정한 것이다.

이상의 '[표 15] 타이어 자모와 한글 대조표'에서 모음 앞에 쓰인 'c'는 'ㅉ'으로 표기하도록 되어 있는데, 제4항은 'j'도 'c'와 같이 'ㅉ'으로 적기로 한 것이다.

제7항은 일반적으로 외국어의 반모음 'w'를 한글로 표기할 적에 '우'로 표기하는데, 타이어는 뒤의 모음과 합쳐 '와', '웨'로 적도록 규정한 것이다.

제18절 베트남어의 표기

베트남어는 '제2장 표기 일람표'의 '[표 16] 베트남어 자모와 한글 대조표'에 따라 적되, 다음과 같은 특징을 살려서 적는다.

제1항 nh

nh는 이어지는 모음과 합쳐서 한 음절로 적는다. 어말이나 자음 앞에서는 받침 'ㄴ'으로 적되, 그 앞의 모음이 a인 경우에는 a와 합쳐 '아인'으로 적는다.

Nha Trang 냐짱　　　　　　Hô Chi Minh 호찌민
Thanh Hoa 타인호아　　　　Đông Khanh 동카인

제2항 qu

qu는 이어지는 모음이 a일 경우에는 합쳐서 '꽈'로 적는다.

Quang 꽝　　　　　　　　hat quan ho 핫꽌호
Quôc 꾸옥　　　　　　　　Quyên 꾸옌

제3항 y

y는 뒤따르는 모음과 합쳐서 한 음절로 적는다.

yên 옌	Nguyên 응우옌

제4항 l

어중의 l이 모음 앞에 올 때에는 'ㄹㄹ'로 적는다.

klông put 끌롱뿟	Pleiku 쁠래이꾸
Ha Long 할롱	My Lay 밀라이

다만, 인명의 성과 이름은 별개의 단어로 보아 이 규칙을 적용하지 않는다.

Thê Lư 테르	Chư Lan viên 쩨란비엔

베트남어(Vietnam語)는 몬·크메르 어족에 속하는 언어이다. 이것은 6개의 성조를 가지고 있다.

제2항은 외래어의 파열음을 표기할 때 된소리를 쓰지 않기로 한 제1장 제4항에 위배되는 규정인데, 베트남어의 표기에서는 예외로 삼은 것이다.

제3항은 반모음 'y'의 표기에 관한 규정이다. 반모음 'y'는 뒤따르는 모음과 합쳐서 이중 모음으로 표기하도록 규정한 것이다.

제4항은 어중의 설측음 'l'이 모음 앞에 올 때에는 'ㄹㄹ'로 적도록 규정한 것이다. 다만 인명(人名)의 성과 이름은 별개의 단어로 보아 이 규칙을 적용하지 않기로 하였다.

제19절 포르투갈어의 표기

포르투갈어는 '제2장 표기 일람표'의 '[표 17] 포르투갈어 자모와 한글 대조표'에 따라 적되, 다음과 같은 특징을 살려서 적는다. 다만, '브라질 포르투갈어에서'라는 단서가 붙은 조항은 브라질 지명·인명의 표기에만 적용한다.

제1항 c, g

c, g는 a, o, u 앞에서는 각각 'ㅋ, ㄱ'으로 적고, e, i 앞에서는 'ㅅ, ㅈ'으로 적는다.

Cabral 카브랄   Camocim 카모싱
Egas 에가스   gil 질

제2항 gu, qu

gu, qu는 a, o, u 앞에서는 각각 '구, 쿠'로 적고, e, i 앞에서는 'ㄱ, ㅋ'으로 적는다.

Iguaçú 이구아수   Araquari 아라쿠아리
Guerra 게하   Aquilino 아킬리누

제3항 d, t

d, t는 ㄷ, ㅌ으로 적는다. 다만, 브라질 포르투갈어에서 i 앞이나 어말 e 및 어말
-es 앞에서는 'ㅈ, ㅊ'으로 적는다.

Amado 아마두   Costa 코스타
Diamantina 디아만티나   Diamantina 지아만치나 (브)
Alegrete 알레그레트   Alegrete 알레그레치 (브)
Montes 몬트스   Montes 몬치스(브)

제4항 -che

어말의 -che는 '시'로 적는다.

Angoche 앙고시   Peniche 페니시

제5항 l

1. 어중의 l이 모음 앞에 오거나 모음이 따르지 않는 비음 앞에 오는 경우에는 'ㄹㄹ'로
   적는다. 다만, 비음 뒤의 l은 모음 앞에 오더라도 'ㄹ'로 적는다.

   Carlos 카를루스   Amalia 아말리아

2. 어말 또는 자음 앞의 l은 받침 'ㄹ'로 적는다. 다만, 브라질 포르투갈어에서 자음
   앞이나 어말에 오는 경우에는 '우'로 적되, 어말에 -ul 이 오는 경우에는 '울'로
   적는다.

Sul 술	Azul 아줄
gilberto 질베르투	gilberto 지우베르투 (브)
Caracol 카라콜	Caracol 카라코우 (브)

제6항 m, n, -ns

m, n은 각각 ㅁ, ㄴ으로 적고, 어말에서는 모두 받침 'ㅇ'으로 적는다. 어말 -ns의 n도 받침 'ㅇ'으로 적는다.

Manuel 마누엘	Moniz 모니스	Campos 캄푸스
Vincente 빈센트	Santarem 산타렝	Rondon 혼동
Lins 링스	Rubens 후벵스	

제7항 ng, nc, nq

ng, nc, nq 연쇄에서 'g, c, q'가 'ㄱ'이나 'ㅋ'으로 표기되면 'n'은 받침 'ㅇ'으로 적는다.

Angola 앙골라	Angelo 안젤루	Branco 브랑쿠
Junqueiro 중케이루	Francisco 프란시스쿠	Conquista 콩키스타

제8항 r

r는 어두나 n, l, s 뒤에 오는 경우에는 'ㅎ'으로 적고, 그 밖의 경우에는 'ㄹ, 르'로 적는다.

Ribeiro 히베이루	Henrique 엔히크
Bandeira 반데이라	Salazar 살라자르

제9항 s

1. 어두나 모음 앞에서는 'ㅅ'으로 적고, 모음 사이에서는 'ㅈ'으로 적는다.

Salazar 살라자르	Afonso 아폰수
Barroso 바호주	Gervasio 제르바지우

2. 무성 자음 앞이나 어말에서는 'ㅅ'로 적고, 유성 자음 앞에서는 'ㅈ'로 적는다.

Fresco 프레스쿠	Soares 소아르스
mesmo 메즈무	comunismo 코무니즈무

제10항 sc, sç, xc

sc와 xc는 e, i 앞에서 'ㅅ'으로 적는다. sç는 항상 'ㅅ'으로 적는다.

Nascimento 나시멘투 piscina 피시나

excelente 이셀렌트 cresça 크레사

제11항 x

x는 '시'로 적되, 어두 e와 모음 사이에 오는 경우에는 'ㅈ'으로 적는다.

Teixeira 테이셰이라 lixo 리슈

exame 이자므 exemplo 이젬플루

제12항 같은 자음이 겹쳐 나올 때

같은 자음이 겹치는 경우에는 겹치지 않은 경우와 같이 적는다.
다만, rr는 'ㅎ, 흐'로, ss는 'ㅅ, 스'로 적는다.

Garrett 가헤트 Barroso 바호주

Mattoso 마토주 Toress 토레스

제13항 o

o는 '오'로 적되, 어말이나 -os의 o는 '우'로 적는다.

Nobre 노브르 António 안토니우 Melo 멜루

Saramago 사라마구 Passos 파수스 Lagos 라구스

제14항 e

e는 '에'로 적되, 어두 무강세 음절에서는 '이'로 적는다. 어말에서는 '으'로 적되,
브라질 포르투갈어에서는 '이'로 적는다.

Montemayor 몬테마요르 Estremoz 이스트레모스

Chifre 시프르 Chifre 시프리 (브)

de 드 de 지 (브)

제15항 -es

1. p, b, m, f, v 다음에 오는 어말 -es는 '-에스'로 적는다.

Lopes 로페스   Gomes 고메스

Neves 네베스   Chaves 샤베스

2. 그 밖의 어말 -es는 '-으스'로 적는다. 다만, 브라질 포르투갈어에서는 '-이스'로 적는다.

Soares 소아르스   Pires 피르스

Dorneles 도르넬리스(브)   Correntes 코헨치스(브)

2005년 12월에 포르투갈어, 네덜란드어, 러시아어 등 3개 언어의 외래어 표기법이 제정되었다.

포르투갈어는 주로 포르투갈과 남미의 브라질에서 사용되고 있다. 그리하여 포르투갈어 표기에서는 포르투갈어 계통의 외래어 표기를 포르투갈어와 브라질 포르투갈어로 구분하여 규정하고 있다.

제3항에 쓰인 '브라질 포르투갈어'란 브라질에서 쓰이는 포르투갈어를 뜻한다. 제3항은 포르투갈어의 d, t는 ㄷ, ㅌ으로 적되, 브라질 포르투갈어에서 i 앞이나 어말 e 및 어말 -es 앞에서는 구개음화에 따라 'ㅈ, ㅊ'으로 적도록 규정한 것이다.

제5항은 설측음 'l'의 표기에 대해서 규정한 것이다. 포르투갈어에서는 어말 또는 자음 앞의 l은 받침 'ㄹ'로 적지만, 브라질 포르투갈어에서는 자음 앞이나 어말에 오는 경우에는 '우'로 적도록 규정하고 있다.

제8항에서는 r은 'ㅎ'과 'ㄹ'로 구분하여 표기하도록 규정하고 있다. r의 표기에 대해서 규정하고 있다. r는 'Ribeiro 히베이루', 'Ronaldo 호나우두', 'Henrique 엔히크' 등과 같이 어두나 n, l, s 뒤에 오는 경우에는 'ㅎ'으로 적고, 그 밖의 경우에는 'Bandeira 반데이라', 'Salazar 살라자르' 등과 같이 'ㄹ, 르'로 표기하도록 규정하고 있다.

제9항은 s의 표기에 대해서 규정하고 있다. s는 'Salazar 살라자르', 'Afonso 아폰수' 등과 같이 어두나 모음 앞에서는 'ㅅ'으로 표기하고, s가 모음 사이에 올

적에는 'Barroso 바호주', 'Gervasio 제르바지우'과 같이 'ㅈ'으로 적는다. 그런데 s가 'Fresco 프레스쿠', 'Soares 소아르스' 등과 같이 무성 자음 앞이나 어말에서는 '스'로 표기하고, s가 ' mesmo 메즈무', 'comunismo 코무니즈무' 등과 같이 유성 자음 앞에 올 때에는 '즈'로 적는다.

제13항에서는 o를 '오'와 '우'로 구분하여 표기하도록 규정하고 있다. 어말이나 '-os'의 o는 '우'로 적고, 그 밖의 o는 '오'로 적는다.

제14항에서는 단모음 'e'의 표기에 대해서 규정하고 있다. 포르투갈어에서는 어말의 'e'를 '으'로 적고, 브라질 포르투갈어에서는 '이'로 표기하도록 규정하고 있다.

제15항에서는 '-es'의 표기에 대해서 규정하고 있다. p, b, m, f, v 다음에 오는 어말 -es는 '-에스'로 표기하고, 그 밖의 어말 -es는 '-으스'로 적으며, 브라질 포르투갈어에서는 '-이스'로 표기하도록 규정하고 있다.

제20절 네덜란드어의 표기

네덜란드어는 '제2장 표기 일람표'의 '[표 18] 네덜란드어 자모와 한글 대조표'에 따라 적되, 다음과 같은 특징을 살려서 적는다.

제1항 p, t, k

무성 파열음 p, t, k는 자음 앞이나 어말에 올 경우에는 각각 받침 'ㅂ, ㅅ, ㄱ'으로 적는다. 다만, 앞 모음이 이중 모음이거나 장모음(같은 모음을 겹쳐 적는 경우)인 경우와 앞이나 뒤의 자음이 유음이나 비음인 경우에는 '프, 트, 크'로 적는다.

Wit 빗	Gennip 헤닙
Kapteyn 캅테인	september 셉템버르
Petrus 페트뤼스	Arcadelt 아르카덜트
Hoop 호프	Eijkman 에이크만

제2항 b, d

유성 파열음 b, d가 어말에 올 경우에는 각각 '프, 트'로 적고, 어중에 올 경우에는 앞이나 뒤의 자음이 유음이나 비음인 경우와 앞 모음이 이중 모음이거나 장모음(같은 모음을 겹쳐 적는 경우)인 경우에는 '브, 드'로 적는다. 그 외에는 모두 받침 'ㅂ, ㅅ'으로 적는다.

Bram 브람	Hendrik 헨드릭	Jakob 야코프
Edgar 엣하르	Zeeland 제일란트	Koenraad 쿤라트

제3항 v

v가 어두에 올 경우에는 'ㅍ, 프'로 적고, 그 외에는 모두 'ㅂ, 브'로 적는다.

Veltman 펠트만	Vries 프리스
Grave 흐라버	Weltevree 벨테브레이

제4항 c

c는 차용어에 쓰이므로 해당 언어의 발음에 따라 'ㅋ'이나 'ㅅ'으로 적는다.

Nicolaas 니콜라스	Hendricus 헨드리퀴스
cyaan 시안	Franciscus 프란시스퀴스

제5항 g, ch

g, ch는 'ㅎ'으로 적되, 차용어의 경우에는 해당 언어의 발음에 따라 적는다.

gulden휠던	Haag 하흐	Hooch 호흐
Volcher 폴허르	Eugene 외젠	Michael 미카엘

제6항 -tie

-tie는 '시'로 적는다.

natie 나시	politie 폴리시

제7항 l

어중의 l이 모음 앞에 오거나 모음이 따르지 않는 비음 앞에 올 때에는 'ㄹㄹ'로 적는다. 다만, 비음 뒤의 l은 모음 앞에 오더라도 'ㄹ'로 적는다.

Tiele 틸러	Zalm 잘름
Berlage 베를라허	Venlo 펜로

제8항 nk

k 앞에 오는 n은 받침 'ㅇ'으로 적는다.

Frank 프랑크   Hiddink 히딩크
Benk 벵크   Wolfswinkel 볼프스빙컬

제9항 같은 자음이 겹쳐 나올 때

같은 자음이 겹치는 경우에는 겹치지 않은 경우와 같이 적는다.

Hobbema 호베마   Ballot 발롯
Emmen 에먼   Gennip 헤닙

제10항 e

e는 '에'로 적는다. 다만, 이음절 이상에서 마지막 음절에 오는 e와 어말의 e는
모두 '어'로 적는다.

Dennis 데니스   Breda 브레다   Stevin 스테빈
Peter 페터르   Heineken 헤이네컨   Campen 캄펀

제11항 같은 모음이 겹쳐 나올 때

같은 모음이 겹치는 경우에는 겹치지 않은 경우와 같이 적는다. 다만 ee는 '에이'로
적는다.

Hooch 호흐   Mondriaan 몬드리안
Kees 케이스   Meerssen 메이르선

제12항 -ig

-ig는 '어흐'로 적는다.

tachtig 타흐터흐   hartig 하르터흐

제13항 -berg

-berg는 '베르흐'로 적는다.

Duisenberg 다위센베르흐   Mengelberg 멩엘베르흐

제14항 over-

over-는 '오버르'로 적는다.

Overijssel 오버레이설   overkomst 오버르콤스트

제15항 è, é, ê, ë, ï

모음 è, é, ê, ë는 '에'로 적고, ï 는 '이' 로 적는다.

carré 카레

casuïst 카수이스트

drieëntwintig 드리엔트빈터흐

2005년 12월에 네덜란드어의 외래어 표기법이 제정되었다.

제1항에서는 무성 파열음인 'p, k, t' 는 'ㅂ, ㄱ, ㅅ'이나 '프, 크, 트'로 구분하여 표기하도록 규정하고 있다. 무성 파열음인 'p, k, t' 는 'Kapteyn 캅테인'과 같이 자음 앞이나 'Wit 빗', 'Gennip 헤닙'과 같이 어말에 올 경우에는 각각 받침 'ㅂ, ㄱ, ㅅ'으로 적는다. 그런데 앞 모음이 'Eijkman 에이크만'과 같이 이중 모음이거나 'Hoop 호프'와 같이 장모음(같은 모음을 겹쳐 적는 경우)인 경우와 'Petrus 페트뤼스', 'Arcadelt 아르카덜트' 등과 같이 앞이나 뒤의 자음이 유음이나 비음인 경우에는 '프, 크, 트' 등으로 표기한다.

제2항에서는 유성 파열음인 'b, d'를 '프, 트'나 '브, 드'로 구분하여 표기하도록 규정하고 있다. 유성 파열음 b, d가 'Jakob 야코프', 'Zeeland 제일란트' 등과 같이 어말에 올 경우에는 각각 '프, 트'로 적고, 'Hendrik 헨드릭'와 같이 어중에 올 경우에는 앞이나 뒤의 자음이 유음이나 비음인 경우와 'Koenraad 쿤라트'처럼 장모음(같은 모음을 겹쳐 적는 경우)인 경우에는 '브, 드'로 적는다. 그 외에는 'b, d'를 'Edgar 엣하르'처럼 받침 'ㅂ, ㅅ'으로 적는다.

제3항에서는 v를 'ㅍ, 프'나 'ㅂ, 브'로 구분하여 표기하도록 규정하고 있다. v가 'Veltman 펠트만', ' Vries 프리스' 등과 같이 어두에 올 경우에는 'ㅍ, 프'로 적고, 그 외에는 'grave 흐라버', 'Weltevree 벨테브레이' 등처럼 'ㅂ, 브'로 표

기한다.

제5항에서는 g와 ch를 고유어와 차용어에 따라 달리 표기함에 대해서 규정하고 있다. g와 ch는 고유어의 경우 'gulden 휠던', 'Haag 하흐', 'Hooch 호흐', 'Volcher 폴허르' 등과 같이 'ㅎ'으로 적되, 차용어의 경우에는 'Eugene 외젠', 'Michael 미카엘' 등과 같이 해당 언어의 발음에 따라 표기한다.

제7항은 설측음 l의 표기에 대해서 규정하고 있다. 어중의 l이 'Tiele 틸러'에서와 같이 모음 앞에 오거나 'Zalm 잘름'에서와 같이 모음이 따르지 않는 비음 앞에 올 때에는 'ㄹㄹ'로 적는다. 그런데 'Berlage 베를라허', 'Venlo 펜로' 등에서와 같이 비음 뒤의 l은 모음 앞에 오더라도 'ㄹ'로 표기한다.

제9항은 같은 자음이 겹치는 것에 대한 표기를 규정하고 있다. 같은 자음이 겹치더라도 'Hobbema 호베마', 'Emmen 에먼', 'Gennip 헤닙' 등처럼 겹치지 않은 경우와 같이 적는다.

제11항은 같은 모음이 겹치는 것에 대한 표기를 규정하고 있다. 같은 모음이 겹치더라도 같은 모음이 겹치더라도 'Hooch 호흐',' Mondriaan 몬드리안' 등과 같이 겹치지 않은 경우와 같이 표기한다. 그런데 ee는 'Kees 케이스', 'Meerssen 메이르선' 등과 같이 같이 '에이'로 적는다.

제21절 러시아어의 표기

러시아어는 '제2장 표기 일람표'의 '[표 19] 러시아어 자모와 한글 대조표'에 따라 적되, 다음과 같은 특징을 살려서 적는다.

제1항 p(п), t(т), k(к), b(б), d(д), g(г), f(ф), v(в)
파열음과 마찰음 f(ф) · v(в)는 무성 자음 앞에서는 앞 음절의 받침으로 적고, 유성 자음 앞에서는 '으'를 붙여 적는다.

Sadko(Садко) 삿코   Agryz(Агрыз) 아그리스
Akbaur(Акбаур) 아크바우르   Rostopchinya(Ростопчиня) 로스톱치냐
Akmeizm(Акмеизм) 아크메이즘   Rubtsovsk(Рубцовск) 룹촙스크

Bryatsk(Брятск) 브랴츠크   Lopatka(Лопатка) 로팟카

Yefremov(Ефремов) 예프레모프   Dostoevskii(Достоевский) 도스토옙스키

제2항 z(з), zh(ж)

z(з)와 zh(ж)는 유성 자음 앞에서는 '즈'로 적고 무성 자음 앞에서는 각각 '스, 시'로 적는다.

Nazran'(Назрань) 나즈란

Nizhnii Tagil(НижнийТагил) 니즈니타길

Luzhkov(Лужков) 루시코프

Ostrogozhsk(Острогожск) 오스트로고시스크

제3항 -grad(град)와 -gorod(город)

지명의 -grad(град)와 -gorod(город)는 관용을 살려 각각 '-그라드', '-고로드'로 표기한다.

Volgograd(Волгоград) 볼고그라드

Kaliningrad(Калининград) 칼리닌그라드

Slavgorod(Славгород) 슬라브고로드

제4항 -ds(дс)

자음 앞의 -ds(дс)-는 '츠'로 적는다.

Petrozabodsk(Петрозаводск) 페트로자보츠크

Vernadskii(Вернадский) 베르나츠키

제5항 l(л)

어말 또는 자음 앞의 l(л)은 받침 '르'로 적고, 어중의 l이 모음 앞에 올 때에는 '르르'로 적는다.

Pavel(Павел) 파벨

Nikolaevich(Николаевич) 니콜라예비치

Zemlya(Земля) 제믈랴

Tsimlyansk(Цимлянск) 치믈랸스크

제6항 l'(ЛЬ), m(М)

l'(ЛЬ), m(М)이 어두 자음 앞에 오는 경우에는 각각 '리', '므'로 적는다.

L'bovna(Льбовна) 리보브나

Mtsensk(Мценск) 므첸스크

제7항 같은 자음이 겹쳐 나올 때

같은 자음이 겹치는 경우에는 겹치지 않은 경우와 같이 적는다.
다만, mm(мм), nn(нн)은 모음 앞에서 'ㅁㅁ', 'ㄴㄴ'으로 적는다.

Gippius(Гиппиус) 기피우스   Avvakum(Аввакум) 아바쿰

Odessa(Одесса) 오데사   Akkol'(Акколь) 아콜

Sollogub(Соллогуб) 솔로구프   Anna(Анна) 안나

Gamma(Гамма) 감마

제8항 e(e, э)

e(e, э)는 자음 뒤에서는 '에'로 적고, 그 외의 경우에는 '예'로 적는다.

Aleksei(Алексей) 알렉세이

Egvekinot(Егвекинот) 예그베키노트

제9항 연음 부호 ′(ь)

연음 부호 ′(ь)은 '이'로 적는다. 다만 l', m', n'(ль, мь, нь)이 자음 앞이나 어말에
오는 경우에는 적지 않는다.

L'bovna(Льбовна) 리보브나   Igor'(Игорь) 이고리

Il'ya(Илья) 일리야   D'yakovo(Дьяково) 디야코보

Ol'ga(Ольга) 올가   Perm'(Пермь) 페름

Ryazan'(Рязань) 랴잔   Gogol'(Гоголь) 고골

제10항 dz(дз), dzh(дж)

dz(дз), dzh(дж)는 각각 z, zh와 같이 적는다.

Dzerzhinskii(Дзержинский) 제르진스키

Tadzhikistan(Таджикистан) 타지키스탄

2005년 12월에 러시아어의 표기법이 제정되었다.

제1항에서는 p(п), t(т), k(к), b(б), d(д), g(г), f(ф), v(в) 등의 표기에 대해서 규정하고 있다. 파열음인 'p(п), t(т), k(к), b(б), d(д), g(г)' 등과 마찰음인 f(ф)·v(в)는 'Sadko(Садко) 삿코', 'Rostopchinya(Ростопчиня) 로스톱치냐', 'Rubtsovsk(Рубцовск) 룹촙스크', 'Lopatka(Лопатка) 로팟카', 'Dostoevskii(Достоевский) 도스토옙스키', 'Chaikovskii 차이콥스키' 등처럼 무성 자음 앞에서는 앞 음절의 받침으로 적고, 'Agryz(Агрыз) 아그리스', 'Akbaur(Акбаур) 아크바우르', 'Akmeizm(Акмеизм) 아크메이즘', 'Yefremov(Ефремов) 예프레모프' 등과 같이 유성 자음 앞에서는 '으'를 붙여 표기한다.

제2항에서는 z(з), zh(ж)를 후행하는 자음에 따라 달리 표기함에 대해서 규정하고 있다. z(з)와 zh(ж)를 'Nazran'(Назрань) 나즈란', 'Nizhnii Tagil(Нижний Тагил) 니즈니타길'과 같이 유성 자음 앞에서는 '즈'로 적고, 'Ostrogozhsk(Острогожск) 오스트로고시스크', 'Luzhkov(Лужков) 루시코프' 등과 같이 무성 자음 앞에서는 각각 '스', '시'로 표기한다.

제5항에서는 설측음 l(л)의 표기를 규정하고 있다. 어말 또는 자음 앞의 l(л)은 'Pavel(Павел) 파벨'과 같이 받침 'ㄹ'로 표기하고, 어중의 l이 모음 앞에 올 때에는 'Nikolaevich(Николаевич) 니콜라예비치'과 같이 'ㄹㄹ'로 적는다.

제7항에서는 같은 자음이 겹치는 경우의 표기에 대해서 규정하고 있다. 같은 자음이 겹치더라도 'gippius(Гиппиус) 기피우스', 'Avvakum(Аввакум) 아바쿰', 'Odessa(Одесса) 오데사', 'Akkol'(Акколь) 아콜' 등과 같이 겹치지 않은 경우와 같이 적는다. 그런데 mm(мм), nn(нн)은 'Gamma(Гамма) 감마', 'Anna(Анна) 안나' 등과 같이 모음 앞에서 'ㅁㅁ', 'ㄴㄴ'으로 표기한다.

제4장 인명, 지명 표기의 원칙

제1절 표기 원칙

제1항 외국의 인명, 지명의 표기는 제1장, 제2장, 제3장의 규정을 따르는 것을 원칙으로 한다.

제2항 제3장에 포함되어 있지 않은 언어권의 인명, 지명은 원지음을 따르는 것을 원칙으로 한다.

〈보기〉　Ankara 앙카라　　　　　　　　　gandhi 간디

제3항 원지음이 아닌 제3국의 발음으로 통용되고 있는 것은 관용을 따른다.

〈보기〉　Hague 헤이그　　　　　　　　　Caesar 시저

제4항 고유 명사의 번역명이 통용되는 경우 관용을 따른다.

〈보기〉　Pacific Ocean 태평양　　　　　　Black Sea 흑해

　제1항은 외국의 인명과 지명도 외래어이기 때문에 제1장, 제2장, 제3장의 여러 규정을 따라 표기함을 원칙으로 한다는 것이다.

　제2항은 제3장에 포함되어 있지 않은 언어권의 인명과 지명도 각기 그 언어 고유의 발음을 반영하여 적어야 함을 규정한 것이다.

　제3항과 제4항은 관용을 인정하는 경우를 다루고 있다. 제3항은 제3국의 발음으로 통용되고 있는 인명이나 지명은 그 관용을 따라 표기한다는 것이다.

　제4항은 번역으로 통용되고 있는 것도 그 관용을 따라 표기하도록 규정한 것이다.

제2절 동양의 인명, 지명 표기

제1항 중국 인명은 과거인과 현대인을 구분하여 과거인은 종전의 한자음대로 표기하고, 현대인은 원칙적으로 중국어 표기법에 따라 표기하되, 필요한 경우 한자를 병기한다.

제2항 중국의 역사 지명으로서 현재 쓰이지 않는 것은 우리 한자음대로 하고, 현재 지명과 동일한 것은 중국어 표기법에 따라 표기하되, 필요한 경우 한자를 병기한다.

제3항 일본의 인명과 지명은 과거와 현대의 구분 없이 일본어 표기법에 따라 표기하는 것을 원칙으로 하되, 필요한 경우 한자를 병기한다.

제4항 중국 및 일본의 지명 가운데 한국 한자음으로 읽는 관용이 있는 것은 이를 허용한다.

〈보기〉	東京	도쿄, 동경	京都	교토, 경도
	上海	상하이, 상해	臺灣	타이완, 대만
	黃河	황허, 황하		

제1항과 제2항은 중국의 인명과 지명의 표기에 관한 규정이고, 제3항은 일본의 인명과 지명의 표기에 관한 것이다. 일본의 인명과 지명은 과거와 현대의 구분 없이 원지음에 따라 표기하는 것을 원칙으로 한다. 그런데 중국의 인명과 지명은 과거와 현대를 구분하여 과거인은 종전의 한자음대로 표기하고, 현대인은 원지음대로 표기하는 것을 원칙으로 한 것이다.

중국의 인명과 지명은 고전을 통하여 우리의 생활 속에 융화되어 대한민국의 한자음으로 읽는 전통이 서 있지만, 일본의 경우에는 그러한 인명과 지명이 있다 해도 그 수가 극히 제한되어 있기 때문에 중국의 경우에 비례할 만한 규정을 둘 필요가 없다.

중국의 인명에 대한 과거와 현대의 구분은 대체로 종래와 같이 신해 혁명(辛亥革命)[13]을 분기점으로 한다. 다만 현대인이라고 하더라도 대한민국의 한자음으로 읽는 관행이 있는 인명에 대하여는 '장개석(將介石)', '모택동(毛澤東)'과 같은 표기를 관용으로 허용한 것이다. 이것은 지명의 경우 '상해(上海)', '황하(黃河)'를 허용한 것과도 통한다.

---

13) 신해 혁명(辛亥革命): 1911년에 청나라를 무너뜨리고 중화민국을 세운 혁명.

제1항, 제2항, 제3항에서 중국과 일본의 인명과 지명을 표기할 때 독자의 이해를 돕고 혼동을 피하기 위해 병기하도록 하였다.

[보기] 시진핑(習近平), 아베 신타로(安倍晋太郎) ; 도쿄(東京) 상하이(上海)

제3절 바다, 섬, 강, 산 등의 표기 세칙14)

제1항 바다는 '해(海)'로 통일한다.

〈보기〉　홍해　　　　　　발트해　　　　　　아라비아해

제2항 우리나라를 제외하고 섬은 모두 '섬'으로 통일한다.

〈보기〉　타이완섬　　　코르시카섬　　　　（우리나라 : 제주도, 울릉도）

제3항 한자 사용 지역(일본, 중국)의 지명이 하나의 한자로 되어 있을 경우, '강', '산', '호', '섬' 등은 겹쳐 적는다.

〈보기〉　온타케산(御岳)　　　　주장강(珠江)　　　　도시마섬(利島)
　　　　하야카와강(早川)　　　위산산(玉山)

제4항 지명이 산맥, 산, 강 등의 뜻이 들어 있는 것은 '산맥', '산', '강' 등을 겹쳐 적는다.

〈보기〉　Rio grande 리오그란데강　　　Monte Rosa 몬테로사산
　　　　Mont Blanc 몽블랑산　　　　Sierra Madre 시에라마드레산맥

제3절 제1항~제4항에는 지명의 표기에서 생기는 부수적인 문제들에 대한 세부적 규정들이 제시되어 있다.

제2항은 제3항과 같이 1958년부터 시행되어 온 표기법에 들어 있던 것이다.

제4항은 관용에 관계된 규정이다. 가령 'Mont Blanc'의 'Mont'은 '산'을 뜻하는 단어이지만, 우리는 '몽블랑' 전체를 고유 명사로 간주하는 경향이 있으므로 거기

---

14) 외래어 표기법 제4장 제3절은 2017년에 개정한 것이다.

에 다시 '산'을 붙여 '몽블랑 산'으로 표기하도록 규정한 것이다.

부칙 (시행일) 이 규정은 공포한 날로부터 시행한다. 다만, 제4장 제3절 개정 규
정은 2017년 6월 1일부터 시행한다.

제5장

•

국어의 로마자 표기법

5.1 로마자 표기법이란 무엇인가

'국어의 로마자 표기법'이란 한국어를 로마자로 바르게 쓰도록 하기 위하여 만든 규범이다. 이것은 한국인이 한국어를 로마자로 표기함으로써 외국인이 한국어를 쉽게 읽을 수 있도록 하기 위하여 제정한 것이다. 2000년에 대한민국의 국립국어연구소(현재의 '국립국어원'의 전신)에서 한국어 로마자 표기법을 개정하여 공포한 규범의 명칭은 '로마자 표기법'이다.

한국어의 로마자 표기법에는 전사법(轉寫法)과 전자법(轉字法)이 있다. 전사법이란 한국어가 발음되는 대로 로마자로 표기하는 것으로서 표음주의(表音主義) 방식에 해당한다. 전자법이란 동일한 한글을 이것과 대응하는 동일한 로마자로 표기하는 것으로서 표의주의(表意主義) 방식에 해당한다.

외국인을 위하여 대한민국의 논문과 저서의 이름, 논문과 저자의 성명, 여권의 인명, 문화재명, 지명, 제품명, 회사 이름, 외국인을 위하여 발간한 한국어 교재에 수록된 글의 언어 등을 표기할 적에 '국어의 로마자 표기법'에 따라 표기하여야 한다. 그런데 일반인은 이 규범을 무시하고 자기 나름대로 표기하는 바람에 성(姓)인 '곽(郭)'을 'Kwak', 'Gwak', 'Gwag', 'Gwahk' 등으로 표기하고, '정(鄭/丁)'을 'Chǒng', 'Chung', 'Cheong', 'Jeong', 'Jong', 'Jurng' 등으로 표기한다. 2000년에 개정한 '국어의 로마자 표기법'에 따라 표기하면 성(姓)인 '곽(郭)'은

'gwak'으로, 정(鄭/丁)'은 'Jeong'으로 표기하여야 한다.

한국어와 외국어 간에는 동일한 음소가 존재하기도 하고 그렇지 않은 경우도 있으므로 모든 외국인이 읽기 쉬운 '한국어 로마자 표기법'을 제정하는 데는 한계가 있다. 19세기 전후에는 외국인이 한국어의 로마자 표기법을 제정하고, 일제 통치 시기에는 내외국인이 제정하고, 조선어학회에서도 제정하였다. 8·15 광복 이전에 평양 숭실전문학교 교장으로 재직한 미국인 선교사 머큔(george S. McCune)과 당시 하버드 대학교 대학원에서 일본의 역사를 전공하던 라이샤워(Edwin O. Reischauer)가 국내외 학자의 도움을 받아서 1939년 10월에 제정한 '한국어 로마자 표기법(The McCune-Reischauer System for the Romanization of Korean)'은 대한민국의 '한국어 로마자 표기법'의 제정에 영향을 끼쳤을 뿐만 아니라 오늘날까지 영어권에서 가장 널리 쓰이고 있다. 이것은 다음의 [표 1]과 같다.

[표 1] 머큔-라이샤워의 한국어 로마자 표기법

한글	로마자	한글	로마자
ㅂ	p	ㅟ	wi
ㅍ	ph	ㅔ	ey
ㅃ	pp	ㅖ	yey
ㄷ	t	ㅞ	wey
ㅌ	th	ㅚ	oy
ㄸ	tt	ㅐ	ay
ㅅ	s	ㅒ	yay
ㅆ	ss	ㅙ	way
ㅈ	c	ㅡ	u
ㅊ	ch	ㅓ	e
ㅉ	cc	ㅕ	ye
ㄱ	k	ㅝ	we
ㅋ	kh	ㅏ	a
ㄲ	kk	ㅑ	ya
ㅁ	m	ㅘ	wa
ㄴ	n	ㅜ	wu
ㅇ	ng	ㅠ	yu

ㄹ	l	ㅗ	o
ㅎ	h	ㅛ	yo
ㅣ	i	ㅓ	uy

8·15 광복 이후에는 정부와 학자들이 제정하였다. 8·15 광복 이후 정부에서는 다음과 같이 네 번에 걸쳐 한국어의 로마자 표기법을 제정하였다.

(1) 1948년 '한글을 로오마자로 적는 법'
(2) 1959년 '한글의 로마자 표기법'
(3) 1984년 '국어의 로마자 표기법'
(4) 2000년 '국어의 로마자 표기법'

1948년 대한민국 정부에서 최초로 제정한 '한글을 로오마자로 적는 법'은 머큔–라이샤워 표기법과 비슷하다. 그것을 보이면 다음의 [표 2]와 같다.

[표 2] 한글을 로오마자로 적는 법(1948)

한글	로마자	한글	로마자
ㄱ	k, g	ㅑ	ya
ㄴ	n	ㅓ	ŏ
ㄷ	t, d	ㅕ	yŏ
ㄹ	r, l	ㅗ	o
ㅁ	m	ㅛ	yo
ㅂ	p, b	ㅜ	u
ㅅ	s, t	ㅠ	yu
ㅇ	ng	ㅡ	ŭ
ㅈ	ch, j, t	ㅣ	i
ㅊ	chh, t(ch')	ㅘ	wa
ㅋ	kh(k')	ㅝ	wŏ
ㅌ	th(t')	ㅐ	ai
ㅍ	ph(p')	ㅒ	yai
ㅎ	h	ㅔ	e
ㄲ	gg	ㅖ	ye
ㄸ	dd	ㅚ	oe

ㅃ	bb	ㅟ	wi
ㅆ	ss	ㅢ	ŭi
ㅉ	dch	ㅙ	wai
ㄹㄹ	l	ㅖ	we
ㅏ	a		

문교부에서는 '한글을 로오마자로 적는 법'이 널리 통용되지 않자 1959년에 이 것을 개정하여 다음의 [표 3]과 같은 '한글의 로마자 표기법'을 제정하였다. 이것은 한국어의 표기에 나타난 글자 표기를 그대로 로마자로 바꾸어 쓰는 표의주의 방식 즉 '전자법(轉字法)'이었다.

[표 3] 한글의 로마자 표기법(1959)

한글	로마자	한글	로마자	한글	로마자
ㄱ	g	ㄲ	gg	ㅣ	i
ㄴ	n	ㄸ	dd	ㅐ	ae
ㄷ	d	ㅃ	bb	ㅔ	e
ㄹ	r, l	ㅆ	ss	ㅖ	ye
ㅁ	m	ㅉ	jj	ㅒ	yae
ㅂ	b	ㅏ	a	ㅚ	oe
ㅅ	s	ㅑ	ya	ㅙ	wae
ㅇ	ng	ㅓ	eo	ㅞ	we
ㅈ	j	ㅕ	yeo	ㅟ	wi
ㅊ	ch	ㅗ	o	ㅢ	eui
ㅋ	k	ㅛ	yo	ㅘ	wa
ㅌ	t	ㅜ	u	ㅝ	weo
ㅍ	p	ㅠ	yu		
ㅎ	h	ㅡ	eu		

'한글의 로마자 표기법(1959)'에서는 '신라'를 'sinla'로, '값이'를 'gabsi'로, '값과'를 'gabsgwa'나 'gabgwa'로 표기하도록 규정하고 있다. 그리고 '깎고 ggagggo, 낚고 nagggo' 등과 같이 동일한 글자가 3번 거듭 쓰일 경우에는 한 자를 생략하여 'ggaggo', 'naggo' 등으로 쓰도록 규정하고 있다.

'한글의 로마자 표기법(1959)'도 널리 쓰이지 않아서 문교부에서는 1984년 표음주의 방식인 전사법(轉寫法)에 따라 표기하는 '국어의 로마자 표기법'으로 개정하였다.

이것은 다음의 [표 4]와 같다.

[표 4] 국어의 로마자 표기법(1984)

한글	로마자	한글	로마자	한글	로마자
ㄱ	k, g	ㄲ	kk	ㅣ	i
ㄴ	n	ㄸ	tt	ㅐ	ae
ㄷ	t, d	ㅃ	pp	ㅔ	e
ㄹ	r, l	ㅆ	ss	ㅖ	ye
ㅁ	m	ㅉ	tch	ㅒ	yae
ㅂ	p, b	ㅏ	a	ㅚ	oe
ㅅ	s, sh	ㅑ	ya	ㅙ	wae
ㅇ	ng	ㅓ	ŏ	ㅞ	we
ㅈ	ch, j	ㅕ	yŏ	ㅟ	wi
ㅊ	ch'	ㅗ	o	ㅢ	ŭi
ㅋ	k'	ㅛ	yo	ㅘ	wa
ㅌ	t'	ㅜ	u	ㅝ	wo
ㅍ	p'	ㅠ	yu		
ㅎ	h	ㅡ	ŭ		

1984년에 제정한 '국어의 로마자 표기법'은 로마자 이외에 반달표(ˇ)와 어깨점(') 등을 사용하도록 되어 있어 쓰기가 불편하고, 한국인은 무성음과 유성음을 분명히 인식하지 못하는데 이것들을 구분하여 표기하도록 규정하고 있어 쓰기가 어렵다는 여론이 있었다. 그리하여 국립국어연구원에서 이러한 점을 고려하여 국어의 로마자 표기법을 2000년에 다시 개정하였다. 그것은 다음의 [표 5]와 같다.

[표 5] 국어의 로마자 표기법(2000)

한글	로마자	한글	로마자	한글	로마자
ㄱ	g, k	ㄲ	kk	ㅣ	i
ㄴ	n	ㄸ	tt	ㅐ	ae
ㄷ	d, t	ㅃ	pp	ㅔ	e
ㄹ	r, l	ㅆ	ss	ㅖ	ye
ㅁ	m	ㅉ	jj	ㅒ	yae
ㅂ	b, p	ㅏ	a	ㅚ	oe
ㅅ	s	ㅑ	ya	ㅙ	wae
ㅇ	ng	ㅓ	eo	ㅞ	we
ㅈ	j	ㅕ	yeo	ㅟ	wi
ㅊ	ch	ㅗ	o	ㅢ	ui
ㅋ	k	ㅛ	yo	ㅘ	wa
ㅌ	t	ㅜ	u	ㅝ	wo
ㅍ	p	ㅠ	yu		
ㅎ	h	ㅡ	eu		

2000년에 개정한 국어의 로마자 표기법 중에서 1984년의 '국어의 로마자 표기법'과 상이한 것은 다음의 [표 6]과 같다.

[표 6] 1984년과 2000년 '국어의 로마자 표기법'의 차이점

한글	1984년	2000년	보기
ㄱ	k, g	g	감기 kamgi → gamgi
ㄷ	t, d	d	대구 Taegu → daegu
ㅂ	p, b	b	바보 pabo → babo
ㅈ	ch, j	j	자주 chaju → jaju
ㅉ	tch	jj	짜다 tchada → jjada
ㅋ	k'	k	코 k'o → ko
ㅌ	t'	t	T'aean → Taean
ㅍ	p'	p	포항 P'ohang → Pohang
ㅅ	s, sh	s	신라 Shilla → Silla
ㅓ	ǒ	eo	어대진 Ǒdaejin → Eodaejin
ㅡ	ǔ	eu	은율 Ǔnyul → Eunyul
ㅢ	ǔi	ui	의성 Ǔisǒng → Uiseong
ㅕ	yǒ	yeo	여의도 Yǒǔido → Yeouido

이상의 [표 4]를 [표 2]와 비교하여 보면 1948년에 제정한 '한글의 로오마자 표기법'에서 사용한 반달표(˘)와 어깨점(')을 1984년 '국어의 로마자 표기법'에서 사용하였음을 알 수 있다. 그리고 2000년에 개정한 '로마자 표기법'([표 5] 참조)과 1959년에 제정한 '한글의 로마자 표기법'([표 3])을 비교하여 보면 'ㅓ', 'ㅕ', 'ㅡ' 등의 표기가 같고, 로마자 이외의 부호를 사용하지 않도록 한 것이 같다.

'국어의 로마자 표기법'은 한국어를 로마자로 표기함으로써 외국인이 한국어를 읽기 쉽도록 하기 위하여 제정하는 것이다. 그런데 세계의 언어들 간에 모든 음운이 동일한 것은 없다. 국어의 로마자 표기법을 자주 바꾸면 그것을 활용하는 사람이 불편을 많이 겪게 된다. 따라서 한국어를 로마자로 표기함에 있어서 기존의 표기법에 현저한 문제점이 없으면 가급적 국어의 로마자 표기법을 개정하지 않는 것이 바람직하다.

5.2 '국어의 로마자 표기법' 해설

2000년에 개정하여 공포(公布)한 '국어의 로마자 표기법'은 다음과 같이 3장과 부칙으로 구성되어 있다.

제1장 표기의 기본 원칙
제2장 표기 일람
제3장 표기상의 유의점
부칙

제1장 표기의 기본 원칙

제1장 표기의 기본 원칙은 다음과 같이 두 항으로 이루어져 있다.

제1항 국어의 로마자 표기는 국어의 표준 발음법에 따라 적는 것을 원칙으로 한다.

제2항 로마자 이외의 부호는 되도록 사용하지 않는다.

제1항은 1988년에 공표한 '표준 발음법'에 따라 발음되는 대로 한국어를 로마자로 적는 것을 원칙으로 한다는 것이다. '희망'의 표준 발음은 [히망]이고, '신라'의 표준 발음은 [실라]이다. 따라서 '희망'은 'himang'으로, '신라'는 Silla로 표기하여야 한다는 것이다. 이와 같이 철자대로 적지 않고 발음되는 대로 표기하도록 규정하는 것은 외국인이 한국어를 로마자로 표기한 것을 발음할 경우 그것을 한국인이 쉽게 이해함으로써 외국인과 한국인이 의사소통을 원활히 할 수 있기 때문이다.

제2항은 로마자 이외의 부호인 반달표(ˇ)나 어깨점(') 등과 같은 특수한 부호를 사용하지 않는 것을 원칙으로 한다는 것이다. 이러한 부호를 사용하여 한국어를 로마자로 표기하기가 불편하기 때문이다.

제2장 표기 일람

'제2장 표기 일람'은 모음 표기 일람과 자음 표기 일람으로 이루어져 있다.

제1항 모음은 다음 각 호와 같이 적는다.

1. 단모음

ㅏ a ㅓ eo ㅗ o ㅜ u ㅡ eu ㅣ i ㅐ ae ㅔ e ㅚ oe ㅟ wi

2. 이중 모음

ㅑ ya ㅕ yeo ㅛ yo ㅠ yu ㅒ yae ㅖ ye ㅘ wa ㅙ wae ㅝ wo ㅞ we ㅢ ui

[붙임 1] 'ㅢ'는 'ㅣ'로 소리 나더라도 ui로 적는다.

광희문 gwanghuimun

[붙임 2] 장모음의 표기는 따로 하지 않는다.

단모음(單母音)이란 처음과 끝이 동일하게 발음되는 모음이다. 이것은 발음하는 도중에 입술이나 혀가 고정되어 움직이지 않는 것이다. 1984년의 '국어의 로마자 표기법'과 달리 표기하는 단모음은 'ㅓ'와 'ㅡ'이다. 1984년의 '국어의 로마자 표기법'에서는 'ㅓ'를 ŏ로, 'ㅡ'를 ǔ로 표기하도록 규정하였는데, 2000년의 '국어의 로마자 표기법'에서는 'ㅓ'를 eo로, 'ㅡ'를 eu로 표기하도록 개정하였다.

이중 모음(二重母音)이란 처음과 끝이 달리 발음되는 모음이다. 모음 중에는 혀가 일정한 자리에서 시작하여 다른 자리로 옮겨 가면서 발음되는 소리가 있는데, 이것을 반모음(半母音, semivowel)이라고 한다. 한국어의 반모음에는 y와 w가 있다. 이러한 반모음과 단모음이 결합된 것을 이중 모음이라고 한다. 1984년의 '국어의 로마자 표기법'과 달리 표기하는 이중 모음은 'ㅕ'와 'ㅢ'이다. 1984년의 '국어의 로마자 표기법'에서는 'ㅕ'를 yŏ로, 'ㅢ'를 ǔi로 표기하도록 규정하였는데, 2000년의 '국어의 로마자 표기법'에서는 'ㅕ'를 yeo로, 'ㅢ'를 ui로 표기하도록 개정하였다.

이상의 [붙임 1]과 [붙임 2]는 예외 규정이라고 할 수 있다. 1988년에 공포한 '표준 발음법' 제5항 다만 3에서는 "자음을 첫소리로 가지고 있는 음절의 'ㅢ'는 [ㅣ]로 발음한다."고 규정하고, '무늬[무니]', '유희[유히]' 등의 예를 들고 있다. 그리고 '제5항 다만 4'에서는 "단어의 첫 음절 이외의 '의'는 [ㅣ]로, 조사 '의'는 [ㅔ]로 발음함도 허용한다."고 규정하고, '주의[주의/주이]', '우리의[우리의/우리에]' 등의 보기를 들고 있다. 이 표준 발음법에 의하면 음운 환경에 따라 'ㅢ'는 'ㅢ', 'ㅣ', 'ㅔ' 등으로 발음되므로 로마자 'ui', 'i', 'e' 등으로 표기할 수 있는데 2000년에 공포한 국어의 로마자 표기법에서는 'ㅢ'를 언제나 'ui'로만 표기하도록 규정하고 있다.

'표준 발음법(1988)' 제6항과 제7항에서는 모음의 장단을 구별하여 발음하도록 규정하고 있는데 이상의 [붙임 2]에서는 장모음의 표기를 하지 말도록 규정하고 있다. 어문 규정을 제정할 적에는 일반인이 여러 어문 규정을 쉽게 이해하여 쉽게 사용할 수 있도록 할 필요가 있다. 어문 규정 중에서 예외 규정이 많으면 혼란을 야기할 뿐만 아니라 일반이 활용하는 데 어려움을 겪는다.

제2항 자음은 다음 각 호와 같이 적는다.

1. 파열음

   ㄱ g, k ㄲ kk ㅋ k ㄷ d, t ㄸ tt ㅌ t ㅂ b, p ㅃ pp ㅍ p

2. 파찰음

   ㅈ j ㅉ jj ㅊ ch

3. 마찰음

  ㅅ s ㅆ ss ㅎ h

4. 비음

  ㄴ n ㅁ m ㅇ ng

5. 유음

  ㄹ r, l

[붙임 1] 'ㄱ, ㄷ, ㅂ'은 모음 앞에서는 'g, d, b'로, 자음 앞이나 어말에서는 'k, t, p'로 적는다.([ ] 안의 발음에 따라 표기함.)

〈보기〉   구미 Gumi   영동 Yeongdong   백암 Baegam

         합덕 Hapdeok   옥천 Okcgeon   호법 Hobeop

         월곶[월곧] Wolgot   벚꽃[벋꼳] beotkkot   한밭[한받] Hanbat

[붙임 2] 'ㄹ'은 모음 앞에서는 'r'로, 자음 앞이나 어말에서는 'l'로 적는다. 단, 'ㄹㄹ'은 'll'로 적는다.

〈보기〉   구리 Guri   설악 Seorak   칠곡 Chilgok

         임실 Imsil   울릉 Ulleung   대관령[대괄령] Daegwallyeong

파열음(破裂音)이란 허파에서 나오는 공기가 일단 막혔다가 터지면서 나는 소리이고, 파찰음(破擦音)이란 허파에서 나오는 공기가 일단 막혔다가 터지면서 마찰을 일으키면서 나는 소리이다. 마찰음(摩擦音)이란 입 안이나 목청 사이의 통로를 좁히고, 공기를 그 좁은 틈 사이로 내보내어 마찰을 일으키면서 내는 소리이다. 비음(鼻音)이란 연구개와 목젖을 내려 입 안의 통로를 막고 코로 공기를 내보면서 내는 소리이다. 유음(流音)이란 혀끝을 잇몸에 가볍게 대었다가 떼거나 혀끝을 잇몸에 댄 채 공기를 그 양 옆으로 흘려 내보내면서 내는 소리이다.

2000년에 개정하여 공포한 '국어의 로마자 표기법'이 1984년의 '국어의 로마자 표기법'과 달라진 것은 파열음인 'ㄱ, ㄷ, ㅂ'과 파찰음인 'ㅈ'을 유성음과 무성음의 구분 없이 'g, d, b, j'으로 표기하도록 한 것이다. 이렇게 개정한 것은 한국인 중에서 상당수가 유성 자음과 무성 자음을 식별하지 못하기 때문이다. 그리고 거센소리인 'ㅋ, ㅌ, ㅍ, ㅊ'을 어깨점 없이 'k, t, p, ch'로 표기하도록 한 것이다.

된소리인 'ㅉ'을 tch로 적던 것을 jj로 표기하도록 하고, 종전에 'ㅅ'을 음운 환경에 따라 's'와 'sh'로 표기하던 것을 어떤 경우든지 's' 하나로 표기하도록 한 것이다. 종전에는 'ㅅ'이 구개모음인 'ㅣ' 앞에서 구개음화할 경우에는 'sh'로 적고, 그 외에는 's'로 구분하여 표기하도록 규정하였다. 예를 들면 종전에 '신동'은 'shindong'으로, '소다'는 'soda'로 표기하였던 것인데, 2000년에 개정한 '국어의 로마자 표기법'에서는 두 단어의 첫 음절 초성인 'ㅅ'을 모두 's'로 표기하도록 규정하고 있다.

[붙임 1]에서 파열음 'ㄱ, ㄷ, ㅂ'이 모음 앞에 올 적에는 'g, d, b'로 적고, 자음 앞이나 어말에 올 적에는 'k, t, p'로 적도록 한 것은 파열음 중에는 터져 나오는 소리가 있고, 터져 나오지 않는 소리가 있기 때문이다[1]. 파열음이 모음 앞에 올 경우에는 터져 나오는데, 자음 앞이나 어말에 올 적에는 터져 나오지 않는다. [붙임 1]에서 보기로 든 '합덕'은 [합떡]으로 발음되므로 'Haptteok'으로 표기하여야 하는데 제3장 제1항 '다만'의 규정에 따라 'Hapdeok'으로 적어야 한다.

[붙임 2]에서 'ㄹ'을 음운 환경에 따라 'r'과 'l'로 구별하여 적도록 규정하고 있다. '라디오', '우리' 등과 같이 음절의 초성으로 쓰인 'ㄹ'은 혀가 윗잇몸에 살짝 닿으면서 나기 때문에 탄설음(彈舌音)이라고 한다. 이것을 국제 음성 기호인 'ɾ'로 표기하여야 하는데 로마자에는 없기 때문에 편의상 전설음인 'r'로 적도록 한 것이다. '달', '돌' 등과 같이 음절의 종성으로 쓰인 'ㄹ'은 혀가 윗잇몸에 닿은 채로 발음되기 때문에 치조음(齒槽音)이라고 한다[2]. 이것은 로마자 'l'로 표기한다. 다만 '달래', '빨래' 등과 같이 'ㄹ'이 연이어 발음될 경우에 'lr'로 적지 않고 'll'로 적도록 한 것은 뒤에 오는 탄설음 'ㄹ'이 앞에 쓰인 치조음 'ㄹ'의 영향을 받아 치조음으로 발음되기 때문이다.

---

1) 터져 나오지 않는 소리를 불파음(不破音)이라고 한다. 예를 들면 '밥'의 초성인 'ㅂ'은 터져 나오는 소리이므로 'b'로 적고, 종성의 'ㅂ'은 불파음이므로 'p'로 적어야 한다.
2) 종성으로 쓰인 'ㄹ'을 설측음이라고 일컫기도 한다.

제3장 표기상의 유의점

제3장은 모두 8개 항으로 이루어져 있다. 이 장에서는 발음할 적에 음운 변동
―자음 동화, 음운 첨가, 구개음화, 거센소리되기(격음화), 된소리되기(경음화)
등―의 결과에 따라 표기하는 것, 고유 명사―인명, 지명, 문화재명, 인공 축조물
명. 회사명, 단체명 등―를 표기하는 것, 학술 연구 논문과 같은 특수 분야에서
한글 복원을 전제로 표기하는 것 등에 대해서 구체적으로 규정하고 있다.

제1항 음운 변화가 일어날 때에는 변화의 결과에 따라 다음 각 호와 같이 적는다.

1. 자음 사이에서 동화 작용이 일어나는 경우

〈보기〉 백마[뱅마] Bangma   신문로[신문노] Sinmunno
        종로[종노] Jongno   왕십리[왕심니] Wangsimni
        별내[별래] Byeollae   신라[실라] Silla

2. 'ㄴ, ㄹ'이 덧나는 경우

〈보기〉 학여울[항녀울] Hangnyeoul   알약[알략] allyak

3. 구개음화가 되는 경우

〈보기〉 해돋이[해도지] haedoji   같이[가치] gachi   굳히다[구치다] guchida

4. 'ㄱ, ㄷ, ㅂ, ㅈ'이 'ㅎ'과 합하여 거센소리로 소리 나는 경우

〈보기〉 좋고[조코] joko   놓다[노타] nota
        잡혀[자펴] japyeo   낳지[나치] nachi

다만, 체언에서 'ㄱ, ㄷ, ㅂ' 뒤에 'ㅎ'이 따를 때에는 'ㅎ'을 밝혀 적는다.

〈보기〉 묵호 Mukho   집현전 Jiphyeonjeon

[붙임] 된소리되기는 표기에 반영하지 않는다.

〈보기〉 압구정 Apgujeong   낙동강 Nakdonggang
        죽변 Jukbyeon   낙성대 Nakseongdae
        합정 Hapjeong   팔당 Paldang
        샛별 saetbyeol   울산 Ulsan

제1항 제1호는 자음 동화(子音同化)에 관한 표기 규정이다. 자음 동화란 연이어 있는 자음 가운데 한 자음이 다른 자음의 영향을 받거나 상호 영향을 끼쳐 동일한 자음이나 성질이 비슷한 자음으로 바뀌어 발음되는 것이다. '백마'는 첫 음절 종성에 쓰인 파열음 'ㄱ'이 인접해 있는 둘째 음절 초성에 쓰인 비음 'ㅁ'의 영향을 받아 비음의 일종인 'ㅇ'으로 동화되어 [뱅마]로 발음된다. 이런 경우에는 발음에 따라 Baengma로 표기하여야 한다는 것이다.

자음 동화에는 비음 동화(鼻音同化)와 유음화(流音化), 구개음화(口蓋音化) 등이 있다. 비음 동화란 파열음인 'ㄱ', 'ㄷ', 'ㅂ' 등과 유음 'ㄹ'이 비음인 'ㄴ', 'ㅁ', 'ㅇ' 등의 영향을 받아 비음(鼻音)으로 동화되는 현상이다.

㈀ 파열음 'ㄱ, ㄷ, ㅂ'이 비음 앞에서 비음의 영향을 받아 비음이 되는 것.

맏며느리[만며느리]　　학문[항문]　　밥물[밤물]　　국물[궁물]

㈁ 비음 'ㅁ, ㅇ'과 유음 'ㄹ'이 만나면 'ㄹ'이 비음 'ㄴ'이 되는 것.

침략[침냑]　　　　강릉[강능]　　　　종로[종노]

유음화란 비음 'ㄴ'이 유음 'ㄹ'을 만나면 'ㄹ'에 동화되는 현상이다. '신라'가 [실라]로, '난로'가 [날로]로 발음되는 것이 그 보기에 해당한다.

제1항 제2호는 음운 첨가(音韻添加)에 관한 표기 규정이다. 음운 첨가[3]란 두 개의 형태소가 결합할 적에 그 중의 한 형태소나 두 형태소에 어떤 음운이 첨가되어 발음되는 현상이다. 이것은 'ㄴ' 첨가 현상과 'ㄹ' 첨가 현상으로 나뉜다. 'ㄴ' 첨가 현상은 앞 형태소의 끝이 자음이고 뒤 형태소의 첫 음절이 '이', '야', '여', '요', '유' 등인 경우에 'ㄴ' 음이 첨가되어 [니], [냐], [녀], [뇨], [뉴] 등으로 발음되는 것이다. 예를 들면 '막일'은 [망닐]로 발음되므로 'mangnil'로 표기하는 것이다.

솜-이불[솜 : 니불]　　막-일[망닐]　　　눈-요기[눈뇨기]
식용-유[시굥뉴]　　　내복-약[내 : 봉냑]　한-여름[한녀름]

---

3) 학교 문법에서는 음운 첨가를 '사잇소리 현상'의 일종으로 처리한다.

'ㄹ' 첨가 현상은 앞 형태소의 끝이 자음 'ㄹ'이고 뒤 형태소의 첫 음절이 '이', '야', '여', '요', '유' 등인 경우에 'ㄹ' 음이 첨가되어 [리], [랴], [려], [료], [류] 등으로 발음되는 것이다.

솔-잎[솔립]   설-익다[설릭따]   물-약[물략]
불-여우[불려우]   물-엿[물렫]   서울-역[서울력]
얼-요기[얼료기]⁴⁾   날-윷[날륜]   휘발-유[휘발류]

제1항 제3호는 구개음화에 관한 표기 규정이다. 구개음화(口蓋音化)란 치조음인 'ㄷ', 'ㅌ' 등이 구개모음인 'ㅣ'나 반모음 'y'의 영향을 받아 경구개음인 'ㅈ', 'ㅊ' 등으로 바뀌어 발음되는 현상이다. '해돋이'는 구개음화에 따라 [해도지]로 발음되므로 'haedoji'로 표기하는 것이다.

굳-이[구지]   같-이[가치]   붙-이-다[부치다]

제1항 제4호는 격음화(激音化)⁵⁾에 관한 표기 규정이다. 격음화란 예사소리인 'ㄱ', 'ㄷ', 'ㅂ', 'ㅈ' 등이 'ㅎ'과 결합하여 격음(激音)⁶⁾인 'ㅋ', 'ㅌ', 'ㅍ', 'ㅊ' 등으로 바뀌어 발음되는 현상이다.

놓다[노타]   많다[만타]   좋고[조코]
각하(閣下)[가카]   각항(各項)[가캉]   낙하(落下)[나카]
낙화(洛花)[나콰]   낙후(落後)[나쿠]

그런데 '다만'에서 한국어의 로마자 표기법에서는 체언에서 나타나는 격음화는 표기에 반영하지 않고, 'ㄱ', 'ㄷ', 'ㅂ' 뒤에 'ㅎ'이 따를 때에는 'ㅎ'을 밝혀 적음을

---

4) 얼요기(-療飢): 넉넉하지 못한 요기.
5) 격음화(激音化)를 '거센소리되기' 혹은 '유기음화(有氣音化)'라고 일컫기도 한다. 이것은 축약(縮約)의 일종이다.
6) 격음(激音): 거센소리.

규정하고 있다. 그래서 '묵호'는 [무코]로 발음되지만 'Mukho'로, '집현전'은 [지편전]으로 발음되는데 'Jiphyeonjeon'으로, '입학'은 [이팍]으로 발음되는데 'iphak'으로 표기하여야 한다.

제1항 [붙임]에서는 경음화(硬音化)[7]를 표기에 반영하지 않음에 대해서 규정하고 있다. 한국어의 로마자 표기법에서 경음화 현상을 표기에 반영하지 않기로 규정한 것은 외국인이 로마자로 표기한 단어를 잘못 읽을 확률이 높기 때문이다. 경음 'ㄲ', 'ㄸ', 'ㅃ', 'ㅆ' 등을 'kk', 'tt', 'pp', 'ss' 등으로 표기하도록 규정하고 있어 자음 뒤에 오는 자음이 된소리로 발음되면 세 개의 자음을 연이어 표기하여야 한다. 예를 들면 낙동강은 [낙똥강]으로 발음되는데 이 발음대로 표기하면 Nakttonggang이 된다. 외국인 중에는 'Nakttonggang'을 '낙트동강'으로 읽는 이도 있을 것이다.

제2항 발음상 혼동의 우려가 있을 때에는 음절 사이에 붙임표(-)를 쓸 수 있다.

〈보기〉 중앙 Jung-ang 　　　　　반구대 Ban-gudae
　　　　세운 se-un 　　　　　　　해운대 Hae-undae

제2항은 외국인이 잘못 읽을 우려가 있는 단어는 음절 사이에 붙임표(-)를 사용하여 표기함으로써 오독을 방지할 의도로 규정한 것이다. '중앙'을 Jungang으로 표기하면 '중앙'이라고 읽지 않고 '준강'으로 읽는 이가 있을 것이다. 어문 규정에 쓰인 "…할 수 있다"라는 말은 수의적인 의미를 지니고 있다. 그렇게 하여도 되고, 하지 않아도 됨을 뜻한다. '해운대'를 'Haeundae' 혹은 'Hae-undae'로 표기하여도 상관없다는 것이다.

제3항 고유 명사는 첫 글자를 대문자로 적는다.

〈보기〉 부산 Busan 　　　　　　　세종 Sejong

---

7) '경음화(硬音化)'를 '된소리되기'라고 일컫기도 한다.

고유 명사란 특정한 사람·장소·사물 등을 지시하는 명사이다. '이성계', 세종' 등은 사람을 가리키는 고유 명사이고, 서울·부산·대전·광주 등은 장소를 가리키는 고유 명사이며, 조선일보·동아일보·한겨레신문 등은 신문을 가리키는 고유 명사이다. 제3항은 이러한 고유 명사를 로마자로 표기할 적에는 'Seoul', 'Kwangju' 등과 같이 그것의 첫 글자를 대문자로 표기하도록 규정한 것이다.

> **제4항** 인명은 성과 이름의 순서로 띄어 쓴다. 이름은 붙여 쓰는 것을 원칙으로 하되 음절 사이에 붙임표(-)를 쓰는 것을 허용한다. (( ) 안의 표기를 허용함.)
>
> 〈보기〉 민용하 Min Yongha(Min Yong-ha)
> 　　　　 송나리 Song Nari(Song Na-ri)
>
> 1. 이름에서 일어나는 음운 변화는 표기에 반영하지 않는다.
>
> 〈보기〉 한복남 Han Boknam(Han Bok-nam)
> 　　　　 홍빛나 Hong Bitna(Hong Bit-na)
>
> 2. 성의 표기는 따로 정한다.

인명이란 사람의 이름을 뜻한다. 성명을 쓸 적에 동양에서는 성과 이름의 순서로 표기하는데, 서양에서는 이와 반대로 이름과 성의 순서로 적는다. 동양의 관습에 따라 인명을 로마자로 적을 적에는 성을 먼저 쓰고 성 다음에 이름을 띄어 써야 한다는 것이다. 용하·나리 등과 같이 이름이 두 음절 이상인 것은 'Yong-ha'와 같이 음절 사이에 붙임표(-)를 쓰는 것을 허용한다는 것이다.

제4항 (1)은 이름인 '복남'이 [봉남]으로 발음되지만, 이름을 로마자로 표기할 적에는 음운 변화를 반영하지 않고 철자대로 표기하여야 한다는 것이다. 그런데 제4항 (1) 보기인 빛나 Bitna를 통해 볼 적에 중화 현상은 표기에 반영하여야 함을 알 수 있다. 중화 현상을 인정하지 않으면 '빛나'는 Bichna로 표기하여야 한다.

제4항 (2)에서는 성(姓)은 사람에 따라 '이(李)'를 'Lee', 'Rhee', 'Yi' 등과 같이 상이하게 써 오고 있기 때문에 성의 표기는 따로 정하기로 한다는 것이다. 그런데 정부에서는 아직까지 이것에 관한 구체적인 안을 마련하지 못하고 있다.

> **제5항** '도, 시, 군, 구, 읍, 면, 리, 동'의 행정 구역 단위와 '가'는 각각 'do, si, gun, gu, eup, myeon, ri, dong, ga'로 적고, 그 앞에는 붙임표(-)를 넣는다. 붙임표(-) 앞뒤에서 일어나는 음운 변화는 표기에 반영하지 않는다.
>
> 〈보기〉　충청북도 Chuncheongbuk-do
>
> 　　　　제주도 Jeju-do　　　　　　　의정부시 Uijeongbu-si
>
> 　　　　양주군 Yangju-gun　　　　　도봉구 Dobong-gu
>
> 　　　　신창읍 Sinchang-eup　　　　삼죽면 Samjuk-myeon
>
> 　　　　인왕리 Inwang-ri　　　　　　당산동 Dangsan-dong
>
> 　　　　봉천 1동 Bongcheon 1(il)-dong
>
> 　　　　종로 2가 Jongno 2(i)-ga
>
> 　　　　퇴계로 3가 Toegyero 3(sam)-ga
>
> **[붙임]** '시, 군, 읍'의 행정 구역 단위는 생략할 수 있다.
>
> 　　　　청주시 Cheongju　　　　　　함평군 Hampyeong
>
> 　　　　순창읍 Sunchang

　제5항은 행정 구역 단위에 대해서 규정하고 있다. 행정 구역 단위를 표기할 적에도 제4항의 인명 표기와 같이 붙임표(-) 앞뒤에서 일어나는 음운 변화를 표기에 반영하지 않는다는 것이다. 예를 들면 삼죽면은 [삼중면]으로 발음되지만 철자대로 Samjuk-myeon으로 표기하여야 하는 것이다.

　[붙임]에서는 '시(市)', '군(郡)', '읍(邑)' 등의 행정 구역은 로마자로 표기할 적에 생략할 수 있음을 규정하고 있다. 예를 들면 Daejeon-si(대전시)를 Daejeon으로, Hongseong-gun(홍성군)을 Hongseong으로, Gwangcheon-eup(광천읍)을 Gwangcheon이라고 표기할 수 있다는 것이다.

> **제6항** 자연 지물명, 문화재명, 인공 축조물명은 붙임표(-) 없이 붙여 쓴다.
>
> 〈보기〉　남산 Namsan　　　　　　　　속리산 Songnisan
>
> 　　　　금강 Geumgang　　　　　　　독도 Dokdo
>
> 　　　　경복궁 Gyeongbokgung　　　무량수전 Muryangsujeon
>
> 　　　　연화교 Yeonhwagyo　　　　　극락전 Geungnakjeon

안압지 Anapji	남한산성 Namhansanseong
화랑대 Hwarangdae	불국사 Bulguksa
현충사 Hyeonchungsa	독립문 Dongnimmun
오죽헌 Ojukheon	촉석루 Chokseongnu
종묘 Jongmyo	다보탑 Dabotap

제6항은 자연 지물명(自然地物名) 즉 산·수목·하천 등의 이름, 문화재의 이름, 인공으로 쌓아 만든 물건 등의 이름은 붙임표 없이 붙여 쓰도록 규정한 것이다. 예를 들면 '백두산'은 'Baekdu-san'으로 표기해서는 안 되고 'Baekdusan'으로 표기하는 것이다.

'독도(獨島)'는 [독또]로, '경복궁(景福宮)'은 [경복꿍]으로, '극락전(極樂殿)'은 [긍낙쩐]으로, 안압지는 [안압찌]로, 불국사는 [불국싸]로 발음되지만 제3장 제1항의 [붙임]의 규정에 따라 경음화는 표기에 반영하지 않기 때문에 '독도'는 'Dokdo'로, '경복궁'은 'Gyeongbokgung'으로, '극락전'은 'Geungnakjeon'으로, '안압지'는 'Anapji'로, '불국사'는 'Bulguksa'로 표기하여야 하는 것이다. 또한 '오죽헌'을 Ojukeon으로 표기하지 않고 Ojukheon으로 표기하여야 하는 것은 제3장 4 다만 "체언에서 'ㄱ, ㄷ, ㅂ' 뒤에 'ㅎ'이 따를 때에는 'ㅎ'을 밝혀 적는다."라는 규정 때문이다.

제7항 인명, 회사명, 단체명 등은 그동안 써 온 표기를 쓸 수 있다.

제7항은 사람, 회사, 단체 등에서 그동안 써 온 사람의 이름·회사의 이름·단체의 이름 등의 표기를 존중하여 그대로 쓸 수 있음을 허용한 것이다. '이몽룡'이라는 사람이 자신의 이름을 로마자로 Rhee Mong-nyong으로 써 온 것이나, 현대 자동차 회사가 '현대'를 Hyundai로 써 온 것이나, '중앙대학교'가 '중앙'을 Chungang으로 표기하여 온 대로 표기하여도 상관이 없다는 것이다. 제7항은 예외 규정에 해당한다.

제8항 학술 연구 논문 등 특수 분야에서 한글 복원을 전제로 표기할 경우에는 한글 표기 대상으로 적는다. 이 때 글자 대응은 제2장을 따르되 'ㄱ, ㄷ, ㅂ,

ㄹ'은 'g, d, b, l'로만 적는다. 음가 없는 'ㅇ'은 붙임표(-)로 표기하되 어두에서는 생략하는 것을 원칙으로 한다. 기타 분절의 필요가 있을 때에도 붙임표(-)를 쓴다.

〈보기〉	집	jib	짚	jip
	밖	bakk	값	gabs
	붓꽃	buskkoch	먹는	meogneun
	독립	doglib	문리	munli
	물엿	mul-yeos	굳이	gud-i
	좋다	johda	가곡	gagog
	조랑말	jolangmal	없었습니다	eobs-eoss-seubnida

제8항은 학술 연구 논문과 같은 특수 분야에서 한글 복원을 전제로 로마자로 표기할 경우에는 한글 표기를 대상으로 적는다는 것은 전자법에 따라 한국어를 로마자로 표기하여야 한다는 것이다. 음운 환경에 따라 'ㄱ'은 g이나 k로, 'ㄷ'은 d나 t로, 'ㅂ'은 b나 p로, 'ㄹ'은 r이나 l로 표기하여야 하는데 한글 복원을 목적으로 로마자로 표기할 적에는 언제나 'ㄱ', 'ㄷ', 'ㅂ', 'ㄹ' 등은 'g', 'd', 'b', 'l' 등으로만 표기하여야 한다는 것이다. '각(角)', '각막(角膜)' 등을 전사법에 따라 표기하면 'gak', 'gangmak' 등이 되는데 전자법에 따라 표기하면 'gag', 'gagmag'이 된다. '문리(文理)'를 전사법에 따라 표기하면 'mulli'가 되는데 전자법에 따라 표기하면 'munli'가 된다. '물엿'의 '엿'과 같이 음가가 없는 'ㅇ'은 'mul-yeos'과 같이 붙임표로 표기하되, '여우'의 '여'와 같이 어두에 온 'ㅇ'은 'yeou'와 같이 붙임표를 사용하지 않는 것을 원칙으로 한다.

기타 분절의 필요가 있을 때라는 것은 '군-말, 굳-이, 없-었-습니다' 등과 같이 어근과 접사, 어간과 어미 등을 구별하여 표기할 필요가 있을 경우를 뜻한다. '굳이'와 '없었습니다'를 전사법에 따라 표기하면 'guji'와 'eopsseosseumnida'가 되는데, 전자법에 따라 표기하면 'gu-di'와 'eobs-eoss-seubnida'가 된다.

남한과 북한의 '맞춤법'과
'띄어쓰기 규정'의 차이점

남한에서는 1988년에 '한글 맞춤법'을 개정하여 공포(公布)한 것을 지금까지 사용하여 오고 있다. 그런데 북한에서는 2010년에 '맞춤법'과 '띄어쓰기 규정'을 개정하였다.

남한의 '띄어쓰기 규정'은 '한글 맞춤법'(제2항, 제41항~제50항)에 포함되어 있다. 북한은 '맞춤법'과 '띄어쓰기 규정'을 구분하고 있다.

남한과 북한에서는 똑같이 표음주의적 원리와 표의주의적 원리를 맞춤법의 원리에 따라 맞춤법을 제정하였다. 남한과 북한의 맞춤법은 차이점보다 공통점이 많다. 남한과 북한의 맞춤법의 차이점은 많지 않다. 남한과 북한의 '맞춤법'의 차이점을 제시하면 다음의 [표 1]과 같다.

[표 1] 남한과 북한의 '맞춤법'의 차이점

구분	남한	북한	비고
체제	▲ 본문 : 모두 6장 57항 ▲ 제1항이 총칙임. ▲ 부록 : 문장 부호	▲ 모두 7장 27항 ▲ 총칙을 제1항 앞 전문과 같이 처리함. ▲ '문장부호법'을 '부록'으로 다루지 않고 별개의 어문 규범으로 처리함.	
자음의 명칭	▲ ㄱ(기역), ㄷ(디귿), ㅅ(시옷), ㄲ(쌍기역), ㄸ(쌍디귿), ㅃ(쌍비읍), ㅆ(쌍시옷), ㅉ(쌍지읒)	▲ ㄱ(기윽), ㄷ(디읃), ㅅ(시읏), ㄲ(된기윽), ㄸ(된디읃), ㅃ(된비읍), ㅆ(된시읏), ㅉ(된지읒)	
자음의 명칭	▲ ㄲ, ㄸ, ㅃ, ㅆ, ㅉ 등을 기본 자음으로 간주하지 않음.	▲ ㄲ, ㄸ, ㅃ, ㅆ, ㅉ 등을 기본 자음으로 간주함. ▲ 19개의 자음을 다음과 같이 부름을 허용함. ㄱ(그), ㄴ(느), ㄷ(드), ㄹ(르), ㅁ(므), ㅂ(브), ㅅ(스), ㅇ(으), ㅈ(즈), ㅊ(츠), ㅋ(크), ㅌ(트), ㅎ(흐), ㄲ(끄), ㄸ(뜨), ㅃ(쁘), ㅆ(쓰), ㅉ(쯔)	'-ㄹ'로 시작하는 의문형 종결 어미 가운데 '-ㄹ' 뒤에서 나는 된소리를 남한에서는 밝혀 적는데, 북한에서는 예사소리로 적음.
'ㄹ' 뒤에서 된소리로 발음되는 의문형 종결 어미	▲ '-(으)ㄹ까? [제53항] -갈까? -잡을까?	▲ '-(으)ㄹ가? [제6항] -갈가? -잡을가?	
'ㅂ' 불규칙 용언	'ㅂ' 불규칙 용언의 어간 뒤에 모음으로 시작하는 어미가 결합될 경우 어간의 끝 음절 받침 'ㅂ'을 'ㅜ'로 적음. 다만 '곱다'와 '돕다'는 'ㅗ'로 적음. [제18항 6.] -아름다워, 외로워, 더워, 추워 -고와, 도와	'ㅂ' 불규칙 용언의 어간 뒤에 모음으로 시작하는 어미가 결합될 경우 어간의 끝 음절 받침 'ㅂ'을 '오'나 '우'로 적음. 어간의 끝 음절에 양성 모음 'ㅏ', 'ㅗ' 등이 오면 '오'로 적고, 음성 모음이 오면 '우'로 적음. [제10항 5)] -아름다와, 외로와 -더워, 추워	남한도 1988년 '한글 맞춤법'을 제정하기 전에는 북한과 같이 표기하였다.
의성어와 의태어에 명사화 접미사 '-이'가 결합되는 경우	▲ '-하다'나 '-거리다'가 붙는 어근에 '-이'가 붙어서 명사가 된 것은 그 원형을 밝히어 적는다. [제23항] [보기] 더펄이¹⁾	▲ 본딴말에 붙어서 명사를 이루는 것은 (뒤붙이를) 밝혀 적지 않는다. [제23항] [보기] 더퍼리	

부사에 접미사 '-이'가 붙어서 역시 부사가 된 것	▲ '-하다'가 붙는 어근에 '-히'나 '-이'가 붙어서 부사가 되거나, **부사에 '-이'가 붙어서 뜻을 더하는 경우에는 그 어근이나 부사의 원형을 밝히어 적는다.** [제25항 2.] [보기] 더욱-이2), 일찍-이	더우기, 일찌기	남한도 1988년 '한글 맞춤법'을 제정하기 전에는 북한과 같이 '더우기', '일찌기'로 표기하였다.
어간의 모음이 'ㅣㅐㅔㅚㅟㅢ'인 경우 어미 '-어', '-었-'의 표기	▲ '-어', '-었-'으로 표기함. [제34항 붙임 1] [보기] 기다—기어, 기었다 개다—개어, 개었다 베다—베어, 베었다 되다 —되어, 되었다. 쥐다 —쥐어, 쥐었다 희다 —희어, 희었다	▲ '-여', '-였-'으로 표기함. [제11항 3)] [보기] 기다—기여, 기였다 개다—개여, 개였다 베다—베여, 베였다 되다—되여, 되였다 쥐다 —쥐여, 쥐였다 희다 —희여, 희였다	
준말	▲ 어간의 끝음절 '하'가 아주 줄 적에는 준 대로 적는다. [제40항 붙임 2] [보기] -넉넉하지 않다→넉넉지 않다, -섭섭하지 않다→섭섭지 않다	▲ 말줄기의 끝소리마디 《하》의 《ㅏ》가 줄어들면서 다음에 온 토의 첫소리자음이 거세게 될 때에는 거센소리로 적는다.[제13항] [보기] -넉넉하지 않다→넉넉치 않다 -섭섭하지 않다→섭섭치 않다	
두 말이 결합할 적에 'ㅎ' 소리가 덧나는 것	▲ 두 말이 어울릴 적에 'ㅂ' 소리나 'ㅎ' 소리가 덧나는 것은 소리대로 적는다. [제31항] [보기] 수캐, 암캐 ※남한의 '표준어 사정 원칙' 제7항에서는 '수키와', '수퇘지'를 표준어로 인정함.	▲ 합친말은 매개 말뿌리의 본래 형태를 각각 밝혀 적는것을 원칙으로 한다.[제14항] [보기] 수개, 암개, 수기와, 수돼지	남한에서는 '수-'와 '암-'을 접두사로 간주하는데, 북한에서는 명사로 간주함.
두음 법칙 적용 여부	한자음 '녀, 뇨, 뉴, 니' 등과 한자음 '랴, 려, 례, 료, 류,리' 등과 '라, 래, 로, 뢰, 루, 르'가 단어의 첫머리에 올 적에는 두음 법칙에 따라 적음. [제10항], [제11항], [제12항] [보기] 여자(女子)→여자, 뇨소(尿素)→요소, 뉴대(紐帶)→유대,	한자말은 소리마디마다 해당 한자음대로 적는것을 원칙으로 함.[제25항] [보기] 녀자(女子), 뇨소(尿素), 락원(樂園), 력사(歷史), 로동(勞動), 례외(例外)	

	니토(泥土)→이토, 닉명(匿名)→익명, 량심(良心)→양심, 력사→역사, 락원(樂園)→낙원, 로동(勞動)→노동, 례의(禮儀)→예의 , 류행(流行)→유행		
한자어 모음 'ㅖ'가 들어 있는 음절 인정 여부	▲ 한자어에서 모음 'ㅖ'가 들어 있는 음절로 '계', '례', '혜', '예' 외에 '몌(袂)'와 '폐(閉, 肺, 廢)'도 인정함. ['표준 발음법' 제5항 다만 2]	▲ 한자어에서 모음 'ㅖ'가 들어 있는 음절로는 '계', '례', '혜', '예'만 인정함.[제26항] [보기] 계산, 례절, 은혜, 혜택 ※북한에서 한자 '폐(閉, 肺,廢)'를 '페'로, 한자 '몌(袂)'를 '메'로 표기함.	
사이시옷	▲ 남한에서는 '사이시옷'을 표기함. [제30항] [보기] 나룻배, 바닷가	▲ 북한에서는 '사이시옷'을 표기하지 않음. [보기] 나루배, 바다가	북한에서는 '사이시옷'을 '사이표'라고 일컬음.

북한에서는 2000년에 '띄어쓰기 규정'을 개정한 지 10년이 경과한 2010년에 다시 개정하였다. 남한과 북한의 '띄어쓰기' 규정의 차이점을 제시하면 다음 [표 2]와 같다.

[표 2] 남한과 북한의 '띄어쓰기 규정'의 차이점

구분	남한	북한
체제	▲ 띄어쓰기 규정이 '한글 맞춤법'에 포함되어 있음. ▲ 띄어쓰기 조항 : 제2항, 제41항~제50항. '한글 맞춤법'이 모두 57개 조항으로 이루어져 있는데, 그것들 중에서 '띄어쓰기 규정'이 11개 조항임.	▲ 띄여쓰기3) 규정을 '맞춤법'에 포함시키지 않고 별도의 어문 규범으로 다룸. ▲ '띄여쓰기 규정'은 총칙과 6개 조항으로 이루어져 있음.
하나의 대상이나 행동, 상태를 나타내는 어절	▲ 띄어 씀. [제2항] [보기] -때 아닌 -의심할 바 없는 -무엇보다 먼저	▲ 붙여씀4). [제2항] [보기] -때아닌 -의심할바없는 -무엇보다먼저

---

1) 더펄이: 성미가 침착하지 못하고 더펄거리는 사람.

2) '더욱'은 '정도나 수준 등이 한층 심하거나 높게'를 뜻함. '더욱이'는 '그러한 데다가 더'를 의미함.

수사(數詞)	▲ 수(數)를 적을 적에는 '만(萬)' 단위로 띄어 쓴다. [제44항] [보기] 십이억 삼천사백오십육만 칠천팔백구십팔, 12억 3456만 7898	▲ 십진법에 따라 띄여씀5). 수사는 백, 천, 만, 억, 조 단위로 띄여씀. [제4항] [보기] 7만 8천 6백 20
의존 명사 /불완전명사	▲ 의존 명사는 띄어 씀. [제42항] [보기] 아는 **것**이 힘이다.	▲ 불완전명사는 붙여씀. [제5항] [보기] 아는**것**이 힘이다. ※다만 불완전명사 '등, 대, 겸'은 띄어씀. [보기] 알곡 **대** 알곡. 부총리 **겸** 재정상. 사과, 배, 복숭아 **등**(등등).

---

3) 북한에서는 '띄어쓰기'를 '띄여쓰기'로 표기함.

4) 북한에서는 '붙여 씀'을 '붙여씀'으로 표기함.

5) 북한에서는 '띄어 씀'을 '띄여씀'으로 표기함.

참고 문헌

강희숙(2003), 『국어 정서법의 이해』, 역락출판사.

고성환(1998), 「신문·잡지 분야의 외래어 사용 실태」, 『새국어생활』 8-2, 국립국어연구원.

국어연구소(1988), 『국어 어문 규정집』, 대한교과서주식회사.

김민수(1973), 『국어정책론』, 고려대학교출판부.

김병남(1995), 『우리말의 장단음』, 도서출판 해동.

김상준(1994), 「방송언어와 표준 발음」, 『말글생활』 1, 말글사.

김상준(1996), 「외래어와 발음 문제」, 『새국어생활』 6-4, 국립국어연구원.

김세중(1996), 「외래어 표기법에 대한 비판 분석」, 『새국어생활』 6-4, 국립국어연구원.

김세중(1998), 「외래어의 개념과 변천사」, 『새국어생활』 8-2, 국립국어연구원.

김세중(2000), 「국어의 로마자 표기법 개정 경위」, 『새국어생활』 10-4, 국립국어연구원.

김희진(1996), 「외래어 표기, 남북한이 어떻게 다른가」, 『새국어생활』 6-4, 국립국어연구원.

리의도(1999), 『이야기 한글 맞춤법』, 석필.

민현식(1999), 『국어 정서법 연구』, 태학사.

박갑수(1995), 『우리말 바로 써야 한다』 (1, 2), 집문당.

박갑수(1996), 『우리말 바로 써야 한다』 (3), 집문당.

박덕규(2009), 『학교문법론의 이해』, 역락출판사.

박복문(1996), 『한일 로마자 표기의 비교 연구』, 무역출판사.

성기지(2000), 『생활 속의 맞춤법 이야기』, 역락출판사.

신창순 외 3인(1992), 『國語 表記法의 展開와 檢討』, 한국정신문화연구원.

신창순(1992), 『國語正書法研究』, 집문당.

신형욱(1996), 「외래어 표기법과 나의 의견」, 『새국어생활』 6-4, 국립국어연구원.

원영섭(1995), 『예문으로 배우는 한글 맞춤법』, 세창출판사.

유만근(1980), 「외래어의 수용 방식에 대한 고찰」, 『어학연구』 16-1, 서울대학교대학
    원 언어학과 언어연구회.

유목상(1988), 「한글 맞춤법 해설」, 『국어생활』 13, 국어연구소.

이기문(1963), 『國語表記法의 歷史的研究』, 한국연구원.

이상억(1982), 「외래어 표기법 문제의 종합 검토」, 『말』 7, 연세대 한국어학당.

이성구(1997), 『띄어쓰기 실무 사전』, 애플기획.

이승구(1990), 『우리말 우리글 바로쓰기 백과 정서법 자료』, 대한교과서주식회사.

이은정(1988), 『한글 맞춤법 해설』, 국어연구소.

이은정(1988), 『한글 맞춤법·표준어 해설』, 대제각.

이응백·이익섭·이병근(1988), 「표준어 규정 해설」, 『국어생활』 13, 국어연구소.

이익섭(1988), 「국어 표준어의 형성과 변천」, 『국어생활』 13, 국어연구소.

이익섭(1997), 「'로마자 표기법'의 성격」, 『새국어생활』 7-2, 국립국어연구원.

이익섭(1997), 『國語表記法研究』, 서울대학교출판부.

이익섭(1998), 『국어 사랑은 나라 사랑』, 문학사상사.

이주행(1977), 「외래어 연구(Ⅰ)」, 『硏究年報』, 서울대학교 사범대학 부속고등학교.

이주행(1978), 「외래어 연구(Ⅱ)」, 『硏究年報』, 서울대학교 사범대학 부속고등학교.

이주행(1980), 「외래어 부문」, 『말과 글』 제8호, 한글 교열 기자회.

이주행(1982), 「외래어의 형태에 관한 고찰」, 『어문 연구』 10-2, 한국어문교육연구회.

이주행(1988), 『한국어 의존 명사의 통시적 연구』, 한샘출판사.

이주행(1989), 「국어 사랑에 대한 소고」, 『국어 교육』 65·66, 한국국어교육연구회.

이주행(1992), 『現代 韓國語 文法論』, 大韓教科書株式會社.

이주행(1996), 『한국어 문법 연구』, 중앙대학교 출판부.

이주행(1998), 「남북한의 중·고등학교 국어 교과서에 쓰인 언어 비교 분석 연구」, 『국
      어교육』 98, 한국국어교육연구회.

이주행(2003), 「남한과 중국 조선족 사회의 언어 비교 연구」, 『언어과학연구』 26, 언어
      과학회.

이주행(2003), 「남한과 북한의 '표준 발음법' 통일 방안에 관한 고찰」, 『언어와 진실』,
      한국자료원.

이주행(2004), 『한국어 문법의 이해』(개정 증보판), 월인출판사.

이주행·김상준(2004), 『아름다운 한국어』, 지구문화사.

이주행(2007), 『한국어 사회 방언과 지역 방언의 이해』, 한국문화사.

이주행·이규항·김상준(2008), 『표준 한국어 발음 사전』(개정 증보판), 지구문화사.

이주행·김상준(2010), 『한국어 능력 평가』, 지구문화사.

이주행·이석주(2017), 『한국어학개론』(개정판), 보고사.

이주행(2019), 『알기 쉬운 한국어 문법론』(신정판), 역락출판사.

이주행(2020), 『외국어로서의 한국어 문법 교육론』, 보고사.

이현규(1974), 「국어 표기법의 사적 연구」, 『우촌 강복수 박사 화갑 기념 논문집』.

이현복(1987), 「억양과 국어 생활」, 『국어생활』 10, 국어연구소.

이현복(1989), 『한국어의 표준 발음』, 교육과학사.

이호영(1996), 『국어 음성학』, 태학사.

이희승·안병희(1994), 『고친판 한글 맞춤법 강의』, 신구문화사.

임동훈(1996), 「외래어 표기법의 원리와 실제」, 『새국어생활』 6-4, 국립국어연구원.

임홍빈(1996), 「외래어 표기법의 역사」, 『새국어생활』 6-4, 국립국어연구원.

정희원(1997), 「'역대 주요 로마자 표기법' 비교」, 『새국어생활』 7-2, 국립국어연구원.

정희원(2000), 「새 로마자 표기법의 특징」, 『새국어생활』 10-4, 국립국어연구원.

최태영(1989), 『한글 맞춤법 강해』, 숭실대학교출판부.

한글학회(1989), 『한글 마춤법 통일안(1933~1980)·외래어 표기법 통일안(1940)·우리 말 로마자 적기(1984)』.

허웅(1988), 「맞춤법·표준말과 국어 생활」, 『국어생활』 13, 국어연구소.

허웅(1991), 『국어 음운학』, 샘문화사.

Arlotto,A.T.(1972), *Introduction to Historical Linguistics*, Houghton Mifflin Company. 이을환·이주행·민현식·정동빈 역(1987), 『비교-역사언어학』, 학연사.

Henderson, L.(1982), *Orthography and Word Recognition in Reading*, London : Academic Press.

Langacker, R.W.(1973), *Language and Its Structure*, Harcourt Brace Jovanovich, Inc.

Tollefson, J. W.(1991), *Planning Language, Planning Inequality* : language policy in the community, London : Longman.

Vachek, J.(1973), *Written Language* : *general Problems and Problems of English*, The Hague : Mouton.

이주행李周行

중앙대학교 명예교수

[저서]

『현대 국어 문법론』, 『한국어 문법 연구』, 『한국어 문법의 이해』, 『한국어 문법』, 『한국어 의존 명사 연구』, 『외국어로서의 한국어 문법 교육론』, 『한국어학 개론』(공저), 『국어 의미론』(공저), 『표준 한국어 발음 사전』(공저), 『한국어 사회방언과 지역 방언의 이해』, 『대중 매체와 언어』(공저), 『신문 기사의 문체』(공저), 『신문 방송 기사 문장』(공저) 외 다수

E-mail: juhlee21@hanmail.net
Homepage: http://ljh.or.kr

신정 증보판
한국어 어문 규범의 이해

2021년 4월 26일 초판 1쇄 펴냄

편저자 이주행
펴낸이 김흥국
펴낸곳 보고사

책임 편집 이경민
표지 디자인 손정자

등록 1990년 12월 13일 제6-0429호
주소 경기도 파주시 회동길 337-15 보고사
전화 031-955-9797(대표)
　　　 02-922-5120~1(편집), 02-922-2246(영업)
팩스 02-922-6990
메일 kanapub3@naver.com / bogosabooks@naver.com
http://www.bogosabooks.co.kr

ISBN 979-11-6587-158-1　93710
ⓒ 이주행, 2021

정가 17,000원